KDI 개원 50주년기념 연구서

KDI가 보는 한국경제의 미래

나남
nanam

KDI 개원 50주년기념 연구서

KDI가 보는 한국경제의 미래

2021년 3월 11일 발행
2021년 3월 11일 1쇄

지은이   이호준·남창우 외
발행자   趙相浩
발행처   (주) 나남
주소   10881 경기도 파주시 회동길 193
전화   (031) 955-4601(代)
FAX   (031) 955-4555
등록   제 1-71호 (1979.5.12)
홈페이지   http://www.nanam.net
전자우편   post@nanam.net

ISBN 978-89-300-4066-2
ISBN 978-89-300-8655-4 (세트)

책값은 뒤표지에 있습니다.

KDI 개원 50주년기념 연구서

KDI가 보는 한국경제의 미래

이호준 · 남창우 · 정규철 · 이진국 · 박우람
박윤수 · 이창근 · 윤지웅 · 이태석 · 정승호

나남
nanam

발간사

우리나라는 2017년 인구 5천만 명 이상의 국가 중 7번째로 1인당 국내총생산 3만 달러를 달성하였다. 20세기 초 일제강점기부터 한국전쟁을 거쳐 지금까지 격동의 시대를 거쳐 오면서 우리나라는 다른 어느 나라보다도 빠르게 성장을 거듭하여, 지금의 경제·사회적 성과를 달성한 것이다. 이는 전 세계 어디에서도 찾아보기 힘든 업적임에 틀림없다. 한국개발연구원(이하 KDI)은 1971년 개원 이래 50년 동안 이러한 업적을 이루는 데 이바지한 경제·사회정책을 설계함에 있어 중추적 역할을 수행하였다. 지금도 KDI는 한국의 정부뿐 아니라 IMF, OECD, World Bank 등 국제기구와 Brookings 등 전 세계의 정책연구소 등으로부터 다양한 정책설계 및 연구를 요청받고 있다.

하지만, 우리나라의 경제·사회구조는 최근 성장을 지속하면서 이전과는 다르게 복잡·다양해졌다. 이는 경제·사회적 주체들의 이해관계를 조정하거나 합의를 이루기 위한 다양한 사회적 기제機制가 필요함을 의미한다. 동시에, 경제성장과 더불어 경제·사회적 형평성에 대한 수요가 증가하고, 복지확대에 대한 국민의 공감대가 형성되면서 이제는 한 차원 높은 경제·사회적 가치를 추구하고, 연구할 필요가 높아졌다. 특히, 한국은 지난 50년간 눈부시게 발전한 것은 자명하지만, 다른 선진국들이 3만 달러 소득을 달성했을 때와 비교하여 낮은 노동생산성을 기반으로 성과를 이루었다는 점은 한국 국민들이 경제성장을 위해 많은 부분들을 희생하였다는 것으로 비칠 수도 있을 것 같다. 예컨대 OECD가 발표하는 국가별 삶의 질質지수를 보면, 한국 국민들은 다른 국가에 비해 주관적인 삶의 질, 환경 수준에 대한 만족도, 건강상태에 대한 인식, 공동체 신뢰, 일·생활 균형 등에서 매우 낮은 순위를 기록하였을 뿐 아니라 공동체에 대한 신뢰, 자신의 건강에 대한 믿음 및 장시간의 노동강도 등에서는 최하위를 기록하였다. 이에 KDI는 정책을 설계하는 연구기관으로서 국민들에게 지금까지와는 다른 전향적 방식으로 새로운 사회상 혹은 미래상을 제시할 필요가 있다.

이에 KDI는 이 책에서 향후 50년을 바라보며 한국 국민이 더불어 행복한 삶을 향유하기 위해 추구해야 하는 지향점을 제시하고자 한다. 제1장과 제2장은 향후 삶의 기반이 되는 사회·경제환경을 개선하기 위한 미래의 한국경제구조를 제시한다. 특히 제1장은 대외 여건이 변화하는 가운데 국가경제 차원에서 나아가야 할 지향점을 제시하고, 제2장은 기술혁신이 급속히 이루어지는 상황에서 우리 경제가 지향해야 하는 고부가가치·선도형 산업구조를 제시한다. 제3장은 제1장과 제2장이 제시하는 한국의 경제구조에서 한국기업이 지향해야 하는 합리적인 기업경영과 시장생태계의 미래를 제시한다. 이어서 제4장과 제5장은 우리 경제의 노동시장과 교육환경의 미래에 대해서 논의한다. 특히, 제4장은 일의 가치와 성과에 따른 보상이 이루어지는 공정한 노동시장, 노동자와 사용자가 상호신뢰를 바탕으로 협력하는 노동시장 등을 지향점으로 제시하고, 제5장은 교육패러다임이 근본적으로 변하여 국민 개개인이 필요한 지식과 역량을 자기 주도적으로 학습할 수 있는 교육환경을 지향점으로 제시한다. 제6장과 제7장은 국민의 문화·사회환경을 개선하기 위한 지향점을 제시하는데, 제6장은 삶의 질質과 직접적으로 관련이 깊은 문화예술의 발전방향 및 사회상을 제시하고, 제7장은 변화하는 경제·사회여건에 대응하여 국민의 삶을 개선하기 위한 이상적인 공공서비스의 지향점을 제시한다. 제8장과 제9장은 인구구조의 변화에 따른 사회상을 반영한 지향점을 제시한다. 특히, 제8장은 인구고령화와 경제생산인구의 감소 등에 대응한 거점형·분권형 지역발전을 지향점으로 제시하고, 제9장은 개개인의 사회적 위험에 대응한 사회연대의식을 바탕으로 지속가능한 복지제도의 지향점을 제시한다. 마지막으로 제10장에서는 한국의 발전에 지속적으로 긍정적 효과를 줄 수 있는 남북경제관계의 지향점을 제시한다.

이 책이 출간되기까지는 원내외 많은 분들의 협조와 지원이 있었다. 저자들은 특히 OECD, Max Planck 등을 비롯하여 인터뷰에 응해 주신 국내외 전문가 및 정부부처의 정책담당자 들에게 특별히 감사를 드린다.

2021년 1월
한국개발연구원 원장 최 정 표

KDI가 보는
한국경제의 미래

차 례

표 차례

그림 차례

서 론

이호준 한국개발연구원

1. 3만 달러 시대의 대한민국과 다가올 도전들

우리나라의 1인당 국내총생산은 2017년 3만 1,605달러를 기록하여 사상 처음으로 3만 달러를 넘어서게 되었다.[1] 인구 5천만 명 이상 규모의 국가 가운데 7번째로 달성한 기념비적 성취이다. 1945년 광복 이후 100달러도 채 안 되던 1인당 국민소득은 300배 이상 증가하였고, 수출은 2만 배 이상 증가하였다. 급속한 성장에 따른 부작용도 많이 있었지만 우리 경제의 성과가 전 세계에서 유례를 찾기 어려울 정도라는 점은 부정할 수 없다.

이러한 경제적 성취를 뒤로하고 우리나라가 앞으로 어떻게 지속적으로 발전할 것인지에 대해서는 차분히 살펴볼 필요가 있다. 선진국 수준의 경제규모를 갖춘 우리나라는 성장의 내실을 기하기 위해서, 그리고 성장을 지속하기 위해서 다양한 도전을 맞이할 것으로 예상되기 때문이다. 따라서 여전히 우리가 부족한 점들, 그리고 다른 국가의 경험에서

---

[1] 1인당 국내총생산(명목, 달러표시), 한국은행 경제통계시스템,
    https://ecos.bok.or.kr 접속일: 2020년 4월 10일

타산지석으로 삼을 점 역시 세부적으로 검토해야 한다. 또한, 앞으로 급격하게 변동하는 경제환경 속에서 우리는 어떻게 대처해 나가야 할지에 대해서도 신중한 고민이 필요한 시점이다.

향후 다가올 도전에 잘 대처하기 위해서는 다른 선진국의 경험에서 교훈을 얻는 것이 유익하다. 〈그림 1〉은 인구 4천 5백만 명 이상이면서 이미 1인당 국내총생산 3만 달러를 달성한 국가들이 달성 전후로 1인당 국내총생산이 어떻게 변화했는지 그 추이를 보여 준다. 가장 눈에 띄는 미국은 3만 달러 달성시점인 1997년 이전부터 꾸준히 성장했고, 이후에도 글로벌 금융위기 시기(2008년~2010년)를 제외하고는 지속적으로 성장해 현재는 6만 달러를 돌파한 상태다.

하지만 그 외의 국가는 3만 달러 달성 이후 경제성장을 지속적으로 이어가지 못했다. 이 국가들의 1인당 국내총생산 추이를 보면 대체로 3만 달러를 달성하기 이전까지는 무난하게 성장하다가 3만 달러를 지난 이후부터는 부침을 겪으면서 3만 달러와 5만 달러 사이에 갇혀 있다는 것을 알 수 있다.

2002년 3만 달러를 달성한 영국은 가파르게 성장을 이어가서 5년 만인 2007년 5만 달러를 달성했으나, 글로벌 금융위기로 심각한 타격을 입었다. 이후 회복세를 보이다 브렉시트 등의 영향으로 현재는 4만 달러대 초반에 머무는 것으로 나타났다.

일본은 1992년 3만 달러를 넘어선 이후 이른바 '잃어버린 20년'이라는 경제침체를 겪으며 아직 완전한 회복을 이루진 못했고, 독일은 1995년에 3만 달러를 달성한 이후에도 통일의 여파로 경제침체가 지속되다가 2000년대 중반부터는 차츰 회복세를 나타냈다. 그리고 프랑스, 이탈리아, 스페인도 대내적 요인과 글로벌 금융위기, 유럽 재정위기 등으로 성장세를 이어나가지 못했다.

선진국을 보면 3만 달러 달성 이후 성장세를 계속 이어나가기가 매우 어렵다는 사실을 알 수 있다. 일정한 수준의 국민소득을 달성하게 되면 경제구조는 이전과 달리 매우 복잡·다양해져서 경제주체 간의 이해관계를 조정하기가 더욱 어려워진다. 그리고 경제구조가 복잡해질수록 구조 내의 약한 고리에 외부 충격이 가해졌을 때 대처하기가 그 이전에 비해 난해해지고, 그 충격은 경제 전반에 악영향을 끼치기 쉽다.

또한 성장과 더불어 형평성에 대한 사회적 수요가 증가하고, 복지제도에 대한 국민적 수요가 늘어나게 된다. 하지만 형평성 및 복지 등 사회적 가치를 한 차원 높이 추구하는 가운데 경제성장을 지속적으로 이

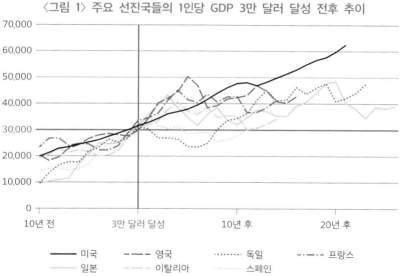

〈그림 1〉 주요 선진국들의 1인당 GDP 3만 달러 달성 전후 추이

주석: 3만 달러 달성 시기는 미국이 1997년, 영국이 2002년, 독일이 1995년, 프랑스가 2004년, 일본이 1992년, 이탈리아가 2004년, 스페인이 2007년.
자료: World Bank, World Development Indicators Data, GDP per capita(current US$)의 자료를 재구성. https://databank.worldbank.org/source/world-development-indicators 접속일: 2020년 4월 10일.

어나가는 것이 쉽지만은 않은 일이다. 그리고 소득 향상과 함께 인건비 역시 상승하게 되어 노동집약적 산업에 의존하는 데 한계가 생긴다. 그래서 경제성장을 이어나가기 위해서는 국가의 주력 산업구조가 자본집약적, 지식집약적 구조로 변해야 한다. 물론 이 과정에서도 다양한 어려움을 맞이하게 된다. 앞서 언급한 선진국들은 각각 조금씩 차이가 있지만 대체로 이러한 이유로 경제성장을 지속하지 못했다.

우리 역시 3만 달러 달성 이후 성장세를 계속 이어나갈 것이라고 장담하기는 어렵다. 특히, 우리의 현재 대내외 경제상황이 다른 선진국들이 3만 달러를 달성했던 당시 경제상황에 비하여 낫다고 보기 힘들다는 점을 고려하면, 앞으로 다가올 도전에 대한 대응은 지속적 성장을 위해 매우 중요하다고 할 수 있다.

다음에서는 본격적인 연구에 앞서 앞으로 우리 경제가 맞이해야 할 3가지 주요한 도전을 살펴보고자 한다. 첫 번째는 선진국이라는 경제적 위상에 걸맞게 국민의 보편적인 삶의 질을 향상시키는 것이다. 두 번째는 이른바 4차 산업혁명이라는 기술변화에 대응하고 산업경쟁력을 강화하는 것이다. 세 번째는 인구구조의 변화가 우리 사회 전반에 끼치게 될 영향에 적응하는 것이다.

1) 최선진국으로 향한 도전: 전반적인 삶의 질 개선

우리의 경제적 성취에 따라 국민의 삶의 질이 함께 개선되어 왔는지를 살펴보는 것은 중요하다. 국민의 삶의 질이 개선되지 않는 가운데 경제적 지표만 개선된다면 그 성취에 큰 의미를 둘 수가 없으며, 또한 삶의 질 개선에 대한 국민의 요구를 충족시키지 못한다면 앞으로 경제성장을 지속하기란 불가능하기 때문이다.

제 2장에 자세히 나와 있듯이 우리나라는 선진국들이 3만 달러를 달성하던 시점에 비하여 기술수준이 높지 않고, 대신 노동투입 시간이 월등히 높다. 비교대상 국가에 비하여 매우 낮은 노동생산성을 기반으로 1인당 국내 총생산 3만 달러를 달성하였다는 점은 상대적으로 노동력 과다 투입에 따른 성과라고도 볼 수 있다. 3만 달러를 넘어서는 선진 경제구조에서는 낮은 노동생산성을 바탕으로 한 성장은 지속되기 어려울뿐더러, 앞으로 국민의 삶의 질에 대한 고려가 더욱더 중요시된다는 점을 감안하면 바람직하다고 볼 수도 없다.

지금까지 우리 경제의 성취가 국민의 삶의 질 향상과 항상 함께해 왔다고 보기 어렵다는 증거는 다양하다. 대표적인 예로서 한국의 삶의 질 지수는 OECD(2020)에 따르면 10점 만점에 5.9점으로 OECD 회원국 평균인 6.5점에 못 미친다. 〈표 1〉은 OECD(2020)에서 발표한 삶의 질 지수에 대한 각 항목별 한국의 순위를 보여 준다. 한국은 시민의 정치참여, 교육 수준, 일자리 안정성 등에서는 평균보다 높은 순위를 기록하였다. 하지만 소득, 재산, 주관적인 삶의 질, 환경 수준에 대한 만족도, 건강상태에 대한 인식, 공동체 신뢰, 일-생활 균형 등에서는 평균보다 낮은 순위를 기록하였다.

이 중에서도 특히, 공동체 신뢰, 대기오염에 대한 만족도, 자신의 건강에 대한 믿음, 장시간 근로 비율 등은 최하위를 기록했다. 이처럼 국민들이 3만 달러 국가의 삶의 질을 누리기 위해서는 보완해 나가야 할 점이 아직 많이 있다.

하지만 더욱 큰 문제는 〈그림 2〉에 나타나 있다. 〈그림 2〉에서 세로축에는 삶의 질에 대한 종합점수를, 가로축에는 삶의 질에 대한 불평등도를 나타내고 있다. 이에 따르면 2017년 기준 우리나라는 삶의 질에 대한 전반적인 점수(10점 만점에 6.1점)에 비해 불평등도(10점 만점에

3.0점) 가 매우 높다는 것을 알 수 있다. 우리나라가 급속한 경제성장은 이루어냈지만, 그에 걸맞게 국민의 삶을 개선하지 못하였고, 특히 삶의 질에 대한 불평등도는 심각한 수준이라는 것을 의미한다.

향후 우리가 경제성장을 이어나가기 위해서는 국민 삶의 질 개선이

〈표 1〉 OECD '삶의 질 지수'(2020) 주요 항목 및 한국 순위

구성요소	지표	한국 순위
주택	기본 위생시설이 있는 집의 비율 주택에 대한 지출 비율 (낮을수록 높은 순위) 개인당 방의 개수	26/40 1/40 23/40
소득	가구당 순가처분소득 가구당 순금융자산	23/40 14/40
일자리	고용률 장기 실업률 (낮을수록 높은 순위) 연평균 총근로소득 실직 시 취약성	27/40 1/40 22/40 5/40
공동체	도움을 요청할 수 있는 지인이 있는지 여부	40/40
교육	고졸 이상 교육을 받은 성인의 비율 학생의 평균 국제학생평가(PISA) 점수 평균 기대 교육연수	13/40 5/40 25/40
환경	대기오염 정도 (오염 덜할수록 높은 순위) 수질에 대해 만족하는 사람의 비율	40/40 29/40
시민참여	규제 도입 전 관련자 협의 정도 투표율	6/40 13/40
건강	기대수명 자신이 건강하다고 생각하는 사람 비율	10/40 40/40
삶의 만족	삶에 대한 만족도	33/40
안전	밤에 혼자 걸을 때 안전하다고 생각하는 비율 살인율 (낮을수록 높은 순위)	25/40 22/40
일과 삶의 균형	장시간 근로자 비율 (비율이 낮을수록 높은 순위) 여가와 개인적 돌봄에 사용된 시간	37/40 27/40

자료: OECD(2020), *How's Life? 2020: Measuring Well-being*, Paris: OECD Publishing.

필수적이며, 삶의 질에 대한 평등도 역시 선진국 수준에 걸맞게 개선해
나가야 한다. 이는 어느 한 분야의 개선만으로 해결할 수 있는 것이 아
니다. 복지제도 및 공공서비스체계, 산업구조, 교육 및 노동제도 등 다
양한 분야에서 근본적 변화를 필요로 한다. 그리고 그 변화과정 속에서
사회 구성원 간의 각종 갈등이 야기될 수 있다. 갈등에서 비롯되는 사
회적 비용을 최소화하며 선진국민에 걸맞은 삶의 질과 평등을 이루어
낼 때 경제성장이 진정한 의미를 가지게 되고, 앞으로도 지속적인 발전
을 이루어낼 수 있을 것이다. 따라서 국민 삶의 질의 향상과 평등도 개
선을 앞으로 우리가 맞이해야 할 가장 큰 과제 중 첫 번째로 제시했다.

〈그림 2〉 OECD '삶의 질 지수'(2020) 종합점수와 항목별 불평등도의 관계

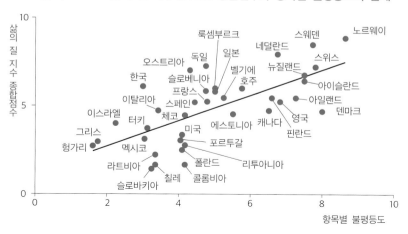

주석: 삶의 질에 대한 종합점수는 ① 가구 가처분소득, ② 가구 중위자산, ③ 주택가격, ④ 고용률,
⑤ 기대수명, ⑥ 학생들의 과학점수, ⑦ 녹지접근성, ⑧ 삶의 만족도, ⑨ 살인율, ⑩ 여가시간,
⑪ 사회교류, ⑫ 투표율 등 12가지 지표를 바탕으로 산정하였고, 불평등도에 대한 점수는 ①
상/하위 20% 간 소득비율, ② 과밀도, ③ 임금 성격 차, ④ 장기근로, ⑤ 25세 남성의 교육
수준에 따른 기대수명 차이, ⑥ 저숙련 학생 수, ⑦ 대기오염 노출도, ⑧ 일-생활 불균형, ⑨
안전하다는 인식의 성격 차, ⑩ 근로시간의 성격 차, ⑪ 사회적 도움이 부족한 인구비율, ⑫
정부 역할에 대한 불만을 가지는 인구 비율 등 12가지 지표를 바탕으로 산정하였다.
자료: OECD(2020), *How's Life? 2020: Measuring Well-being*, Paris: OECD Publishing.

2) 새로운 차원의 도전: 기술혁명 대응과 산업경쟁력 강화

기술의 발전은 과거와는 비교할 수 없을 정도로 빠르게, 그리고 광범위로 진행되고 있다. 그래서 일부에서는 최근의 기술발전을 혁명에 비견하여 '4차 산업혁명'이라고도 일컫는다. 기술의 혁명적 발전은 근본적으로 삶의 형태를 변화시키고, 이에 따라 경제구조에도 엄청난 변화를 가져오리라 예상된다. 그러므로 기술의 변화에 뒤처지지 않고 그에 따른 산업의 변화에 적응하는 것이 앞으로 산업의 경쟁력을 확보하는 데 필수적 요소가 되었다.

앞으로 기술변화가 어느 정도 속도로 어떤 방향으로 진행될지 정확하게 알기 어려운 상황에서 산업 경쟁력을 유지하기 위해서는 새로운 기술의 개발 및 활용, 그리고 산업화하는 구조가 잘 확립되어 있어야 한다. 어떤 분야가 유망하고 각국이 그 분야의 주도권을 가지기 위해 경쟁하는 상황이라고 해보자. 경쟁에 뒤처지지 않기 위해서는 그 분야로 경제적 자원이 빠르게 흘러들어 가야 한다. 어떤 기술 분야 혹은 산업 분야가 발전하기 위해서는 필요한 자본이 제때 공급되고 필요한 기술을 갖춘 인력이 충원되어야 한다. 또한 자본과 인력을 바탕으로 새로운 분야를 개척해 나갈 도전정신을 갖춘 기업가도 필요하다. 그리고 밑바탕에는 새로운 분야로 경제적 자원이 쉽게 흘러가고 그 분야에 도전할 수 있도록 제도적 뒷받침이 필수적이다.

요컨대 우리가 기술혁명이라는 새로운 차원의 도전에 대응하기 위해서는 필요한 분야에 경제적 자원이 유연하게 공급이 가능하고, 도전적인 기업가 정신이 장려되며, 각종 규제와 제도가 이를 잘 뒷받침하도록 짜여야 한다.

그렇다면 우리의 현실은 어떠한지 살펴보자. 세계경제포럼WEF이 발표하는 국가경쟁력지수 보고서(WEF, 2019)에서는 변화나 위험을 기피하는 문화적 배경 탓에 창업가 정신이 높지 않은 등 혁신생태계가 개선될 필요가 있다고 지적하고 있다.

〈표 2〉는 WEF(2019)의 국가경쟁력지수 가운데 우리나라가 상대적으로 순위가 낮은 항목을 정리한 것이다. 그런데 공교롭게도 대부분 기술변화에 성공적으로 대응하기 위하여 필요하다고 앞서 언급한 항목들이다.

정부의 규제가 민간의 창업에 부담이 되고 정책환경이 사업하기에 안정적이라 보기 어렵다고 제시되어 있다. 또한 지적재산권의 보호 수준이 높지 않은 것으로 나타났다. 인력 양성과 관련해서는 교육이 창의적 사고보다는 암기식 사고에 비중을 두고 있다.

그리고 대외적으로 시장이 개방적이지 않고 일부 기업에 시장지배력이 집중된 편이다. 또한 새로운 분야에 필요한 인력이 제대로 공급되기 위한 노동시장의 유연성은 조사대상국가 중 100위권으로 최하위에 머물렀다.

자본의 공급을 원활하게 해줄 금융시장에서는 벤처자본이 활성화되지 않고 은행의 건전성이 상대적으로 높지 않은 것으로 나타났다. 그리고 창업비용이 크고 창업위험에서 비롯된 기피도가 높으며 실무자의 권한이 크지 않아 창업이 활발하게 일어날 수 있는 기업생태계가 잘 확립되어 있지 못하다. 그리고 인력의 다양성을 확보하지 못하여 각종 분야에 필요한 전문인력을 확보하는 데 어려움을 겪을 수 있다.

지금의 우리 상황을 살펴보았을 때 앞으로 다가올 기술혁명에 적절히 대응하면서 산업경쟁력을 키워 나갈 수 있으리라고 장담하기 어렵다. 우리 경제가 기술혁명 시기에 지속적으로 발전을 이루기 위해서는 공공부문, 자본시장, 노동시장, 교육제도, 기업생태계 등 다양한 분야에

<표 2> 국제경쟁력지수 중 한국이 상대적으로 부진한 항목

대항목	세부항목	한국 순위 (141개 국가 중)
제도	사회적 자본	72
	사법 독립성	69
	잘못된 규제에 대한 이의제기 법적절차의 효율성	67
	정부규제에 대한 민간의 부담	87
	지적재산권 보호 수준	50
	사업 관련 안정적인 정책환경	76
기술	창의적 사고 중심 교육	82
	초등학교 학생-교사 비율	57
상품시장	세금과 보조금이 경쟁을 저해하는 정도	61
	시장지배력 집중 정도	93
	서비스 업종 경쟁 정도	48
	비관세 무역장벽 정도	77
	관세 수준	91
	관세의 복잡성	83
노동시장	해고 비용	116
	고용 및 해고 유연성	102
	노사 간 협력	130
	임금결정 유연성	84
	노동자 권리	93
	외국인 채용에 관한 규제 정도	100
	국내 노동시장 이동성	70
	전문 경영인 의존도	54
	남녀 임금노동자 비율	59
	근로소득세율	55
금융시장	벤처자본 활용 용이성	51
	은행 건전성	62
	은행 자기자본 비율	109
시장 규모	재화와 서비스 수입 비중	79
기업생태계	창업 비용	97
	창업 위험에 대한 일반적 인식	88
	실무부서에 대한 권한 위임 정도	85
혁신 능력	노동력의 다양성	86

주석: 국제경쟁력지수별 순위에서 한국이 48위 이하인 항목을 정리함.
자료: WEF(2019), The Global Competitiveness Report 2019.

서 문제를 개선해 나갈 필요가 있다. 이 역시 단기간에 이루어 내기 어려운 작업이다. 특히 기업 문화, 노동시장 문화, 교육 방식, 규제체계 등은 국민의 인식과 문화적 배경과 연결되어 있으므로 변화를 가져오기에 상당한 시간과 노력이 필요할 것으로 예상된다. 따라서 기술혁명에 대응하고 산업경쟁력을 강화하는 것을 우리가 앞으로 맞이할 두 번째 도전으로 제시하였다.

3) 전면적인 도전: 인구구조 변화에의 대응

우리나라 인구구조의 변화는 이미 상당히 진행되었고, 앞으로 변화의 속도가 더욱 빨라질 전망이다. 인구구조 변화는 크게 2가지 연관된 현상으로 요약할 수 있다. 첫 번째는 인구성장률의 감소이고, 두 번째는 고령인구 비중의 증가이다. 통계청(2019)이 발표한 예측에 따르면 우리나라의 인구는 성장이 둔화하다가 2029년부터 감소한다. 그리고 2017년을 기점으로 생산연령인구는 계속 감소하는 것으로 전망했다.

〈그림 3〉에는 2067년까지 우리나라 총인구과 인구성장률의 전망치가 제시되어 있다. 인구성장률은 꾸준히 감소해서 2029년에 마이너스를 기록한다. 그리고 나서도 계속 감소하여 2067년에는 -1.26%에 이를 것으로 내다보고 있다. 그래서 그 즈음 인구는 4천만 명 미만으로 줄어들 것으로 전망된다. 인구의 감소는 생산에 참여할 인구가 줄어든다는 것을 의미한다.

〈그림 4〉에 나타난 바와 같이 생산연령인구(15~64세)는 지난 2017년을 기점으로 지속적으로 감소하리라 예상된다. 그리고 유소년인구가 계속해서 감소하는 반면, 고령인구는 상대적으로 비중이 커지게 된다. 또한 2017년에 고령인구는 유소년인구를 추월했다. 그리고 2067년에

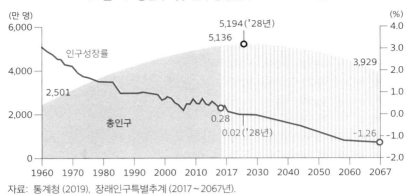

〈그림 3〉 총인구 및 인구성장률 (1960~2067년)

(만 명)
6,000

인구성장률

4,000

2,501

2,000
총인구

5,194 ('28년)
5,136

3,929

0.28
0.02 ('28년)

-1.26

0

1960 1970 1980 1990 2000 2010 2017 2030 2040 2050 2060 2067

(%)
4.0
3.0
2.0
1.0
0.0
-1.0
-2.0

자료: 통계청 (2019), 장래인구특별추계 (2017~2067년).

는 고령인구가 생산연령인구와 비슷한 수준이 될 것으로 예측한다.

이처럼 총인구의 감소와 연령별 인구 구성비의 급속한 변화는 여러 가지 측면에서 우리 사회에 영향을 줄 수 있다. 생산연령의 감소는 말 그대로 산업현장에서 일할 수 있는 인력이 부족해질 수 있다는 것을 의미한다. 노동집약적 산업은 인력난으로 기반이 흔들릴 수가 있다.

한편 유소년인구의 감소는 학령인구의 감소를 의미하며 2017년부터 10년간 약 190만 명이나 감소할 것으로 예상된다. 따라서 현재의 교육기관의 운영이 근본적으로 바뀌어야 할 필요성이 생긴다. 또한 학령인구의 감소는 이후 새롭게 노동시장에 진입할 인력이 줄어든다는 것을 의미하므로 중장기적으로 산업 전반에 영향이 크리라 예상된다.

그리고 생산연령인구 대비 고령인구 비중이 증가하면서 공적 연금제도의 안정성이 위협받을 수 있다. 따라서 연금체계도 시급히 대처방안을 실행해야 한다. 또한 고령인구의 증가는 각종 의료 및 복지 등 사회서비스에 대한 수요를 증가시킬 것이다. 그래서 공공서비스 전달체계에 대한 근본적 재검토가 요구된다.

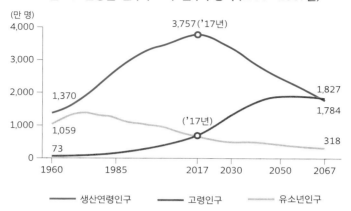

〈그림 4〉 연령별 인구구조와 인구구성비 (1960~2067년)

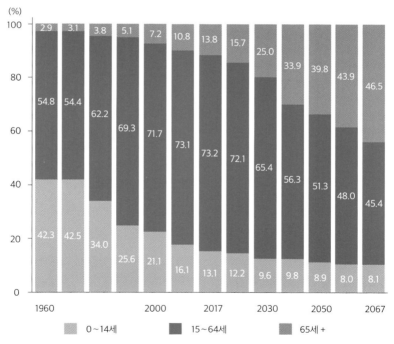

자료: 통계청 (2019), 장래인구특별추계 (2017~2067년).

특히, 인구 감소 및 고령화 진행은 대도시에 비하여 중소도시가 더 빠르며, 지방으로 갈수록 더욱 심각하다. 인구 감소 및 청년층 이탈에 따라 지방도시들이 소멸될 위기에 빠지고, 농촌경제의 근간이 되는 1차 산업이 인력난으로 붕괴될 가능성이 높다. 그러므로 인구감소 추세를 감안하여 행정체계 개편 및 지방산업 재조정도 검토해야 한다.

이와 같이 인구의 감소 및 고령화는 어느 한 분야뿐만 아니라 경제 전반에 막대한 영향을 미치게 된다. 이러한 현상은 비단 우리나라에서만 진행되는 현상은 아니지만, 우리나라는 일본에 이어서 세계적으로 그 추세가 매우 빠른 편에 속한다. 인구구조 변화에 따른 충격은 사회 전반에 미칠 것으로 예상되므로 각 분야에서 적절하게 대응해야만 우리 경제가 지속적으로 발전할 수 있다. 그래서 인구구조 변화에 대한 대응을 우리가 맞이할 세 번째 도전으로 제시하였다.

2. 미래를 향한 비전

이 연구에서는 앞서 제시한 3가지의 도전을 염두에 두고, 우리나라가 앞으로 지향해야 할 목표를 제시하고자 한다. 1인당 국내총생산 3만 달러를 달성한 현재 시점에서 앞으로 우리에게 다가올 도전들을 슬기롭게 극복하였을 때 향후 20~30년 후 도달하게 될 지향점을 보여 줌으로써 미래를 향한 비전을 제시한다.

제1장과 제2장에서는 우리 경제의 경쟁력과 활력을 지속적으로 이어가기 위한 지향점을 제시하고자 한다. 특히 대외여건의 변화 속에서 국가 경제 차원에서 나아가야 할 지향점을 제시한다. 여기서는 미국·

중국 무역 갈등, 코로나19 창궐 등 국제적 여건은 매우 빠르게 변화하고 있지만, 대외 교역의 중요성이 큰 우리 경제가 지향해야 할 방향은 여전히 다자간 자유무역협정을 통한 시장 확대라는 점을 제시한다.

또한, 기술이 급속도로 발전하고 경쟁국의 산업구조가 빠르게 변화하는 점을 감안하였을 때 우리 경제가 지속적 성장을 유지하기 위해서는 고급·핵심 기술 축적을 통한 제조업 경쟁력 강화와 선도형 신산업 육성이 필수적이라는 점을 언급한다. 그리고 선진국에 비하여 생산성이 떨어지는 서비스업의 경쟁력 강화는 필수적이고 그 방편으로 규제개혁 및 개방을 제시하고 있다.

국가경제와 산업전반의 차원에서 살펴본 제1장과 제2장에 이어서 제3장에서는 조금 더 세부적으로 기업의 경영과 시장생태계를 살펴본다. 빠르게 변화하는 경영환경에 대응하기 위해 기업지배구조 및 거래관행의 선진화는 필수적이므로, 그 지향점을 제시했다. 구체적으로 소유경영과 전문경영의 장점이 더불어 발현되는 한국형 기업경영체제를 장착하고, 부당 내부거래를 근절해 시장의 경쟁성을 회복하며, 불공정거래를 해소해 기업거래의 공정성을 확립하는 것이 주요 지향점이다.

기업 경영의 문제를 중점적으로 다룬 제3장에 이어서 제4장과 제5장은 기업 등에서 생산 활동에 참여하는 노동력에 대한 내용을 다룬다.

먼저 제4장에서는 우리 노동시장의 문제를 다룬다. 3만 달러 달성 이후의 경제구조를 감안하면 노동자의 삶의 질과 경제의 생산성을 동시에 높여야 한다. 그래서 짧은 근로시간과 높은 생산성이 공존하는 효율적인 노동시장, 일의 가치와 성과에 따라 보상이 이루어지는 공정한 노동시장, 노동자와 사용자가 상호 신뢰를 바탕으로 협력하는 노동시장 등을 주요 지향점으로 제시했다.

제5장에서는 변화하는 경제여건과 기술환경을 고려하여 교육의 패

러다임이 근본적으로 변화할 필요가 있음을 제시한다. 지금까지는 20년 내외의 정규교육과정을 거치면서 축적한 인적 자본을 활용하여 정년에 이를 때까지 업무에 종사할 수 있었지만, 기술이 급속도로 변화하고 산업의 구조가 고도화되면서 노동자들은 지속적으로 교육받을 필요가 커졌다. 그래서 국민 개개인이 필요한 지식과 역량을 자기 주도적으로 학습하는 평생학습사회 구현을 지향점으로 제시한다.

제6장과 제7장에서는 국민의 전반적 삶의 질을 제고하기 위한 내용을 주로 다룬다. 제6장에서는 삶의 질과 직접적으로 관련이 깊은 문화예술의 측면을 중점적으로 살펴본다. 경제성장과 더불어 개개인의 삶의 질에 대한 중요성이 커짐에 따라 문화예술 측면의 양적·질적 성장도 매우 중요한 이슈가 되었다. 그래서 영화 관람 등 일률적인 문화 향유 패턴에서 벗어나 개인의 문화적 취향을 형성하고 심도 깊은 문화여가 활동이 이루어지는 사회를 지향점으로 제시한다.

또한 문화예술 활동의 중심지가 됨으로써 도시 경쟁력이 향상되고 기업과 국가의 이미지 개선 등 소프트파워를 키워야 한다는 지향점도 함께 제시한다.

제7장에서는 국민의 삶의 질을 향상시키기 위한 공공서비스의 역할과 개선방향을 제시한다. 급변하는 경제·사회여건에 따라서 공공서비스에 대한 국민들의 수요 역시 변화하고 있다. 국민적 수요에 적절히 대응하는 것은 삶의 질을 향상시키기 위해 필수적이다. 따라서 여기서는 똑똑한 정부 구현으로 세계 최고 수준의 삶의 질을 제공하고 공공서비스 수요에 대응한 정부 역량의 재구성을 지향점으로 제시한다. 특히 규제를 재설계하고 민간 자율규제를 강화하며 궁극적으로 정부 운영 방식을 재설계할 필요성이 있음을 제안한다.

제8장과 제9장에서는 인구구조의 변화에 따른 대응 방안과 지향점

을 제시한다. 먼저, 제8장에서는 인구구조 변화와 관련한 지방의 문제를 다룬다. 인구 고령화와 경제생산인구의 감소는 지방으로 갈수록 더욱 빨리 진행되어, 지방자치구조의 근본적 변화가 요구된다. 그래서 인구 변화의 대응책으로 거점형·분권형 지역발전의 비전을 제시한다. 인구 10만 이내 행정구역을 통합하여 인구 50만 이상 중도시권을 형성하고, 7개의 광역단위에 재정·규제 권한과 책임을 부여하는 방식을 지향점으로 제시한다.

제9장에서는 인구구조의 변화하에서 지속가능한 복지제도 마련을 모색한다. 인구 및 기술변화 등을 개인이 감당하기 어려운 사회적 위험 증가에 대응하여 사회연대의식을 바탕으로 효율적이고 충분하며 지속가능한 복지제도 마련을 주요 지향점으로 제시한다. 기존 복지제도의 개혁과 혁신을 통해 수요자 만족도를 제고하고 복지혜택에 상응하는 비용 부담을 통해 사회통합을 위한 재원을 충분히 마련하는 것을 골자로 하고 있다. 그리고 증가하는 불확실성을 완화하기 위해 다층적인 사회안전망을 제공하고 지속적으로 제도를 개편하여 복지제도의 지속가능성을 유지해야 한다고 제안한다.

마지막으로 제10장에서는 경제협력 방안을 중심으로 남북관계를 다룬다. 남북관계가 어떤 상태인지에 따라서 우리 경제의 불확실성을 키울 수도 있고, 성장의 기회를 넓힐 수도 있다. 그런 차원에서 남북 간 경제협력의 중장기적 지향점을 제시한다.

먼저 북한이 시장경제로의 체제이행을 완료해 제도적 수준이 WTO 가입 기준을 만족시키는 것을 첫 번째 지향점으로 삼는다. 이를 바탕으로 남북 상호 간 경제적 연계성을 강화해, 상품, 서비스, 자본의 이동이 활발히 이루어지는 수준에 이르는 것을 두 번째 지향점으로 제시하고, 남북경협이 남북경제의 통합으로 이어져 한국의 경제성장에 지속적으로 긍정적 효과를 줄 수 있는 수준에 이르는 것을 세 번째 지향점으로 제시한다.

이 연구에서 다루는 주제들이 앞서 제시한 3가지 도전과는 어떠한 관계가 있는지 〈표 3〉에 나타난다.

제 1장에서 제 5장까지는 주로 기술변화에 대한 대응 및 산업경쟁력 강화에 주로 포커스를 맞춘다. 대외 교역 확대 및 선도형 산업구조를

〈표 3〉 이 연구의 주제 및 세 가지 도전과의 관계

10가지 연구 주제	기술혁명/ 산업경쟁력 강화	전반적인 삶의 질 제고	인구구조 변화 대응
1. 글로벌 경쟁력 향상을 통한 역동성 강화	◎	○	
2. 고부가가치 · 선도형 산업구조의 확립	◎	○	
3. 투명하고 활기차며 공정한 시장생태계의 구현	◎	○	
4. 삶의 질과 경제적 풍요가 공존하는 노동시장	◎	○	○
5. 평생학습사회 구현	◎		○
6. 문화국가로의 도약	○	◎	
7. 삶의 질 향상을 위한 똑똑한 정부	○	◎	○
8. 거점형 · 분권형 지역 발전 을 위한 행정체계 개편		○	◎
9. 함께 만들어 가는 안전하 고 행복한 복지사회		○	◎
10. 북한경제 정상화와 남북 경협의 미래	◎	○	

주석: ◎: 매우 밀접히 연관됨, ○: 직접적으로 연관됨.

확립하여 기술변화에 대응하고 산업경쟁력을 확보하는 것이 주요 지향점이다. 그리고 경영구조를 선진화하여 시장생태계의 투명성, 공정성을 개선함으로써 산업경쟁력 강화를 도모한다. 한편, 급변하는 산업환경에 제대로 대응하기 위해서는 필요한 인적 자본의 공급이 절실하다. 이에 따라 선진화된 노동시장하에서 인적 자본을 지속적으로 발전시켜 나가는 구조가 필요하다는 것을 제기한다.

그리고 제6장과 제7장에서는 국민들의 전반적인 삶의 질을 향상시키는 문제를 중점적으로 다루고 있다. 국가와 개인의 문화적 역량을 확충하여 문화예술을 한 차원 높게 향유하는 것을 지향점으로 제시한다. 또한 국민의 삶의 질 제고를 위해 맞춤형 공공서비스를 제공할 수 있는 똑똑한 정부의 모습을 지향점으로 제시한다.

제8장과 제9장에서는 인구구조 변화에 대한 대응 문제를 주로 다룬다. 인구구조 변화에 대응하기 위해 행정구역의 개편과 분권과 책임성 강화를 지향점으로 제시하고 있다. 또한 국가 차원에서 지속가능한 복지구조를 확립하기 위한 지향점을 제시한다.

또한 제10장에서는 급변하는 경제여건 변화에 대응하기 위해 필수적인 요소로서 남북경협의 비전을 제시한다. 남북관계는 우리 경제의 경쟁력에 큰 영향을 미치므로 북한경제를 정상화하고 이를 바탕으로 남북경협을 발전시켜나가는 것을 주요한 지향점으로 제시하고 있다.

이 연구는 KDI 개원 50주년을 기념하여, 향후 우리 경제의 중장기적 발전방향을 모색해 보고 지향점을 제시하고자 기획되었다. 그리고 이 보고서는 정책전문가뿐 아니라 일반 대중을 주된 독자층으로 삼았다. 우리 경제가 나아갈 지향점을 국민과 공유함으로써 주요 정책과제에 대한 공감대를 형성하는 것이 주요 목적이다.

한편, 이 보고서는 목적, 주 독자층, 주제 등을 고려하였을 때 통상적인 KDI 연구보고서와는 색다른 접근방식을 택했다. 다소 불확실한 먼 미래에 대해 중장기적이고 종합적 비전을 제시해야 한다는 점에서 기존과는 조금 다른 시도를 하고자 했다.

이 보고서는 연역적 접근을 위주로 하는 KDI 보고서와는 달리 다소 귀납적이고 규범적인normative 접근을 한다. 또한 넓은 범위의 주제를 짧은 분량 안에 종합적으로 다루기 위해서 정량적 분석보다는 정성적 분석을 중심으로 하고 있다. 따라서 이 보고서의 주장들이 단정적이라 보일 수 있으나, 중장기적 관점에서 우리 경제의 현 상황을 되짚어보고 나아갈 방향을 설정하는 데 효과적일 수 있다고 판단한다.

이 보고서가 향후 20~30년 후 우리나라가 맞닥뜨릴 어려움과 이에 대한 대응방향, 그리고 지향해야 할 목표를 살펴보는 데 기여할 수 있기를 기대해 본다.

1장

글로벌 경쟁력 향상을 통한 역동성 강화

정규철 한국개발연구원

한국경제가 협소한 내수시장에만 의존하여 성장하기는 어렵기 때문에 다자간 자유무역협정을 광범위하게 체결함으로써 국제협력을 통해 경쟁력을 갖추고 시장을 개척해 나가야 한다. 장기적 관점에서 고급·핵심 기술 축적에 집중하여 제조업 경쟁력을 강화하고, 수입처 다각화로 글로벌 공급망 교란에 대비해야 한다. 서비스업도 대외개방과 규제합리화를 통해 양질의 일자리를 창출하고 새로운 성장동력으로 발전시켜야 한다.

1. 한국경제의 성장세 둔화

　한국경제의 성장세가 약해지고 있다.　경제가 발전하고 성숙함에 따라 성장세가 둔화되는 것을 자연스럽다고 생각할 수도 있다.　장기적인 국내총생산GDP은 〈그림 1-1〉과 같이 노동, 자본, 생산성에 의해 결정된다.　GDP의 증가율을 의미하는 경제성장률도 장기적으로는 노동과 자본의 증가율과 생산성의 개선 속도에 따라 정해진다.　경제성장을 결정하는 3요소가 앞으로 어떻게 변해 나갈지를 대략 가늠해 보자.

　우선 노동 공급을 살펴보자.

　과거 한국은 인구가 빠르게 증가하면서 노동 공급을 확대해 나갈 수 있었다.　그러나 서론에서 보았듯이 저출산·고령화로 인해 최근에는 전체 인구의 증가 속도가 하락하고 있을 뿐만 아니라, 전체 인구 중 생산연령인구(15~64세)의 비중이 점점 낮아지고 있다.　생산연령인구 수가 2017년을 정점으로 이미 줄어들기 시작하였다.　과거 일본에서도 빠르게 진행된 고령화가 일본경제의 성장세가 둔화된 하나의 주요인이었는데, 한국의 고령화 속도는 일본보다도 빠를 것으로 예측되고 있다. 한국경제에서 주요 생산요소인 노동을 공급할 수 있는 인구가 줄고 있다는 뜻이다.

　제4장에서 논의되듯이 한국의 1인당 소득이 높아지면서 양적인 경제성장보다 여가를 비롯한 삶의 질이 더 중요하게 여겨질 수 있다.　향후에는 각 경제주체가 제공하는 노동시간이 줄어들 가능성이 높다.　노동을 공급할 인구가 줄어드는 데다가 1인당 평균적인 노동공급도 줄어들면 한국경제의 전체 노동공급은 더욱 빠르게 줄어들 것으로 예상할 수 있다.

〈그림 1-1〉 국내총생산(GDP) 결정 요인

다음으로 자본공급을 살펴보자.

경제개발 초기에는 자본이 충분히 축적되지 못하였다. 신규자본의 공급을 뜻하는 투자는 수익성에 따라 결정된다. 노동공급이 많고 기술개발은 활발한데 자본이 충분히 공급되지 못하면 자본의 수익성은 높아진다. 자본이 희소한 경제개발 초기에는 투자가 활발하게 이루어지며 자본공급이 확대되고 경제도 빠르게 성장한다. 경제가 성숙하고 자본이 어느 정도 축적된 뒤에는 투자유인이 줄어들고 자본공급도 활발하게 증가하지 못한다. 앞으로는 자본공급의 확대에 의존하며 경제성장을 이루기 어려운 시기가 올 것으로 예측해 볼 수 있다.

마지막으로 생산성을 살펴보자.

한국경제의 생산성도 2010년대 들어 증가세가 둔화되고 있다. 한국이 개발도상국이었을 때에는 선진국의 기술을 모방·수용하며 추격하여 생산성을 빠르게 향상해 나갈 수 있었다. 한국경제의 기술수준이 최전선frontier에 근접해 선진 기술을 추격할 여지가 줄면서 생산성이 예전과 같이 빠르게 향상되기 어려워졌다. 장기적 경제성장을 결정하는 노동공급, 자본공급, 생산성 모두에서 한국의 경제성장률이 하락할 요인이 쌓인다고 볼 수 있다.

저출산·고령화 추세가 단시일 내에 반전되기 어렵고, 한국경제가 성숙단계에 접어들었다는 점에서 경제성장률 하락을 완전히 방지하기란 사실상 불가능한 과제다. 이 상황에서 어떻게 하면 경제성장률 하락을 가능한 한 늦출 수 있는지를 현실적 과제로 삼아야 할 것이다. 인구구조와 경제성숙으로 인해 앞으로는 노동과 자본공급 확대에 의존하여 성장하기 어렵다면, 생산성 향상만 남는다.

경제성장 측면에서 생산성은 실제 많은 것을 포괄한다. 생산성은 한 경제에 주어진 생산요소(노동과 자본)를 가지고 얼마나 많이 생산할 수 있는지를 뜻한다. 우선 기술혁신이 이루어진다면 생산비용을 절감하며 같은 양의 생산요소로 더 많이 생산할 수 있으므로 생산성이 증가한다. 이와 함께 주어진 생산요소를 어느 산업의 어느 기업에 얼마나 효율적으로 배분하는지도 생산성에 포함된다. 생산성이 높은 부문에 자원을 많이 배분하면 전체 생산량도 늘기 때문이다. 또한 같은 시간을 일하더라도 노동자가 더 효율적으로 일할 수 있다면 생산성이 개선될 수 있다. 한 경제의 생산성을 개선하는 데에는 개별 경제주체의 노력도 중요하지만, 정부의 경제정책 방향설정도 중요하게 작용한다.

〈그림 1-2〉는 한국의 장기적 경제성장률 전망을 보여 준다. KDI 내부 추정치에 따르면 2001~2010년에 생산성이 연평균 1.8% 증가하였지만, 2011~2020년에는 0.7% 증가하는 데 그쳤다. 만약 2020년대 이후 생산성 증가율이 OECD 국가의 상위 25%에 해당하는 1.2%로 개선될 수 있다면 한국의 경제성장률은 2020년대에는 2%대 중반을, 2030년대에는 1%대 중반을, 2040년대에도 0%대 중후반을 달성할 수 있으리라 전망되었다.

그러나 만약 앞으로도 생산성 증가율이 2011~2020년 수준인 0.7%에 머무른다면, 한국의 경제성장률은 2020년대에 1%대 중반을, 2030년대에 0%대 중반을, 2040년대에는 0% 내외에 그칠 것으로 전망된다.

한국경제의 생산성과 관련하여 다수의 문제제기가 있었다. 생산기술의 개발도 생산성 향상에 중요하겠으나, 한국경제의 한정된 생산자원

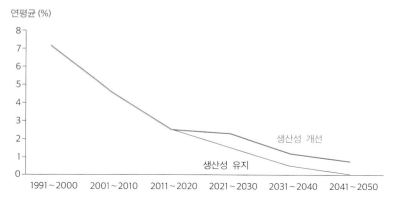

〈그림 1-2〉 한국의 장기 경제성장률 전망

연평균 (%)

생산성 개선

생산성 유지

주석: 2019년 이전은 실적치이며, 2020년 이후는 KDI 내부 추정치임.
자료: 한국은행, KDI 내부 추정치.

이 기업 간, 산업 간에 효율적으로 배분되지 못하면서 생산성이 악화되는 요인으로 작용한다는 지적이 있었다.

오지윤(2015)은 제조업기업 간에 자원배분의 효율성을 장기 시계열에서 살펴보았는데, 평균 효율성이 미국보다는 낮고 중국보다는 높으며, 일본과는 비슷한 수준임을 보고하였다. 오지윤(2015)의 연구결과에서 1990년대 이후로 한국경제의 배분 효율성이 지속적으로 하락하고 있는 데 주목해야 한다. 이러한 추세가 앞으로도 계속된다면 한국경제의 생산성 유지도 쉽지 않을 수 있기 때문이다.

김대일(2015)은 노동시장에서 배분 효율성을 살펴보았다. 기업마다 생산성이 다르게 변할 텐데, 생산성이 낮은 기업에서 생산성이 높은 기업으로 생산자원이 이동해야 경제 전반의 효율성이 높아진다. 김대일(2015)은 한국의 노동시장이 2000년대 중반까지는 생산성이 높아진 기업으로 노동자원이 이동하였으나, 그 이후로는 그러한 재배치를 관찰할 수 없었다고 보고하였다.

생산자원 배분에 비효율성이 나타나는 데에는 여러 요인이 있을 수 있다. 위의 두 연구에서는 제도적 측면에 주목하였다. 중소기업을 일괄적으로 보호하고 지원하는 정책이 왜곡을 가져올 수 있다. 노동시장에서 정규직을 과보호하며 유연성을 잃게 되면 자원의 효율적 재배분을 저해할 수 있다. 한국경제에 비효율적 규제가 생산성 향상을 저해하는 요인으로 작용할 수 있을 것이다.

이 장에서는 한국경제 전반의 생산성을 염두에 두고 기술발전 전략, 내수와 수출 간, 제조업과 서비스업 간의 생산 비중 등 자원배분 측면에서도 논의하고자 한다. 특히 한국의 글로벌 경쟁력을 거시적 관점에서 살펴보고 큰 틀에서 방향성을 제시하고자 한다. 구체적인 산업구조와 시장생태계는 제 2장과 제 3장에서 자세히 다루어진다.

한국경제는 과거 수출 주도로 경제성장을 이루어 왔고, 지금도 수출 의존도가 다른 경제에 비해 높은 편이다. 한국이 자연자원뿐 아니라 인적·물적 자본도 부족한 경제였기 때문에, 외국과 협력하며 경제성장을 이루어 나가는 전략은 효과적이었다.

한국사회가 겪고 있는 급속한 저출산·고령화 현상이 지속된다면 인적 자본인 노동 공급의 부족은 점차 심화될 가능성이 높다. 한국경제가 직면해 온 자원과 자본의 부족은 사실상 극복하기 어려운 제약이므로, 미래에도 국제협력을 배제하고 한국경제가 발전하기를 기대할 수 없을 것이다. 향후 한국경제의 발전 방향을 설정할 때에도 이러한 제약을 전제하고, 국제협력을 기본 조건으로 삼을 수밖에 없다.

대외 교역과 관련하여 한국경제는 크게 두 가지 문제에 직면했다. 첫째는 다수 산업에서 후발국의 추격을 받으며 국제시장에서 경쟁력을 상실해 가는 것이고, 다음은 특정 부문에 지나치게 의존하고 있는 수출구조이다. 물론 이 두 문제는 독립적으로 존재하지 않고 서로 얽혀 있다.

이하에서는 이 두 문제를 고찰하고 향후 한국경제가 추구해야 지향점을
제시하고자 한다.

2. 내수 중심 경제성장의 의미

한국경제가 과거 수출에 많이 의존해 왔고, 현재도 그러하다. 이는
흔히 한국경제가 앞으로는 내수를 키우며 성장해 나가야 한다는 주장으
로 이어진다. 이 절에서는 내수 중심의 경제성장의 의미와 우리 경제에
대한 시사점을 살펴보고자 한다.

우선 내수를 기반으로 한 경제성장의 의미를 명확히 할 필요가 있다.
GDP는 지출 부문별로 크게 소비, 투자, 수출, 수입(공제)으로 이루어
진다.

$$GDP = 소비 + 투자 + 수출 - 수입$$

더 간단하게는 내수(소비 + 투자)와 순수출(수출 - 수입)의 합으로
표현할 수 있다.

$$GDP = 내수 + 순수출$$

이 관계만 보면 내수가 커지면 GDP가 커진다고 생각할 수 있다. 그
러나 대부분의 국가에서 GDP 대비 순수출의 비율은 장기적으로 0에
가깝다. 한국경제도 이 비율이 대개 5%보다 작다. 바꿔 말하면 GDP

와 내수 규모는 큰 차이가 없다.

$$\frac{\text{내수}}{GDP} = 1 - \frac{\text{순수출}}{GDP} \approx 1$$

한 경제의 생산, 지출, 소득이 동일하다는 3면 등가의 법칙에서 국내총생산GDP은 국내총소득과 같은 값을 갖는다. 상품을 생산하여 판매하면 동일한 가치의 소득이 발생하기 때문이다. 국내 소득GDP과 국내 지출(내수)은 예산제약을 고려하면 장기적으로 격차가 발생하기 어렵기 때문에, GDP와 내수가 별도로 정해질 수는 없다.

지출을 많이 하려면 결국 소득이 많아야 한다. GDP가 늘어야 내수를 키울 수 있는데, 내수를 키워서 GDP를 확대한다는 말은 그 자체로 큰 의미를 가지기 어렵다. 이 논리는 한 경제의 수출 의존도와 상관없이 성립한다.

실제 자료를 보더라도 대부분의 국가에서 GDP와 내수에 큰 차이가 없다. 〈그림 1-3〉은 지난 5년간 GDP 대비 내수의 비율을 보여 준다. 한국을 비롯한 대부분의 국가에서 내수가 GDP의 100% 정도이다. 선진국인 미국, 독일, 일본도 마찬가지다. 다만, 원유를 대규모로 수출하는 국가에서 GDP 대비 내수 비율이 낮았다. 원유가 언젠가는 고갈되리라 예상되므로 현재의 소득만큼 지출할 수는 없을 것이다.

고소득 국가 중에서는 대외 무역, 금융 개방도가 높고 경제규모가 작은 룩셈부르크, 아일랜드, 싱가포르 등에서 내수 비율이 100%를 벗어났다. 이 국가에서도 내수 규모가 GDP보다 오히려 작았다. 대부분의 국가에서 GDP 대비 내수 비율이 100%이기 때문에 1인당 국민소득과 GDP 대비 내수 비율의 통계적 관련성을 찾을 수가 없다. 요약하면, 경

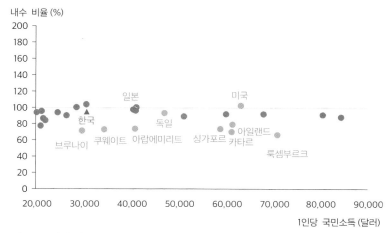

〈그림 1-3〉 GDP 대비 내수 비율

주석: GDP 대비 내수 비율은 2014~2018년의 평균값이며, 1인당 국민소득은 2018년 기준임.
자료: World Development Indicators.

제규모인 GDP에 비해 내수가 커지기 어려울뿐더러, 일시적으로 커지더라도 경제성장으로 이어지기를 기대하기 어렵다.

그렇다면 한국경제의 수출 의존도가 높다는 것을 어떻게 해석해야 할까? 한국경제가 국내 수요보다 해외 수요에 더 의존하고 있음을 뜻한다. 한국에서 생산된 상품은 국내에서 이용되기도 하고 해외에서 이용되기도 한다. 생산 과정에서 수입품을 이용하여 만들기도 한다. 생산품의 가치에서 수입품의 가치를 차감한 부가가치가 소득이 된다. 부가가치를 기준으로 한국의 생산품이 최종적으로 이용된 부문이 국내인지 해외인지를 기준으로 다음과 같이 나눌 수 있다.

$$GDP = 내수\ 부가가치 + 수출\ 부가가치$$

내수 부가가치를 단순하게 말하면, 내수로 이어진 상품의 총가치에서 생산 과정에서 이용된 수입품의 가치를 제외한 것을 뜻한다. 수출부가가치도 마찬가지로 이해할 수 있다. 개별 상품 가치를 국내 부가가치와 수입을 구분하기 위해 산업연관분석을 시도하였다. 국가 간 비교를 위해서 국제산업연관표World Input‑Output Database, 이하 WIOD 자료를 이용하였다. 최신 자료인 2014년 기준으로 한국의 GDP 중 내수에 의존하는 부분이 67.6%, 수출에 의존하는 부분이 32.4%였다. 한국은행이 발표한 2018년 한국의 산업연관표에서 산출한 값도 이와 유사하다. 내수 의존도가 69.5%, 수출 의존도가 30.5%였다.

2014년을 기준으로 한국의 내수 의존도는 전 세계의 내수 의존도인 80.5%보다 12.9%p 낮은 값이다. 이 차이가 어느 정도인지 살펴보기 위해 WIOD 자료에 포함된 모든 국가의 내수 의존도를 〈그림 1-4〉에 나타내었다. 경제규모가 클수록 국내 수요에 더 많이 의존할 것으로 예상되기 때문에, 가로축에는 경제규모(GDP의 로그값)를, 세로축에는 GDP의 내수 의존도를 표시했다. 두 변수의 선형관계를 나타낸 선 아래에 한국이 위치하고 있다. 경제규모를 감안하더라도 한국은 내수 의존도가 낮고, 반대로 수출 의존도는 높다고 풀이할 수 있다. 그렇지만 한국이 관계를 나타낸 선에서 특별히 벗어난 예외라 말하기도 어렵다.

대부분의 경제학 교과서에 따르면 중장기적 경제성장은 한 경제의 생산 잠재력을 나타내는 노동, 자본, 생산성에 의해 결정된다. 장기 성장을 살펴보려면 수요 측면보다 생산 측면에서 보는 것이 더 유용하다. 내수를 확대하자는 말도 국내 수요와 해외 수요를 구분하기보다는 생산 측면에서 이해해야 할 것이다. 즉, 내수와 밀접한 산업을 키우자는 의미로 받아들여야 할 것이다. 대부분의 생산품은 내수로도, 수출로도 이어질 수 있겠으나, 흔히 내수산업이라고 하면 주로 서비스업을 의미한

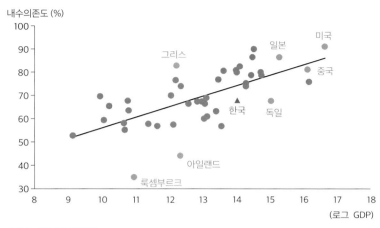

〈그림 1-4〉 GDP의 내수 의존도

주석: 2014년 기준임.
자료: WIOD 자료를 이용하여 계산함.

다. 서비스업 상품은 제조업 상품보다 교역이 어렵기 때문이다.

〈그림 1-5〉와 〈그림 1-6〉은 내수와 수출 상품을 만들면서 한국의 각 산업에서 창출된 소득(부가가치)을 나타낸다. 내수는 대부분 서비스업의 소득으로 이어진다. 서비스업의 소득 비중은 70.3%이지만, 제조업의 소득 비중은 16.8%에 불과하다. 반면 수출은 63.4%가 제조업의 소득으로 이어진다. 서비스업의 소득 비중인 33.3%의 두 배에 가까운 수치다. 내수는 서비스업과 더 밀접하고, 수출은 제조업과 더 밀접하다고 말할 수 있다. 이러한 특징을 염두에 두고 이하에서는 내수와 수출 대신에 서비스업과 제조업을 중심으로 논의를 이어나가고자 한다.

〈그림 1-7〉은 GDP 중 서비스업에서 창출된 부가가치의 비중을 나타내고 있다. 한국은 선진국 평균에 비해 서비스업 비중이 낮은 편이다. 서비스업이 발달한 미국뿐 아니라 제조업 강국으로 꼽히는 독일과 일본에 비해서도 서비스업의 비중이 낮다. GDP 대비 서비스업 비중이 낮

<그림 1-5> 내수의 산업별 소득창출 비중 (2018년 기준)

단위: %

| 제조업 (16.8) | 서비스업(70.3) | 기타 (12.9) |

자료: 한국은행, 〈2018년 산업연관표(연장표) 작성 결과〉.

<그림 1-6> 수출의 산업별 소득창출 비중 (2018년 기준)

단위: %

| 제조업(63.4) | 서비스업(33.3) |

기타(3.3)

자료: 한국은행, 〈2018년 산업연관표(연장표) 작성 결과〉.

은 것 그 자체를 문제라고 할 수 없다. 서비스업 이외의 다른 부문의 비중이 선진국 평균보다 높다는 뜻이기 때문이다. 다만 서비스업 비중이 지나치게 낮은 것이 서비스업의 생산성이 낮아서 발생한 현상이라면 개선할 필요가 있다.

〈그림 1-8〉은 제조업과 서비스업에서 근로자 1인당 부가가치, 즉 노동생산성을 나타낸다. 한국의 노동생산성은 제조업과 서비스업 모두에서 선진국 평균에 미치지 못하고 있다. 제조업에서는 선진국 평균에 비해 한국의 노동생산성이 크게 낮은 상황은 아니지만, 서비스업에서는 선진국 평균의 절반 수준에도 미치지 못하는 것으로 나타났다.

이상을 정리하면, 한국은 산업구조가 내수와 밀접한 서비스업에 비해 제조업에 지나치게 치중되어 있으며, 서비스업의 생산성이 여타 선진국에 비해 낮은 수준에 머물러 있다. 이러한 산업구조를 좀더 긍정적으로 해석하자면, 서비스업에서 생산성을 개선해 가며 발전할 여지가 많다고 볼 수 있다. 이하에서는 제조업과 서비스업을 나누어 논의를 진행하고자 한다.

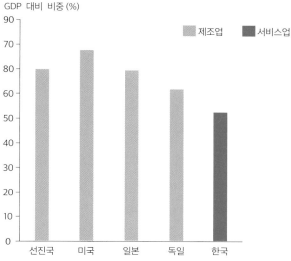

〈그림 1-7〉 GDP 대비 서비스업 부가가치 (2017년 기준)

자료: World Development Indicators.

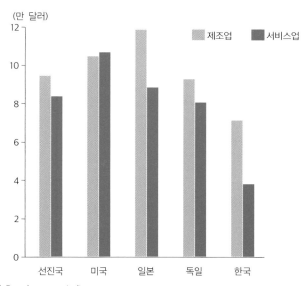

〈그림 1-8〉 산업별 노동생산성 (2017년 기준)

자료: World Development Indicators.

3. 제조업시장에서의 글로벌 경쟁

경제개발 초기에 내수시장이 크지 않았던 한국은 수출에 의존하는 성장 전략을 추구하였으며, 이 전략이 유효하려면 수출경쟁력이 뒷받침되어야 했다. 기술발전에는 많은 시간이 소요되기 때문에, 당시 다수의 한국 기업은 일본 등 선진국의 기술을 도입·모방하며 기술을 축적해 나갔다. 그러나 시간이 흐르며 한국의 기술이 발전함에 따라 선진 기술을 추격할 수 있는 여지가 점차 줄어들게 되었다. 반면에 과거 한국이 선진 기술을 추격하였듯이 이제는 중국 등 후발국이 한국의 주요 수출시장에서 시장 점유율을 확대하며 경쟁한다.

정규철(2014)은 과거 일본이 '잃어버린 20년'이라고 부르는 장기침체에 빠지기 시작하던 시기인 1990년대 중반에 한국이 일본을 추격하며 일본의 주요 수출시장을 일부 잠식했다는 점을 보고하였다. 다른 부문에 비해 한국이 수출 잠재력을 가진 부문에서 일본의 수출시장 점유율이 더욱 빠르게 하락하였다. 정규철(2014)은 시간이 지날수록 한국의 일본에 대한 추격이 점차 느려지고 있음을 보고하였다. 추격을 통한 기술개발 전략이 어려워지는 상황임을 뜻한다.

한국이 선진국을 추격하기 어려운 상황에 놓였을 뿐만 아니라, 이제는 후발국의 추격에 노출되었다. 정규철(2014)은 최근에 다른 부문에 비해 중국이 수출 잠재력을 가진 부문에서 한국의 수출시장 점유율이 상대적으로 빠르게 하락하였음을 보고하였다. 이는 한국의 주력 수출시장 대부분에서 중국의 시장 점유율이 빠르게 상승하였다는 점을 감안하면 충분히 예상할 수 있는 결과다.

중국이 대규모 자금력을 동원하여 기술 추격에 나설 경우 한국이 글로벌시장에서 살아남을 수 있는 부문이 거의 없을 것이라는 우려도 일각에서 제기되고 있다. 일본과 중국 사이에 위치하며 이른바 샌드위치로 표현되는 한국의 경제상황을 보여 준다.

이와 같이 한국경제가 수출시장에서 어려운 상황에 위치하게 된 것은 과거 한국의 성장 전략을 감안하면 어느 정도 예정된 수순이라고도 할 수 있다. 한국은 선진 기술 중 쉽게 모방할 수 있는 부문을 중심으로 성장해 왔다. 이를 다른 관점에서 보면 한국이 빠르게 성장한 부문은 통상적으로 후발국의 추격을 쉽게 받을 수 있는 부문이었다고 풀이할 수 있다.

이 모습은 수출품목의 구성에서도 확인할 수 있다. 〈그림 1-9〉는 과거 일본에서 장기침체가 시작될 무렵의 일본의 수출품목 구성과 2018년 한국의 수출품목 구성을 비교하고 있다. 비교우위지수는 수출시장 점유율을 기준으로 산출된다. 구체적으로는 한국의 개별 상품의 시장 점유율을 한국의 전체 상품의 수출시장 점유율로 나눠 비교우위지수를 구한다.

$$\text{비교우위지수} = \frac{\text{개별 상품의 수출시장 점유율}}{\text{전체 상품의 수출시장 점유율}}$$

비교우위지수 값이 클수록 해당 상품을 다른 상품에 비해 많이 수출한다는 뜻이다. 다른 상품에 비해 많이 수출한다는 것은 해당 상품에 그만큼 비교우위가 있다고도 해석할 수 있다.

〈그림 1-9〉에서 일본과 한국은 품목 구성에서 유사한 모습이다. 일본의 장기침체가 시작되면서 한국은 특히 SITC 7번 품목에서 일본을 추격하였다. SITC 7번은 한국의 주력 수출품인 전자제품, 자동차, 선

박 등을 포함한다. SITC 7번 품목에 수출이 집중된 모습은 다른 선진국인 미국, 영국, 독일과는 다르다. 한국의 수출품이 SITC 7번에 편중된 상황에서 최근 중국이 SITC 7번 품목에서 시장 점유율을 확대해 나가고 있다. 세부 품목을 보더라도 과거 한국이 일본의 수출시장을 잠식한 부문에서 이제 중국이 빠르게 부상하고 있다.

정규철(2015)에서도 제시된 〈그림 1-10〉은 이러한 특징을 잘 보여주는 예이다. 1990년대 중반 일본에서 비교우위가 높았던 이른바 잘나가던 부문에서 한국과 중국이 일본을 추격하는 모습을 나타낸다. 2000

〈그림 1-9〉 과거 일본과 한국의 수출품목 비교우위지수 비교

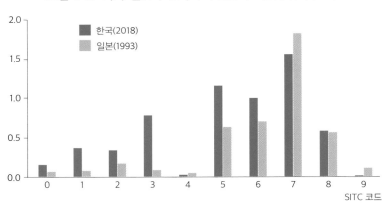

주석: SITC 1단위 코드 기준임.
  0) 식품 및 산 동물(Food and live animals),
  1) 음료 및 담배(Beverages and tobacco),
  2) 비식용 원재료(연료 제외)(Crude materials, inedible, except fuels),
  3) 광물성 연료, 윤활유 및 관련 물질(Mineral fuels, lubricants and related materials),
  4) 동식물성 유지 및 왁스(Animal and vegetable oils, fats and waxes),
  5) 화학물 및 관련 제품(Chemicals and related products, n.e.s.),
  6) 재료별 제조제품(Manufactured goods classified chiefly by material),
  7) 기계 및 운수장비(Machinery and transport equipment),
  8) 기타 제조제품(Miscellaneous manufactured articles),
  9) 기타(Commodities and transactions not classified elsewhere in the SITC).
자료: UN Comtrade.

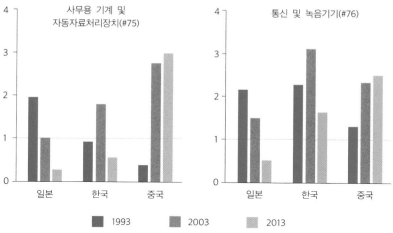

〈그림 1-10〉 한국 · 중국 · 일본의 주요 수출 부문에서의 비교우위지수 변동

주석: 비교우위지수가 1보다 크면 비교우위가 있음을 뜻함.
자료: UN Comtrade 원자료를 이용하여 계산함 (정규철, 2015 재인용).

년대 중반에는 일본의 시장 점유율이 축소된 반면, 한국은 비교우위를 가지며 시장 점유율을 확대하였다. 반면 2010년대 중반에는 동일한 부문에서 한국의 시장 점유율은 축소되고, 중국의 시장 점유율은 확대되었음을 알 수 있다.

중국경제가 발전하며 세계시장으로 진출함에 따라 한국이 수출시장에서 어려움을 겪는 것은 일견 불가피한 측면이 있다고 할 수 있다. 한국이 제조업과 관련된 수출시장에서 경쟁력을 확보하는 방안에 대해서는 지향점 부문에서 다루겠다.

4. 서비스업의 중요성과 글로벌 경쟁력

그렇다면 내수와 밀접한 서비스업의 생산성이 왜 중요한 것일까? 부문별 취업자를 살펴보자. 이를 위해 한국은행의 2018년 산업연관표를 이용했다. 취업유발계수는 최종 수요 10억 원을 생산하면서 유발된 취업자 수를 뜻한다. 〈표 1-1〉을 보면 취업유발계수가 제조업은 6.2명인 반면, 서비스업은 12.8명으로 2배 정도 된다. 즉, 서비스업의 생산성을 높이고 발달시켜야만 우리 경제에 좋은 일자리를 만들 수 있다. 〈표 1-2〉를 보면 수요 측면에서 취업유발계수를 보더라도 내수 부문인 소비(12.5명)와 투자(10.1명)가 수출(6.7명)보다 높다. 같은 양을 생산하더라도 서비스업 혹은 내수 부문에서 일자리가 많이 창출됨을 뜻한다.

〈그림 1-11〉에서 전체 취업자가 수요 항목별로 유발된 비중을 보더라도 소비가 56.6%, 투자가 21.7%로 내수가 88.3%를 차지하여 수출 21.7%보다 훨씬 높다. 즉, 우리 경제에서 양질의 일자리를 유지하기 위해서라도 내수와 밀접한 서비스업의 발달이 중요함을 알 수 있다.

장기적으로 보면 서비스업을 통한 일자리 창출이 지금보다 더 중요해질 수 있다. 앞으로 4차 산업혁명이 진전되면 지식산업을 중심으로 경제가 발전할 것이다. 오지윤·엄상민(2019)에 따르면 지식산업이 발전하면 제조업에서 자본이 노동을 대체하는 현상이 발생할 수 있다. 제조업이 발달해도 그만큼 일자리를 만들기는 어렵다는 뜻이다. 이 경우 일자리 창출은 내수와 밀접한 서비스업에 더 크게 의존할 수밖에 없다. 제조업 일자리가 줄어드는 상황에서 양질의 일자리를 창출하기 위해 서비스업의 고부가가치화가 필요한 시기가 오고 있다.

그뿐만 아니라 제조업의 경쟁력을 유지하는 데에도 서비스업의 발달이 중요하다. 예전과 달리 최근에는 제조업과 서비스업 자체에서 생산이 마무리되지 않고 제조업과 서비스업의 융합이 진행되고 있다. 서비스업의 생산성이 받쳐 줘야 제조업도 수출시장에서 경쟁력을 유지할 수 있다.

편의상 서비스업을 내수와 밀접하다고 지칭하였으나, 최근으로 올수록 서비스업 교역도 확대되고 있다. 〈그림 1-12〉는 전 세계에서 이루어지는 상품과 서비스 교역을 GDP 대비 비율로 나타내고 있다. GDP 대비 상품 교역 비율은 글로벌 금융위기 이후 정체된 모습이다. 반면, GDP 대비 서비스 교역 비율은 글로벌 금융위기에 일부 축소되기도 하였으나, 그 후 다시 상승하고 있다. 비록 서비스 교역이 상품 교역에 비해 규모가 작으나 그 중요도는 점차 커지고 있다고 할 수 있다.

〈표 1-1〉 산업별 취업유발계수 (2018년)

단위: 명/십억 원

제조업	서비스업	건설업	전체
6.2	12.8	11.0	10.1

자료: 한국은행, 〈2018년 산업연관표(연장표) 작성 결과〉.

〈표 1-2〉 최종 수요 항목별 취업유발계수 (2017년)

단위: 명/십억 원

소비	투자	수출	전체
12.5	10.1	6.7	10.1

자료: 한국은행, 〈2018년 산업연관표(연장표) 작성 결과〉.

〈그림 1-11〉 최종 수요 항목별 취업유발 구성 (2018년)

단위: %

소비(56.6)	투자(21.7)	수출(21.7)

자료: 한국은행, 〈2018년 산업연관표(연장표) 작성 결과〉.

〈그림 1-12〉 GDP 대비 상품 교역과 서비스 교역의 비율

자료: World Development Indicators.

현재 한국의 서비스업 수출 상황은 어떠한가? 서비스업 수출은 세계 시장에서의 서비스업 경쟁력을 반영하기 때문에 한국경제에 중요한 시 사점을 제시해 준다. 〈그림 1-13〉은 한국의 세계수출시장 점유율을 나 타낸다. 한국의 상품수출시장 점유율은 과거 완만하게 상승하다가 글 로벌 금융위기 이후에는 3% 내외에서 등락하며 대체로 그 수준이 유지 되는 모습이다. 중국경제가 2000년대 이후 빠르게 성장하고 교역을 확 대해 나가고 있는 상황을 감안하면, 상품수출시장 점유율을 유지하는 것만으로도 어느 정도 선방하고 있다고 할 수 있다. 반면, 서비스수출 시장 점유율은 최근에 하락하는 추세를 나타냈다. 다시 말해 서비스업 에서 한국의 글로벌 경쟁력이 약해지고 있는 모습이다. 전 세계적으로 서비스업이 확대되는 추세를 한국경제가 따라가지 못하고 있다고 할 수 있다.

그렇다면 한국에서 서비스업은 왜 경쟁력을 확보하지 못했을까? 다 양한 원인이 있겠으나, 서비스업이 다양한 규제로 과도하게 보호되면

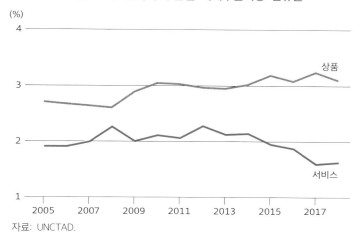

〈그림 1-13〉 한국의 부문별 세계수출시장 점유율

자료: UNCTAD.

서 경쟁이 제한된 점이 중요하다고 지목되고 있다. 서비스업에 규제가
많다는 것은 충분히 알려져 있고, 이를 개선하기 위한 노력도 많이 있
었다. 법을 개정하여 서비스업 선진화를 추진하기도 하였다. 그러나 당
사자의 이해가 극명하게 갈린 상황에서 아직까지 규제합리화가 원활히
진행되지 못한 것으로 보인다. 더구나 서비스업은 제조업에 비해 교역
이 어렵기 때문에 글로벌 경쟁에 노출될 가능성이 낮다. 법률·의료서
비스업 등의 시장에서 해외 기업의 진입을 막는 규제도 서비스업의 경
쟁력을 강화하는 데 걸림돌로 작용할 수 있다.

5. 지향점

이상의 문제점을 단시일에 해결하기는 어렵고, 그 과정에서 많은 난관이 있을 것이다. 이를 극복하기 위해 한국경제가 지향해야 할 3가지 목표를 제시하고자 한다.

1) 자유무역을 위한 통상정책

앞서 서술하였듯이 자연자원과 인적·물적 자본의 제약이 있는 한국경제는 국제협력을 통해서만 경쟁력을 확보할 수 있다. 이를 위해 관세와 비관세 장벽을 완전히 제거하는 수준zero tariffs, zero barriers, zero subsidies의 다자간 무역협정으로 시장을 확대해야 한다.

무역장벽 축소는 한국 기업이 해외시장을 개척하고 수요를 확보하여 규모의 경제economy of scale를 활용하는 데 필수적이다. 한국의 경제규모가 크다고 할 수 없기 때문에 내수에 과도하게 의존할 경우 규모의 경제를 추구하기 어렵다. 장기적으로 한국은 인구구조 고령화에 따라 경제성장세가 저하되고 내수시장이 축소될 가능성이 있다. 이에 대응하려면 해외시장에 대해 내수시장에 준하는 수준의 접근성을 확보할 필요가 있다. 수입 측면에서 보더라도 교역을 통해 양질의 중간재를 저가에 공급받는 것이 한국 기업의 글로벌 경쟁력을 향상하는 데 기여할 수 있다.

물적 교류뿐 아니라 인적 교류도 함께 확대되어야 한다. 국제교류가 기술혁신의 중요한 동력으로 작용할 수 있기 때문이다. 더 나아가 해외 인력을 국내 생산에 직간접적으로 활용하는 방안도 강구할 필요가 있다. 국내 노동 공급이 줄어드는 것을 완충하는 데 도움이 될 수 있다.

다양한 형태의 국제 분업이 이루어지는 환경에서 두 국가 간 자유무역협정 체결만으로는 한계가 있다. 궁극적으로는 다자간 무역협정을 추구해야 한다. 특히 두 국가 간 자유무역협정은 원산지 규정 등이 까다롭게 적용될 수밖에 없다. 제3국에서 생산한 중간재를 이용하여 만든 상품을 상대국에 수출할 경우 자유무역협정의 대상 품목에서 제외될 수 있다. 한국경제는 여러 국가와의 국제 분업을 통해 글로벌 가치사슬에 활발히 참여하고 있어 원산지 규정은 불리하게 적용될 수 있다. 다자간 무역협정은 협정에 참여한 국가 간에 원산지 규정을 회피할 수 있기 때문에 한국에 유리하다.

물론 세계무역기구World Trade Organization와 같이 전 세계가 참여하는 자유무역 구도를 이루려는 노력도 지속해야 하겠지만, 지금까지 상황을 보면 제도를 통한 자유무역 추구는 국제정치경제학적 문제로 인해 많은 한계를 보여 왔다.

시장 개방에 따른 글로벌 경쟁 노출은 국내 기업들에 경쟁력을 높이는 유인으로도 작용할 수 있다. 특히 서비스업에서 국내 이해당사자 간의 갈등으로 규제합리화가 진행되기 어려운 상황에 대외 개방을 통해 국제규범에 준하여 규제합리화를 추진하는 원동력으로 삼을 수 있을 것이다.

최근에는 국제적으로 보호무역주의가 강화되고 있으며, 앞으로도 이러한 경향이 지속될 것이라는 우려가 많다. 그 원인도 다양하게 제시되었다. 우선 자유무역에서 비롯된 국가차원의 혜택이 일부에만 집중되면서 불평등이 심화되었다는 견해가 있다. 또는 국내 문제에 대한 관심을 해외로 돌리려는 의도도 있다고 한다. 미국과 중국 간의 무역 갈등을 국제 패권경쟁의 시각으로 보기도 한다. 최근에는 코로나19로 인해 글로벌 공급망이 교란되면서 국제 분업보다는 자국에서 생산공정의 많은 부분을 소화해야 한다는 주장도 제시되었다.

이 보고서는 앞으로 발생할 현상을 전망하는 것도 필요하겠지만, 한국경제가 추구해야 할 지향점에 더 중점을 두고 있다. 이하에서는 앞으로 있을 법한 방향보다는 바람직한 방향을 논의하고자 한다.

한국을 비롯한 다수의 국가에서 해외에 진출했던 기업이 자국으로 다시 돌아오는 본국 회귀reshoring를 유도하기 위해 유턴U-turn 기업을 지원하는 방안이 많이 제시되고 있다. 그렇지만 이러한 흐름은 글로벌 경쟁력을 낮추며 한국과 같이 내수시장이 크지 않은 경제에 오히려 불리하게 작용할 수 있다. 한 완성품을 생산하는 데 필요한 모든 부품을 국내에서 만든다면 생산 비용이 높아질 수밖에 없다.

본국 회귀가 글로벌 공급망 교란에 대처하는 데 효과적이라고도 말하기 어렵다. 국내에서도 국지적으로 생산차질이 발생한다면 공급망 교란은 동일하게 발생할 수 있다. 공급망 교란의 위험에 대비하기 위해서는 모든 공정을 국내에 집중하기보다, 부품 수급처를 다각화하는 방법이 오히려 효과적이다.

해외에서 생산하는 기업이 생산기지를 국내로 옮긴다면, 국내 소득도 늘고 일자리도 만들어질 것이라고 기대할 수도 있다. 그러나 기업이 해외로 이전했던 근본 원인을 파악하고, 그 부분이 해소되었는지를 살펴보아야 한다. 국내보다 해외에서 생산할 때 경쟁력을 더 갖출 수 있기 때문에 기업이 해외로 진출한 것이다. 다른 환경 변화가 없다면, 유턴 기업에 대한 지원에 기대어 본국으로 돌아오는 기업은 국가의 지원 없이는 경쟁력을 유지하기 어렵다고 해석할 수 있다. 경쟁력이 없는 기업을 지원해 가며 자국에 유지하는 것은 국가전체로 보면 오히려 부담이 될 수 있다.

국내에서 생산하는 것이 유리한 경제환경이 조성된다면, 해외자본에 기반한 기업, 해외에 진출했던 국내 기업, 국내에서 새로 생길 잠재적인 기업이 국내에서 서로 창업을 하려고 시도할 것이다. 이런 기업 중에서도 경쟁력이 있어 살아남은 기업이 국내에서 생산 활동을 해 나가는 환경을 조성해야지, 해외에 나간 한국 기업을 정부 지원으로 유인하여 다시 불러들이는 방향은 바람직하지 않다.

자유무역주의의 과실果實이 일부 계층에 집중되며 국내 불평등이 확대된다는 주장도 있다. 실제 그러하더라도 보호무역주의의 확대가 불평등을 완화하는 데 효과적인 정책은 아닐 것이다. 국내 불평등 문제는 사전적 제도보다는 사후적 방법으로 풀어 나갈 필요가 있다.

장기적으로 한국은 이러한 보호무역주의에 편승하지 않고, 국제경쟁력을 강화하며 장기적 성장 동력을 유지하는 방향으로 국민과 상대국을 설득해 나갈 필요가 있다.

2) 제조업 핵심 기술 축적

한국경제가 선진국을 추격하여 발전하는 전략은 이미 한계에 달했으며, 향후에도 중국 등 후발국의 추격은 지속되리라 예상된다. 이를 극복하기 위해서는 장기적인 핵심 역량을 축적하는 데 집중해야 할 것이다. 제조업 강국으로 불리는 독일과 일본 수준의 핵심·고급 기술을 축적할 필요가 있다.

일본의 경우에도 과거 장기침체에 빠진 시기에 한국과 중국의 추격으로 국제 경쟁력을 상실해 갔으나, 핵심·고급 기술 분야에서는 여전히 세계를 선도하고 있다. 〈그림 1-14〉는 대표 사례를 보여 준다. 한국과 일본이 고급 기술이 요구되는 부문에서 추격을 시도하고 있으나, 일본

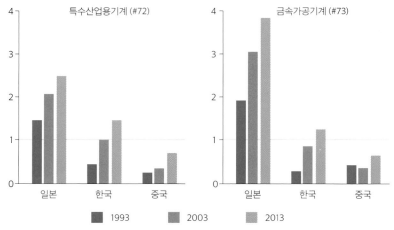

〈그림 1-14〉한 · 중 · 일 각국의 주요 수출 부문에서의 비교우위지수 변동

주석: 비교우위지수가 1보다 크면 비교우위가 있음을 뜻함.
자료: UN Comtrade 원자료를 이용하여 계산함.

은 오히려 경쟁력을 강화하고 있음을 알 수 있다.

한국경제도 인적 · 물적 자원이 제한적이기 때문에 한국경제의 역량을 일부 산업에 집중하는 것은 불가피하다. 현재 또는 가까운 미래에 후발국이 빠르게 잠식할 수 있는 부문은 과감하게 정리하고 장기적으로 한국 기업의 잠재력을 비교우위의 관점에서 파악하여 집중해 나갈 필요가 있다.

긴 시간이 걸릴 수 있겠으나, 핵심 기술을 보유하고 축적해 나갈 필요가 있다. 이는 최근에 있었던 일본의 수출규제 사태에서도 드러났다. 글로벌 가치사슬로 얽혀 있는 환경에서 반도체 생산에 필요한 핵심 원료를 공급받지 못할 경우 전체 공정에서 생산차질이 발생할 수 있다. 한국경제도 소재 · 부품 · 장비 등 생산공정의 핵심 산업을 위주로 재편할 필요가 있다.

다른 한편으로 쉽게 대체될 수 있는 상품은 국내생산보다 수입을 통해 조달하며 경쟁력을 유지하되, 수입시장을 다각화할 필요가 있다. 코로나19 사태에서도 겪었듯이, 자동차 부품 중 일부를 조달하는 데 차질이 발생하며 전체 공정에서 생산이 이루어지지 못하였다. 비록 생산 기술이 단순하더라도 특정 국가, 특정 기업에만 의존할 경우 대내외 상황 변화에 따라 부품조달에 차질이 발생하며 어려움에 처할 수도 있기 때문이다.

3) 대외 개방을 통한 서비스업의 생산성 개선

한국경제의 서비스업은 선진국에 비해 여전히 낙후되었으며, 저부가가치 업종에 집중된 경향이 있다. 서비스업 강국으로 꼽히는 미국 정도로 생산성을 개선하여 양질의 일자리를 창출할 필요가 있다.

서비스업에서 대외 개방과 규제 합리화를 통해 경쟁력을 확보해 나가는 전략을 추구해야 한다. 서비스업의 개방이 지체되고 산업보호 위주의 규제가 앞으로도 지속된다면 서비스업의 생산성을 개선하는 데 걸림돌로 작용할 수 있다.

서비스업 상품은 제조업 상품에 비해 국제 교역이 물리적으로 제한될 수는 있다. 그러나 전 세계적으로 서비스업 교역이 점차 확대되고 중요해지고 있다. 앞으로 산업의 디지털화가 진행되면서 서비스업 상품 교역의 물리적 제한도 줄어들 가능성이 높다. 아울러 중국 등 주요 교역국에서도 경제가 성숙해지면서 투자보다는 소비, 제조업보다는 서비스업 수요가 확대되는 방향으로 경제구조가 변하고 있다. 한국도 뒤처지지 않으려면 서비스업 부문에서도 경쟁력을 강화하며 해외시장을 개척해 나갈 필요가 있다.

서비스업의 규제를 합리화하는 데 가장 큰 걸림돌은 이해 당사자들

간의 갈등이다. 규제는 국내사업자와 해외사업자의 참여를 모두 제한하며 해당 산업종사자를 보호하는 역할을 할 수 있다. 규제개혁은 전 국민에게 장기적으로 혜택을 주지만, 그 비용은 해당 부문에 현재 종사하는 경제주체가 떠안을 가능성이 높다. 국가경제발전을 위해 특정 경제주체의 희생을 강요하며 추진하기는 어렵다. 규제개혁으로 피해받는 해당 부문의 종사자에게 과도기에 한정하여 경제적으로 지원하는 방안도 검토할 수 있다.

국제관계의 호혜성을 감안할 때 해외시장에 진출하는 동시에 국내시장을 닫는 정책은 사실상 불가능하다. 국내서비스시장에 대한 개방도 같이 이루어져야 할 것이다. 서비스업에 있는 기업도 경쟁에 노출되면 자체적으로 경쟁력을 강화하는 유인으로 작용할 수 있다. 아울러 대외개방이 이루어지고 국제기준에 부합하는 규제 합리화가 요구된다면 국내 당사자 간의 이해상충 문제도 풀어가기 수월할 것이다.

물론 대외 개방만으로 서비스업이 발전할 수는 없을 것이다. 정성훈·김민호(2019)도 외국인투자를 유치한 기업의 진입만으로는 산업 전반의 생산성 향상을 이루어내기가 어렵다는 점을 보고했다. 대외 개방과 함께 사업체의 진입과 퇴출, 노동자원의 효율적 배분 등 경제전반의 유연성도 확보되어야 대외 개방을 통한 긍정적 효과를 기대할 수 있다.

2장

고부가가치 · 선도형 산업구조의 확립

남창우 한국개발연구원

한국의 산업구조는 선진국을 추격하기 위해 낮은 노동생산성과 강도 높은 시장규제를 바탕으로 저부가가치 중심의 제조업 위주로 발전하면서 기업 간, 산업 간 양극화를 초래하였다. 향후 한국경제는 노동 집약적 산업에서 탈피하여 기술혁신에 따른 신기술 집약적 산업으로 발전할 필요가 있으며, 제조업과 서비스업 등 산업 간 경계가 없는 융합을 통해 선도형 신산업 중심으로 산업구조가 재편되어야 할 것이다.

1. 한국 산업구조의 현황

이 절은 한국 산업구조의 현황을 짚으면서, 실제적으로 현 한국경제의 문제점을 되짚어 보겠다. 특히 현재 우리나라가 처한 저부가가치 중심의 산업구조, 전반적으로 낮은 노동생산성, 그리고 생산시장의 강한 규제 등을 검토하여 한국 산업의 발전 방향을 모색하도록 하겠다.

1) 한국 산업구조의 문제점

(1) 낮은 서비스업 비중과 저부가가치 중심의 산업구조

한국경제는 전후 1960년대부터 지속적인 성장을 이루어 최근 1인당 GDP가 3만 달러를 넘어섰다. 그러는 동안 농·어업 등 1차 산업은 1970년에 한국경제의 생산물에서 29%를 차지하다가, 현재는 2%밖에 차지하지 않는다. 하지만, 2차 산업은 산업화시대를 거치면서 중화학공업 중심의 2차 산업이 경제에서 차지하는 비중이 40%에 도달하였다. 주요국에서 경제성장을 견인하는 서비스업 등 3차 산업은 현재 58%대를 유지하고 있다.

또한, 한국경제는 1970년도부터 2017년까지 서비스산업의 비중이 14%p 증가하였지만, 한국의 인구와 비슷하거나 많은 주요 선진국은 15%p(미국)에서 많게는 22%p(일본)까지 증가폭이 더 크다.

특히 주요국의 1인당 GDP 3만 달러 시점의 서비스산업 비중을 보면, 우리와 비슷한 일본(59%)을 제외하면 대부분 70%가 넘는 높은 비중을 보인다. 한국경제는 현재 시점에서 일본을 따른다고 가정하더라도, 단순계산으로 서비스산업 비중을 70%대까지 높이려면 25년 정도

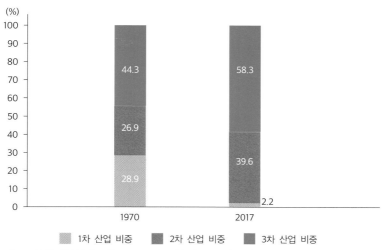

〈그림 2-1〉 한국의 산업 비중 변화 추이

자료: 산업통계분석시스템(istans.or.kr): 접속일: 2019년 8월 11일.

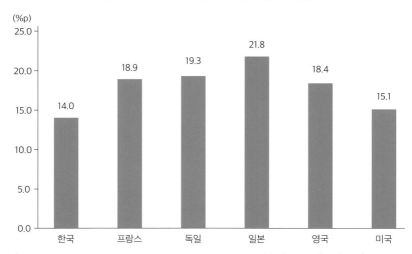

〈그림 2-2〉 GDP대비 서비스산업 비중의 변동 폭

자료: World Development Indicators(data.worldbank.org): 접속일: 2019년 8월 12일.

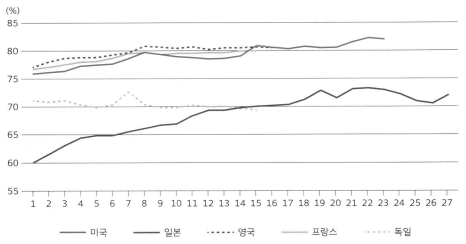

〈그림 2-3〉 주요국의 서비스업 비중 경로

자료: World Development Indicators(data.worldbank.org): 접속일: 2019년 8월 12일.
설명: 가로축은 1인당 GDP 3만 달러 달성 후 경과 연도를 나타냄.

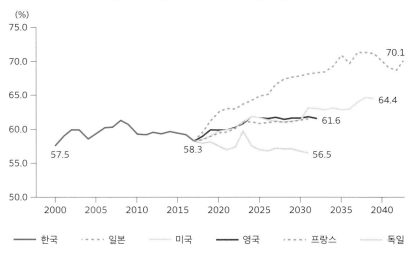

〈그림 2-4〉 한국의 향후 서비스업 비중 경로

자료: 산업통계분석시스템(istans.or.kr): 접속일: 2019년 8월 11일.

<표 2-1> 주요국의 수출품목의 국내 부가가치 비중 (2016년 기준)

단위: %

한국	프랑스	독일	일본	영국	미국
69.6	77.9	79.7	88.6	84.6	91.0

자료: OECD Data(data.oecd.org): 접속일: 2019년 8월 12일.

가 걸린다.

더구나 한국경제는 내수보다는 수출 중심의 경제로 성장하였지만, 제1장에서 무역관점에서 지적하였듯이, 실제 수출품목 내에서 국내의 부가가치 창출 비중은 70%로 미국(91%), 일본(89%) 등 다른 주요 선진국에 비해 10%p이상 낮은 편이다. 이는 결국 우리나라가 수출 중심의 경제임에도 불구하고 수출품 생산을 위한 주요 중간재들을 해외수입에 상대적으로 많이 의존할 뿐 아니라 글로벌 가치사슬에서 상대적으로 부가가치 비중이 높은 서비스업의 경쟁력이 낮아 제조업 중심으로 산업이 구성된 것도 한국경제의 문제점으로 지적할 수 있다.

(2) 선진국 대비 낮은 노동생산성

사실, 경제라는 큰 틀에서 보면 주요 생산요소 중 하나인 노동의 생산성은 국민 소득을 좌우하는 중요한 요인이다. 특히, 1인당 생산총량이 같더라도 투입 시간이 다르다면, 실제로 노동을 제공하는 국민의 삶의 질은 달라질 수 있다. 그런 측면에서 보면 한국경제는 문제가 상당히 심각하다고 판단된다. 현재 1인당 GDP가 3만 달러를 달성한 시점에 시간당 노동생산성을 보면, 우리나라는 27달러로 일본을 제외한 미국, 프랑스, 독일, 영국에 비해 생산성이 매우 낮다. 더구나 현재시점의 시간당 노동생산성을 보더라도, 한국은 37달러로 미국, 독일 등의 절반 수준에 그치고 있어 중장기적으로 성장 동력을 유지할지 미지수이다.

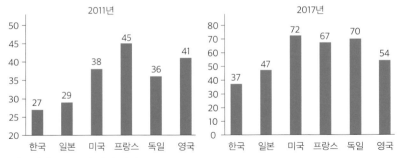

〈그림 2-5〉 주요국의 시간당 산출량 (output per hour worked, 2011 PPP)

주석: 1인당 GDP 3만 달러 시점
자료: The Conference Board(conference-board.org): 접속일: 2019년 8월 12일.

특히, 한국경제의 문제점은 물적 노동생산성도 부진한 상황이라는 것이다. 물적 노동생산성은 경제학적 측면에서 생산의 효율 및 기술수준의 변화에 따라 자본이 노동생산에 미치는 영향으로 해석될 수 있는데, 우리나라는 2011년 이후 2018년까지 1인당 물적 생산성이 농업 부문을 제외하고 −6.1%를 기록했다. 특히, 거의 대부분의 산업에서 하락하였는데, 그나마 서비스업 중 금융 및 보험업이 생산성 향상을 주도하고 있다. 이는 기술수준의 변화에 따른 온라인 뱅킹 등 IT서비스가 활성화되면서, 노동력의 생산성을 향상시켰던 것으로 판단된다. 또한, 여기서 주목해야 할 것은 시간당 물적 노동생산성도 동시에 감소한 산업도 있다는 것이다. 2000년대 들어오면서 노동시간에 대한 규제가 강화되어 시간당 생산성 향상은 기업이 당면한 중요한 문제 중 하나이다.

그럼에도 불구하고, 광업 등뿐만 아니라 서비스업 중 전문, 과학 및 기술서비스업 등 고부가가치를 창출해야 하는 산업 분야에서 시간당 물적 노동생산성이 감소하는 것은 현재 한국경제의 성장 잠재력이 심각하게 제약당하고 있음을 의미할 수 있다. 더구나 물적 노동생산성이 부가가치기준의 노동생산성보다 낮은 성장률을 보이는데, 이는 경제효율

〈표 2-2〉 산업별 물적 노동생산성 증감률 (2011년부터 2018년까지)

단위: %

2011년 대비 2018년 증감률		
한국표준산업분류(KSIC)	시간당 생산성	1인당 생산성
ALL 비농전산업	2.2	- 6.1
B~D 광공업	1.9	- 4.8
B 광업	- 2.5	- 16.0
C 제조업	1.8	- 4.9
D 전기, 가스, 증기 및 수도사업	- 0.6	- 8.7
E, G~S 서비스업	3.3	- 5.6
E 하수, 폐기물처리, 원료재생 및 환경복원업	- 8.9	- 11.2
F 건설업	6.7	0.2
G 도매 및 소매업	1.7	- 10.6
H 운수업	7.5	- 0.9
I 숙박 및 음식점업	- 7.8	- 20.1
J 출판, 영상, 방송통신 및 정보서비스업	- 8.4	- 10.6
K 금융 및 보험업	39.6	38.2
L 부동산 및 임대업	- 0.2	- 6.6
M 전문, 과학 및 기술서비스업	- 13.5	- 16.4
N 사업시설관리 및 사업지원서비스업	- 12.9	- 14.1
P 교육서비스업	4.7	- 8.0
Q 보건 및 사회복지사업	6.7	- 0.6
R 예술, 스포츠 및 여가 관련 서비스업	- 20.0	- 23.9
S 협회 및 단체, 수리 및 기타 개인 서비스업	5.9	- 2.2

주석: e-나라지표(index.go.kr)에 따르면 "물적 노동생산성은 생산 과정에 있어서 생산효율의 향상
      정도, 기술수준의 변화 등 주로 기술적 효율성을 측정하는 지표로 이용되며, 부가가치 노동
      생산성은 경제적 효율성, 성과배분, 국제경쟁력 비교 등의 중요한 지표로 이용".
자료: 한국생산성본부(kpc.or.kr): 접속일: 2019년 11월 8일.

〈표 2-3〉 산업별 부가가치 노동생산성 증감률 (2011년부터 2018년까지)

단위: %

2011년 대비 2018년 증감률		
한국표준산업분류(KSIC)	시간당 생산성	1인당 생산성
ALL 비농전산업	10.0	1.1
B~D 광공업	12.6	5.1
B 광업	1.6	- 12.4
C 제조업	13.0	5.7
D 전기, 가스, 증기 및 수도사업	- 1.6	- 9.7
E, G~S 서비스업	10.8	1.3
E 하수, 폐기물처리, 원료재생 및 환경복원업	- 4.6	- 7.0
F 건설업	1.1	- 5.0
G 도매 및 소매업	15.5	1.5
H 운수업	13.5	4.7
I 숙박 및 음식점업	4.0	- 10.0
J 출판, 영상, 방송통신 및 정보서비스업	3.9	1.6
K 금융 및 보험업	43.0	41.4
L 부동산 및 임대업	1.6	- 4.9
M 전문, 과학 및 기술서비스업	0.3	- 3.1%
N 사업시설관리 및 사업지원서비스업	- 4.8	- 6.2
P 교육서비스업	12.1	- 1.5
Q 보건 및 사회복지사업	8.7	1.4
R 예술, 스포츠 및 여가 관련 서비스업	- 28.8	- 32.2
S 협회 및 단체, 수리 및 기타 개인 서비스업	10.8	2.4

주석: e-나라지표(index.go.kr)에 따르면 "물적 노동생산성은 생산 과정에 있어서 생산효율의 향상
　　　정도, 기술수준의 변화 등 주로 기술적 효율성을 측정하는 지표로 이용되며, 부가가치 노동
　　　생산성은 경제적 효율성, 성과배분, 국제경쟁력 비교 등의 중요한 지표로 이용".
자료: 한국생산성본부(kpc.or.kr): 접속일: 2019년 11월 8일.

성보다 생산효율 및 기술수준의 적용이 비교적 부진하다는 의미다.

이것이 왜 심각한 문제일까? 예를 들어 통상적인 생산함수를 다음과 같이 고려해 보자.

$$Y = AK^{\alpha}L^{1-\alpha}$$

여기서 Y는 물적 생산물, A는 총요소생산성을 결정하는 기술수준, K는 경제적 자본, 그리고, L은 노동력, 마지막으로 α는 자본소득분배율로 통상적으로 정의된다. 그러면, 평균노동생산성과 그 증가율은 다음과 같이 정의된다.

$$\frac{Y}{L} = AK^{\alpha}L^{-\alpha}, \text{ 그리고 } (\frac{\dot{Y}}{L}) = \dot{A} + \alpha\dot{K} - \alpha\dot{L}$$

여기서, 일인당 GDP의 성장은 생산성 증가율, 자본 증가율, 그리고 노동력 증가율에 따라 결정되는데, 생산의 투입요소인 자본과 노동의 변화로 인한 경제성장이 이전 한국의 경제성장을 주도한 부분이 있다. 하지만, 표처럼 평균노동생산성의 증가율이 음수라는 것은 기존의 투입요소 성장 주도의 경제성장은 다음과 같이 한계에 다다랐다고 볼 수 있다.[1]

$$\dot{A} + \alpha\dot{K} < \alpha\dot{L}$$

---

1   경기변동에 따른 노동력의 급격한 증가가 평균노동생산성을 하락시켰을 수도 있지만, 거의 10년 동안의 평균적 하락세는 경기변동을 주요인으로 간주하기는 어려워 보인다.

즉, 기술수준의 증가 및 자본소득분배율만큼의 자본 축적이 자본소득분배율만큼의 노동력 증가에도 못 미쳤던 것이다. 최근 우리나라는 인구 증가율이 감소하면서 노동력의 증가율도 감소하는 상황에서, 기술수준, 즉 총요소생산성의 증가율과 자본 축적이 부족하다는 것을 의미한다. 또한 향후 한국경제가 성장 동력을 회복하기 위해서는 생산의 기술혁신 및 자본 축적이 필요조건이라는 것을 의미한다.

미국의 경우는 같은 기간 시간당 생산성이 비농전산업nonfarm sector에 걸쳐 6.5%, 제조업의 경우 1.3% 증가하였을 뿐 아니라, 서비스산업 전반이 성장한 것을 확인할 수 있다. 이는 한국이 ICT 등의 기술혁신의

〈표 2-4〉 미국의 산업별 시간당 생산성 증가율

단위: %

산업	2000~2008	2008~2010	2011~2018
광업	- 3.6	2.5	10.0
전력산업	2.7	- 0.9	- 0.4
컴퓨터 및 전자제품 제조업	9.3	2.2	- 1.3
자동차 제조업	6.9	2.1	- 2.4
도매업	3.4	0.0	1.8
소매업	3.7	0.2	3.4
식료품업	2.2	0.0	1.4
잡화업	3.3	- 0.1	2.8
항공운송업	8.7	0.7	3.1
출판업(인터넷 제외)	3.0	4.2	3.8
유선통신사업	3.5	1.6	1.5
은행업	2.7	2.0	0.5
음식료 서비스업	0.7	0.2	0.2
자동차 수리 및 서비스업	- 0.2	- 1.2	0.2

자료: U.S. BUREAU OF LABOR STATISTICS(https://www.bls.gov/): 접속일: 2019년 11월 8일.

수용과 자본 축적이 노동 증가율보다 낮은 상황을 반영했다고 해석할 수 있다. 물론, OECD자료를 보면 최근 한국의 총요소생산성(A)의 증가율이 미국보다 높지만, 노동 증가율과 상대적으로 비교하면 기술혁신 및 자본 축적이 속도가 낮다는 의미일 수도 있다. 또한, 한국의 높은 GDP대비 연구개발비 비중 그리고 다른 국가에 비해 상대적으로 많은 연구개발인력이 있음에도 불구하고, 실제 산업현장에서 기술의 적용은 더디다는 의미일 수도 있다.

(3) 강도 높은 생산시장규제 (production market regulation)

시장경제적 측면에서 한국경제는 다른 주요 선진국에 비해 생산시장에 대한 규제 강도가 전반적으로 높은 상황이다. 특히, 〈표 2-4〉를 보면 평균 수준보다도 높은 것을 확인할 수 있다. 2018년 기준으로 기업 진입, 가격, 관세, 무역 및 투자 등에 대한 규제, 산업적으로는 서비스 및 네트워크 산업에 대한 규제가 상대적으로 높은 것으로 나타났다.

이는 결국 고부가가치를 창출할 수 있는 산업에 대한 규제가 ICT 등의 기술혁신 및 투자를 저해하여 서비스산업 발전의 부진을 야기하고 있음을 시사한다. 다른 측면에서는, 이러한 규제가 각 산업의 기존 경쟁자에게 지대추구를 가능하게 하여 경제적 비효율을 야기하고 있음을 의미한다.

2) 한국 산업구조가 지닌 문제점의 배경

그러면 왜 한국의 산업이 서비스 비중은 낮고, 저부가가치 산업의 비중이 높아졌을까? 한국경제는 외환위기를 거치면서 기업정책 및 노동시장정책 등에 따라 대기업과 중소기업의 취업 양극화가 발생하고, 이는 다시 상대적으로 부가가치가 낮은 서비스업종으로 고용이 몰리게 하여 생산성의 양극화를 발생시켰다고 판단된다. 특히, 대기업은 고용의 경직성을 회피하기 위해 기술도입 및 해외이전 등에 적극적으로 대응하면서 생산성을 향상하기 위해 노력한 반면, 중소기업은 기술투자뿐 아니라 대기업과의 하도급구조에 매몰되어 생산성 개선에 적극적이지 못하였다고 판단된다.

더구나, 기술혁신을 수용할 수 있는 서비스업종의 경우 강한 진입규제 등으로 기술 및 자본을 축적하지 못하면서, 한국의 ICT 제품 경쟁력이 강화됨에도 불구하고 금융보험업이나 통신서비스업을 제외한 다른 서비스업은 생산성을 향상시키지 못했던 것이다.

3) 선진국의 산업구조 발전 배경

한국경제가 참고해야 하는 선진국은 미국과 독일이다. 미국은 1980년대 이후 전반적인 규제 완화 정책으로 ICT 등 기술혁신이 산업 및 개별 기업에 적용될 수 있는 환경이 조성되었고, 이는 지속적으로 생산성 향상이 이루어지는 토대가 되었다. 특히, 미국은 ICT Information and Communication Technologies 수용에 따른 생산성 향상이 기업조직 및 인적 자본의 혁신까지 야기하면서, 무형자본에 대한 적극적인 투자가 확대되었다. 동시에, 이러한 작용이 산업구조의 변화를 일으키고, 선순환 작용으로 다시 규제의 혁신이 활발히 추진된 것으로 판단된다.

독일은 통일 이후 경직적 노동시장구조로 ICT 투자가 저조해지면서 생산성 증가가 부진하였으나, 고용보다는 노동시간을 조정하여 경기에 대응하고, 동시에 시간당 업무집중도를 높여 생산성을 향상시키는 방향으로 발전하였다. 사실, 기업의 ICT 활용은 생산조직 및 작업의 유

〈표 2-5〉 생산시장규제 지수
(Production Market RegulationIndicator)

경제전체 PMR 2018			프랑스	독일	일본	한국	영국	OECD 평균	OECD 상위 5개국 평균
총괄 지수	PMR 2018		1.57	1.11	1.44	1.69	0.79	1.40	1.03
2단계 상위 지수	정부개입으로 인한 왜곡		1.83	1.44	1.98	1.66	0.84	1.65	1.22
	대내외 입국규제		1.32	0.77	0.90	1.72	0.73	1.16	0.69
6단계 중간 지수	정부 소유		2.98	2.03	1.91	2.21	1.16	2.15	1.35
	서비스 및 네트워크산업 진입규제		1.85	1.30	1.39	2.59	0.62	1.75	0.96
	무역투자 진입규제		0.54	0.44	0.72	1.49	0.39	0.67	0.32
	시장개입	가격통제	1.39	0.94	1.44	2.85	0.25	1.35	0.57
		시장명령 등 규제	1.41	1.59	1.28	1.96	0.89	1.18	0.46
		공공조달	1.88	0.75	3.38	0.94	0.38	1.34	0.41
	서비스 및 네트워크 산업 진입 규제	서비스업 진입규제	2.70	1.66	1.43	3.13	0.69	2.14	0.72
		네트워크산업 진입규제	1.01	0.95	1.34	2.04	0.56	1.36	0.81
	무역투자 진입규제	FDI규제	0.27	0.14	0.31	0.81	0.24	0.39	0.05
		관세 장벽	0.00	0.00	0.00	2.50	0.00	0.16	0.00
		해외공급자 조치	1.14	1.00	1.55	1.61	0.54	1.15	0.41
		무역촉진규제	0.74	0.62	1.01	1.04	0.79	0.97	0.51

주석: 1) 이 자료는 2018년 방법론을 기반으로 작성되어 이전 자료와 상대적으로 비교할 수 없음.
　　　2) 연방 국가인 경우, 지수는 대표적인 주의 지수를 반영.
자료: OECD 2018 PMR database
　　　(https://www.oecd.org/economy/reform/indicators-of-product-market-regulation/):
　　　접속일: 2019년 11월 16일.

참고 KDI(2019), 〈'3만 불 시대의 중장기 정책방향'에 관한 의견조
      사〉 중 산업 및 기업 관련 내용

1. 한국경제에 대한 전망
• 기업은 향후 중장기 한국경제의 성장에 부정적 의견이 우세
  → 한국경제의 성장을 제약하는 요인으로 경제적 문제보다는 국내 정치
    적/지역 간/세대 간 갈등과 불균형(33.4%), 다음으로 인구고령화에 따
    른 생산가능인구의 감소(27.3%)를 꼽음
• 또한, 인공지능, 블록체인 등 혁신적 기술발전(67.2%)이 산업부분에서 가
  장 큰 변화를 일으킬 것이라고 지적

2. 산업 기술 전망
• 우리나라 기업이 대체로 기술혁신에 잘 적응할 것이라고 응답
  → 세계적 기술혁신에 우리나라 기업이 잘 적응할 것(긍정적: 62.0%)
  → 기술혁신을 이끄는 우리나라 기업이 증가할 것(긍정적: 52.6%)
• 다만, 우리나라 기업은 AI, 로봇 기술 등이 인간의 노동을 대체할 가능성
  이 높다고 설문
  → 인공지능, 로봇 등이 인간의 노동을 대체(긍정적: 78.6%)
  → 기술발전으로 인간을 위한 새로운 일자리가 창출될 것이다(긍정적:
    48.4%)

3. 기업의 미래 전망
• 기업에 영향을 줄 4차 산업혁명 관련 주요 기술로는 빅데이터와 인공지능
  을 선택
  → 1순위: 빅데이터(37.7%), 인공지능(33.4%)
  → 2순위: 빅데이터(25.0%), 인공지능(19.2%)
• 특히, 현재 기업이 주력사업 성장을 위해 추진 중인 전략은 주로 신사업발
  굴과 전문인력 양성을 선택
  → 1순위: 신사업 발굴(48.1%), 전문인력 양성(14.9%)
  → 2순위: 전문인력 양성(29.9%), 신사업발굴, 해외시장 개척
    (각각 18.5%)

연화를 야기하나, 독일의 노동시장은 이러한 유연화를 받아들이기 어려운 상황이었고, 초기 ICT의 활용가능성에 대한 불확실성이 높았기 때문에 ICT 투자 자체가 저조한 면도 있었다. 그러나 독일은 통일 이후 실업률이 급증하고, 노동생산성도 하락하자 노사협력을 통해 고용 조정보다 노동시간을 조정해 업무집중도를 높이고, 노동환경을 개선하여 생산성을 향상시켰던 것이다.

2. 한국 산업의 비전

한국 산업의 현주소는 제조업 위주의 낮은 부가가치 창출, 그리고 낮은 노동생산성으로 요약할 수 있다. 더구나 사회경제적으로 한국은 인구의 고령화, 급격한 기술혁신, 중국 등 신흥국의 추격, 더구나 인구 5천만 명 이상의 국가로서 합리적·사회적 합의도출 기제機制 부족 등의 다양한 문제에 직면했다. 이러한 상황에서 한국 산업의 미래를 예시하기란 쉽지 않지만, 중장기적으로 한국경제가 지향해야 하는 산업의 상像을 논의하고자 한다.

1) 혁신

한국은 중장기적으로 노동인구의 감소를 피할 수 없으므로, 결국 기술혁신을 기반으로 자본을 축적해 고부가가치 내지 생산성 향상을 추구할 수밖에 없다. 특히, 기술혁신을 통한 산업구조의 개혁은 한국경제가 성장 동력을 회복하기 위해 매우 중요하다. 최근 논의되는 기술혁신 중

전 산업에 걸쳐 영향을 줄 수 있는 기술은 인공지능과 블록체인[2]이다. 먼저, 이미 많은 논의가 이루어지고 있는 인공지능은 인간의 의사결정 기능을 대체함으로써 제조업과 서비스업의 융합을 촉진하여 새로운 신산업을 창출하는 데 이바지할 것으로 판단된다. 블록체인은 인공지능에 비해 다소 늦은 최근에 논의되기 시작했다. 전 세계적으로도 암호화폐시장을 제외하곤 활용 수준이 초기 단계이지만, 기술의 특성상 정보저장의 탈집중화를 실현하고, 강력한 보안성과 안전성을 확보함으로써 계약관계를 개선하는 어떤 형식의 플랫폼이든 발전을 촉진할 수 있을 것으로 판단된다. 추가적으로 생산공정 등에서 향후 중요한 기술로는 3D프린팅, 로봇 기술, 빅데이터, IoT^Internet of Things, 친환경 기술 등의 활용이 필요할 것으로 예상된다. 또 다른 측면에서는, 이러한 기술혁신이 현장에 적용되기 위해서는 지배구조를 포함한 기업의 경영 및 환경도 혁신이 이루어질 필요가 있다.

2) 제조업의 미래

향후 한국경제가 지향해야 하는 제조업의 미래는 생산공정을 스마트화해 맞춤형 제품을 생산하는 것이다. 인공지능, 3D프린팅, 로봇 기술의 융합을 통해 생산의 유연성을 확대하여 맞춤형 소량생산이 가능한 인공지능형 자동화공장이 향후 지향해야 할 제조업의 환경이다. 이러한 제조환경에서는 빅데이터와 IoT 기술이 생산과정에 수요를 즉각 반영할 수 있으리라 판단된다.

---

2 혹자는 블록체인의 필수적 부산물인 암호화폐의 투기적 성격으로 블록체인의 가능성을 간과할 수 있으나, 블록체인은 향후 어떠한 방식으로든 사회·경제적 영향을 미칠 가능성이 높다는 것을 상기시키고 싶다.

특히, 이러한 생산환경에서 한국이 주력해야 할 산업은 맞춤형 전기전자제품 및 부품산업, 자동차뿐만 아니라 다양한 친환경 운송수단을 제작하는 산업, 스마트 헬스케어기기 및 의료기기산업일 것이다. 자동차를 포함한 운송수단은 AI 기술이 이미 상용화되기 시작한 자율주행기술, 로봇 기술과 더불어 무인항공 기술과 결합되어 발전한다면, 전세계적으로 운송수단 및 시스템은 기존의 체계와는 완전히 다른 방향으로 발전할 것이다. 그리고 전기전자제품은 수요자의 취향에 맞춘 고급화 전략에 따라 디자인 및 기능이 맞춤형으로 바뀌어 시장을 주도할 것으로 판단된다. 또한 헬스케어 및 의료 관련 기기는 제품특성상 수요자의 특성에 맞추어 제작하는 것이 가장 바람직하기에 AI 및 의료 관련 빅데이터 기술이 적극 활용될 것이다.

3) 서비스업의 미래

한국경제에서 서비스업은 가장 중요한 산업으로 부상할 것이다. 특히, 스마트한 맞춤형 소량생산과 연계된 서비스업 및 의료 관련 헬스케어산업의 발전이 중요하다. 인공지능, 빅데이터, IoT 기술을 기반으로 한 새로운 서비스업은 생산제품과 네트워크 기반으로 연결된 다양한 서비스 상품을 제공할 것이다. 사실, 맞춤형 제품을 생산하더라도, 품질의 차별화는 제한적일 수 있기 때문에 판매 이후 펌웨어 업데이트, 운영 및 관리 등의 서비스 연계가 제품의 차별화를 유도할 것이다. 특히, 앞서 설명한 맞춤형 운송수단 제조업은 운송 관련 종합서비스의 형태로 서비스 업무의 범위를 확장할 것이다.

또한, 블록체인, 인공지능, 빅데이터, IoT 기술을 활용한 헬스케어 및 의료서비스 산업은 향후 고령화사회에 중요한 역할을 할 것으로 판단된다. 즉, 블록체인 기술은 개인 의료정보의 활용성 및 보안성을 강화하며, 인공지능과 빅데이터를 활용해 수요자에게 최적화된 의료서비스를 선택하고, IoT 기술을 통해 수요자에게 의료서비스를 신속히 제공할 것으로 예상된다. 그리고, 교육서비스산업은 AI 및 IoT 기술의 결합을 통해 수요자 맞춤형으로 학습 방식 및 교육 자재를 제공하는 방식으로 발전할 것이다.

4) 금융산업의 미래

향후 금융산업은 블록체인, 인공지능, 빅데이터를 활용한 금융서비스산업으로 발전할 것이다. 블록체인 기술은 거래기록의 무결성, 신뢰성 향상과 개인정보의 활용성을 제고하여, 금융 공급자와 수요자 간의 정보 비대칭성을 완화함으로써, 인공지능과 빅데이터 기술로 금융 수요자에게 맞춘 최적의 금융서비스를 제공할 것으로 예상된다. 또한 블록체인 기술을 통해 생성된 암호화폐(혹은 스테이블 코인3)는 국가 간 거래를 중심으로 활성화되고, 온라인거래에서 대체화폐로 사용될 가능성이 높다. 특히, 최근 한국은행 등 각국의 중앙은행은 블록체인에 기반한 중앙은행 디지털 화폐Central Bank Digital Currency에 대해서 논의를 시작했다. 그렇기 때문에 중장기적으로는 한국경제에서 통용되는 법화fiat money는 블록체인의 암호화폐와 호환성을 높이고, 동시에 화폐단위 변경redenomination 등의 화폐개혁도 진행될 가능성이 높다.

---

3   스테이블코인은 블록체인 기반의 다른 자산들과 안정적 연계를 추구하는 암호화폐이다.

참고 **블록체인 기술의 활용 가능성**

1. 블록체인의 특성

① 탈중앙성
- 블록체인은 일반적인으로 원장ledger을 저장하는 중간 저장소가 없이 관련 거래 참여자의 저장소에 분산 저장됨.
② 신뢰성
- 블록체인은 사전에 정의된 규칙에 따라 작업증명proof of stake을 통해 원장의 업데이트 및 기록이 진행되기 때문에 신뢰성 제고
③ 보안성
- 분산저장 및 작업증명 프로세스는 모두 암호화된 방식으로 진행됨.

2. 다방면의 활용 가능성

① 블록체인 인증기반 업무 활용 가능성
- 금융권에서 사용하는 일반적 방식public key infrastructure이 아닌 탈중앙화 블록체인 기반 인증서로 변환될 수 있음.
- 중앙정부, 지방정부, 또는 공공서비스에 활용되는 행정 정보, 신분증명, 자산거래 공증, 복지서비스 제공 등에 블록체인이 도입될 가능성이 높음.
  → 에스토니아와 네덜란드에서는 블록체인 기술을 이용하여 신분증명을 진행 중
② 블록체인 서비스업 활용 가능성
- 금융업에서는 블록체인을 이용한 청산, 결제, 예탁 시스템 구축에 활용 가능성이 높음.
- 의료업에서는 환자 중심의 의료정보 사용 활성화 및 개인의료정보의 보안성, 투명성 확보, 임상시험 위변조 방지, 약품 관리 등에 활용 가능
- 보안취약성, 전산장애, 거래소 독점과 같은 취약점을 가진 집중화된 거래소는 블록체인 기술로 탈중앙화를 시도할 수 있음.

3. 한국 산업의 발전을 위한 추진 전략

앞서 한국 산업의 문제점은 제조업 위주의 낮은 부가가치 창출, 그리고 낮은 노동생산성으로 요약할 수 있다고 설명했다. 이러한 문제점을 극복하기 위해 향후 한국 산업은 고부가가치·선도형 산업으로 전환해야 한다고 비전을 제시했다. 그렇다면, 이를 실현하기 위해서는 어떤 추진 전략이 필요할까? 큰 틀에서는 산업정책과 규제 측면에서 논의할 수 있다.

1) 산업정책

우리나라가 과거 고도성장을 위해 사용하였던 정부 주도의 산업정책은 기술이 복잡하고, 다양하며, 습득하기 어려운 기술혁신이 주도하는 산업에서는 더 이상 활용할 수 없다. 오히려, 세계 유수의 기업과 경쟁하는 기업을 정책 차원에서 적극 지원하고 초기시장이 부족한 신산업에 대한 시장창출 정책을 집행함으로써 기업들이 AI, 블록체인, 빅데이터 등을 적용할 수 있도록 해야 국내 기업이 중장기적으로 세계시장에서 산업을 주도할 수 있을 것이다.

먼저, 한국 기업은 스마트화 기술의 수준이 해외 기업보다 여전히 낮다. 특히, AI, 블록체인 등 산업구조를 개혁할 기술뿐 아니라 IoT, 빅데이터 등의 기술에서도 선진국 대비 기술의 수준이 뒤처진 것으로 나타난다. 따라서 기업이 관련 핵심 기술을 응용하고 상용화할 수 있도록 지원할 필요가 있다. 더구나 미국, 독일 등 선진국에 비해 한국의 기업은 제조업과 서비스업을 융합하려는 노력이 상대적으로 부족하다고 판단된다. 이는 앞서 지적하였듯이 생산성의 하락으로 나타났다. 따라서 한국 기업이 제조공정뿐만 아니라 판매 이후 서비스까지 효율화하기 위한 R&D 투자를 제고할 수 있도록 지원해야 한다.

또한, 우리나라는 아직 글로벌화한 ICT기업이나 유니콘기업이 부족하다. 즉, 전 세계적으로 온라인상의 플랫폼을 선점하거나 시장지배력을 가진 기업이 없다는 것이다. 사실, 글로벌화 기업이 나타나기 위해서는 혁신기술을 보유한 스타트업(초기 벤처기업)이 내수시장이 아닌 세계시장에 진출할 수 있는 환경을 만들어야 한다. 이미 인공지능, 블록체인, IoT 기술 등은 단순히 한 지역에 국한된 시장을 대상으로는 투자의 수익성을 담보할 수 없기 때문에 기존 방식의 스타트업 보호육성이 아닌 좀더 자유로운 국제적 M&A가 이루어질 수 있도록 환경을 조성하는 방향으로 전환이 필요하다.

마지막으로, 기업정책으로 창의적 인력 양성 정책을 고려할 필요가 있다. 이후 4장에서는 인력의 공급자 입장에서 노동시장을 좀더 자세히 설명하겠지만, 수요자 입장에서 맞춤형 인력을 양성하는 것도 매우 중요하다. 특히, 최근 우리나라 기업은 고용에 따른 추가 비용이 과거에 비해 증가하면서 투자가 고용을 창출하지 못하는 것으로 나타나기 때문에 더욱 중요하다.4 더구나, 새로운 신산업 및 제조업-서비스업 융합산업은 기존 시장과는 다른 인력의 창의성을 요구한다.

다만, 정부가 직접 나서기보다는 기업이 스스로 필요한 인력을 양성할 수 있는 환경을 마련해야 한다고 판단된다. 이는 노동 공급자 스스로 평생학습을 통해 노동시장에 지속적으로 진입하고, 이후 노동 수요자에

---

4 자본과 노동 간의 탄력성 관계[동일 생산량 조건(iso-quant)에서]는 대체관계일 수도 보완관계일 수도 있으나, 통상 기업이 수익을 최대화하는 과정에서는 투자의사결정과 추가 고용량은 양의 관계를 가진다.

의해 맞춤형 인력이 양성되고 경제에 기여하는 시스템이 정착되는 것을 의미한다.

2) 규제개혁

다른 전략적 측면에서 과감한 규제개혁이 진행되어야 한다. 현재 한국경제는 앞서 설명하였듯이 선진국과 비교해 전반적으로 촘촘한 규제가 산업 간의 융합을 저해하고 있다. 특히, 서비스산업의 경우 높은 규제 등으로 인해 제조업의 서비스화가 어려운 상황이다. 더구나, ICT 관련 기술의 혁신은 워낙 속도가 빠르기 때문에 기존의 규제로 관리되지 않는다. 예를 들어 블록체인 기술은 암호화폐시장에 대한 우려로 인해 현재 국내에서는 관련 규제가 미비하나, 이미 미국, 중국, 일본, 유럽 등은 관련 규제를 정비하고 블록체인 기술의 다양한 활용가능성을 검토하고 있다. 우리나라는 아직 규제조차 없어 블록체인 기술의 발전이 사실상 불가능한 상황임을 인식하고 규제를 정비하여 이를 주도해야 한다.

특히, 금융산업에서도 선진국은 규제를 최소화하는 가운데, 핀테크 fintech 등의 시장이 자율적으로 움직이도록 산업을 지원하고 있다. 중국도 사전규제를 최소화하면서 네거티브 방식을 운용하여 핀테크를 활용한 금융서비스시장이 발달하였다. 우리나라의 핀테크산업은 여전히 금융에 관련한 수많은 규정·열거주의 규제와 복잡하게 얽혀서 사전규제 최소화 등과 같은 규제혁신을 하기 어려운 근본적인 제약이 존재한다.

더구나, 주요 선진국은 금융산업의 진입 및 사업전환의 제약이 상대적으로 낮은 반면, 우리나라는 다양한 은행 관련 진입규제 등으로 ICT 기반 기업체의 금융산업 진출이 제한되어 지금까지는 거의 금융기관 주도로 휴대폰 앱 중심의 사업화만 진행되고 있다.

즉, 금융산업이라는 특성상 금융소비자에 대한 규모의 경제가 결정적critical인데, 핀테크기업 등 금융 관련 벤처기업은 손익분기점을 넘을 규모의 경제를 달성하기 쉽지 않아, 기존 금융기관들과 협업하여 생존하는 전략을 추구한다. 결국 독자적 성장이 아닌 기존 사업자에 기생하는 방식으로 성장함으로써 독창성 또는 창의성을 이용한 글로벌화가 이루어지지 못하고 있다. 따라서 금융당국은 향후 금융소비자의 권리를 침해하지 않는 선에서 신규 시장진입자에 대한 규제 완화를 적극적으로 검토할 필요가 있다.

다른 산업을 검토하면, 의료산업은 기존 규제에서 인간의 건강과 직접적 관련이 없는 사업의 경우 네거티브 방식의 규제로 신속히 전환하여 산업 간 융합이 이루어지도록 해야 한다. 사실, 공공성을 강조하는 최근의 사회적 공감대와 통상 기존 규제를 유지하는 법체계에서 스마트 헬스케어라는 의료산업이 국내에서 발전하기는 요원하다. 특히, 의료기관이 수익을 추구하는 데 대한 강한 사회적 반감은 의료서비스산업의 발전을 지연시키고 있다. 또한, 의료계조차도 비의료 민간기업의 의료서비스시장 진입에 반감이 크다. 더구나, 의료서비스보다 더 포괄적인 건강관리서비스에 대한 규제조차도 마련되지 않아 관련 산업의 발전이 사실상 어렵다.

최근 미국, 일본 등은 그나마 일반적 스마트 건강관리나 의료서비스 시스템은 아니더라도 개인 의료정보에 대한 접근성 강화와 빅데이터 등 ICT 기술을 활용한 서비스효율성의 제고를 도모한다고 평가받는다. 이에 우리나라도 건강관리서비스 등 의료 분야일지라도 의료서비스의 생산성을 높이는 각종 관련 산업은 선별적으로 규제를 완화하여 다른 산업과 융합할 수 있는 여지를 열어 놓아야 한다.

또한, 공유경제라는 유휴 경제자원의 효율적 활용을 추구하는 시장도 기존의 시장진입자들(택시업체, 숙박업체 등)에 의해 발전이 지연되고 있다. 사실, 새로운 제품 또는 서비스가 기존의 산업과 이해 상충이 발생하는 것은 어쩌면 당연하다. 이러한 기존 산업과 신산업이 상충할 때 단기적으로 규제 완화를 고려하는 일회적 대응은 바람직하지 않고, 사회적 후생을 최대화하도록 경제발전을 유도하고 사회적 합의를 이끌어 내는 법제도를 정립하는 것이 앞으로 정부가 추구해야 할 일이다.

마지막으로, 지식서비스산업의 전문자격시장 정책도 기존의 진입그룹이 가지고 있던 지대地代를 제거하고 진입 장벽을 낮춰 경쟁을 유발시켜 지식서비스 산업의 품질 및 생산성을 향상시키는 방향으로 추진되어야 한다. 즉, 전문자격시장은 관련 지식이 빠르게 발전하고 전환하는 데 유연하게 대처하기 위해, 초기 진입자의 문턱은 낮추고, 오히려 자격유지를 철저히 관리함으로써 관련 산업의 발전에 빠르게 적응하도록 유도할 필요가 있다. 이와 같은 지식서비스시장에 대한 규제의 완화는 향후 지식서비스산업의 부가가치 제고에도 이바지할 것으로 예상된다.

3장

투명하고 활기차며 공정한 시장생태계의 구현

이진국 한국개발연구원

대규모 기업집단 중심의 경제력 집중, 시장의 경쟁성 저하, 기업거래의 공정성 훼손은 그동안 한국의 시장생태계를 왜곡해 온 고질적인 문제였다. 선진국형 경제 패러다임에 걸맞은 시장생태계를 갖추기 위해서는 소유경영과 전문경영의 장점이 더불어 발현되는 한국형 기업지배구조를 정착시키고, 부당 내부거래 및 불공정거래행위를 해소하여 시장의 경쟁성과 거래의 공정성을 확립시켜 나가야 한다.

1. 연구의 배경

현재 우리나라의 시장생태계는 저성장과 고용침체가 나타나는 가운데, 내부적으로는 대규모 기업집단 중심의 경제력 집중, 시장의 경쟁성 저하, 기업거래의 공정성 훼손 등의 문제가 지속되고 있다. 또한 시장생태계에서 두터운 허리 기능을 담당해야 할 중소기업은 성장성과 수익성 저하에 직면했고, 생태계 저변에 자리한 자영업계는 일부 업종에 편중된 진입과 과밀화로 자생력을 갖추기 어려운 모습이다.

과거 우리 경제는 파이를 크고 빠르게 키울 수 있었던 덕에 분배에 관한 갈등을 다소 완화시켜 온 면이 있었지만, 현재는 (제2장에서 논의된 바와 같이) 파이의 성장세가 저하되고 생산의 양극화 현상이 심화되면서 파이의 분배를 둘러싼 경제·사회적 갈등이 첨예해지고 있다.

이에 이 연구는 경제성장 저하와 양극화 심화로 대변되는 우리 경제의 현 상황이 ① 국내 시장생태계의 특징 및 문제점과 어떻게 결부되어 있는지를 살펴보고, ② 앞으로 시장생태계가 지향해야 할 바람직한 모습을 그려 보며, ③ 지향점으로 나아가기 위해 필요한 실행 전략들을 모색하고자 한다.

기업은 회사 규모에 따라 크게 대기업, 중소기업, 소상공인·자영업자로 나눌 수 있는데, 이 연구는 이 중에서 한국경제의 가장 큰 특징인 대규모 기업집단, 특히 재벌의 특징에서 발현되는 문제를 논의의 중심 소재로 다루고자 한다. 물론 국내 시장생태계에서 나타나는 문제점이 모두 재벌 중심의 경제구조 때문이라고 보기는 어려울 것이다.[1] 하지만

---

1 중소기업과 자영업계가 자생력을 갖추지 못하고 정부 지원에 의존하는 경향이 짙으며 생

기업들의 다양한 수평적·수직적 거래관계 속에서 경쟁성 및 공정성 훼손, 협상력 격차, 부가가치 배분을 둘러싼 갈등이 나타나며, 그러한 갈등의 중심에 재벌이 자리함을 고려하였을 때, 재벌의 특징과 이로 인한 문제를 바로 보고 극복하지 않고서는 우리 경제가 바람직하고 진일보한 경제체질을 확보하기가 대단히 어려우리라 예상된다.

또한 중소기업 부문에서 나타나는 경쟁력 저하나 정부 지원 정책의 실효성 부족 등의 문제가 대·중소기업 간 수직적 거래 및 계약의 불공정성과 무관하지 않을 것이고, 자영업계가 무분별한 진입과 과도한 경쟁으로 몸살을 앓는 현상도 재벌의 소극적 회사운영과 내부거래에 안주하며 고용 없는 성장을 유도하는 경향과 일정 정도 연관될 수 있다.

이에 이 글은 국내 시장생태계에서 중심축을 담당하는 재벌의 특징과 문제점을 살펴보고 각 문제점에 대한 개선 방향과 실행 전략을 고민함으로써 향후 우리 경제가 지향해야 할 모습을 그려 본다.

2. 재벌의 특징과 현상

1) 소유·경영의 일원화 경향

재벌은 총수(그룹회장)와 직계가족이 그룹의 실질적 소유자이면서 경영자 역할까지 담당하는 경우가 많다. 이른바 소유와 경영이 일원화된 경향이 존재한다. 그룹 전체 지분에 대하여 총수일가가 보유한 지분 정

산성 및 혁신성 제고 노력이 부족한 점도 분명 개선의 여지가 클 것이다.

도가 미약할지라도 지주회사2와 핵심계열사를 장악하고 지주회사-자회사-손자회사-증손회사로 이어지는 출자관계를 형성함으로써 그룹 전체에 대한 실질적 지배권을 행사할 수 있게 된다.

나아가 총수는 자기지분과 우호지분을 활용하여 주주 의결권의 과반수를 확보함으로써 이사회 구성과 대표이사 선임 및 해임 결정에 영향력을 행사하며 사실상의 경영자 역할까지 맡는 경우가 많다. 경우에 따라서는 제3의 전문경영인을 두기도 하지만 총수의 배후 영향력은 전문경영인의 독립적 회사운영을 상당한 수준으로 제약한다는 평가가 지배적이다.

물론 창업자 세대는 창업자가 기업을 소유하고 회사 운영 전반을 책임지는 일이 지극히 자연스러울 수 있다. 중소기업이나 자영업자의 대부분이 이 경우에 해당한다. 하지만 기업이 본격적으로 성장하는 단계에 이르면 대량의 주식을 발행하여 외부 투자자금을 확보하기 마련이고 그에 대한 반대급부로서 기업의 소유권을 다수의 투자자와 나누어 가지게 된다. 즉, 기업의 주인이 창업자 1인에서 다수의 주주로 바뀌게 된다. 또한 시간이 흘러 창업자가 소유한 지분이 직계 자손들에게 상속되고 상속세 납부과정이 수차례 반복되면 창업자 및 일가의 지분율은 더욱 낮아져 기업의 소유권이 더더욱 분산된다.

총수일가의 소유권이 약화되면 지배권과 경영권을 그 이전과 같은 강도로 장악하기 어렵게 되고 회사 경영은 자연스럽게 (시장의 검증을 거친) 제3의 경영인에게 맡기도록 변화한다. 소유가 분산되면서 기업 소유와 경영이 분리되는 흐름은 기업이 성장하고 진화하는 과정에서 자연

---

2   이 연구에서 논하는 지주회사는 지주회사로서의 법적 요건을 갖춘 경우〔예: SK주식회사, 롯데지주(주) 등〕와 법적 요건을 충족하지는 못하나 자회사에 대한 높은 지분율로 그룹을 실질적으로 지배하는 회사(예: 삼성물산 등)를 포괄하는 개념임을 밝힌다.

스럽게 발생하는 현상으로 볼 수 있다.

하지만 국내 재벌의 총수일가는 적은 소유지분에도 불구하고 지주회사체제와 꼬리를 무는 출자 관계를 형성하여 그룹 전체를 지배하고, 그룹 경영 전반에서도 여전히 강한 영향력을 행사하고 있다. 기업 규모가 커졌으나 소유와 경영이 분리되지 못한 구조에서는, 그룹이 전체 주주의 이해보다는 총수일가의 이익에 기여하는 방향으로 운영될 수 있고, 나아가 총수의 지위가 (시장 검증을 거치지 않은) 3~4세 후손들에게 대물림되는 현상도 나타날 수 있다.

정당하게 그리고 매끄럽게 진행되기 어려운 경영권 승계 작업은 종종 편법적 상속 · 증여와 탈법적 탈세 행위를 동반하기도 하는데 이는 앞서 설명한 기업의 자연스러운 진화 과정에 역행하는 모습으로 보인다.

2) 계열사 확대와 사업 다각화

대규모 기업집단은 총수일가가 대주주로 있는 지주회사가 회사자금을 출자하여 자회사를 만들고, 자회사는 손자회사에, 손자회사는 증손회사에 출자하여 다수 계열사를 동일 그룹에 포함시키면서 형성된다.

〈표 3-1〉은 국내 재벌그룹의 계열사 현황(2019년 기준)을 보여 주는데, SK의 계열사 수가 123개로 가장 많고, LG가 71개, 삼성이 61개, 현대자동차가 52개 수준으로 집계된다. 10년 전과 비교하였을 때 일부 기업집단을 제외하고는 전반적으로 계열사 수가 늘어나는 추세가 보이며, 최근에는 카카오의 계열사가 90개(SK에 이은 2위)에 이르는 등 서비스 부문에서도 계열사 수가 늘어나는 상황이다.

지주회사체제는 외환위기 당시 재벌의 계열분리를 촉진하고 구조조정을 신속하게 진행할 목적으로 도입되었지만, 최근에 이를수록 지주회사·계열사 간의 출자관계를 통해 대규모 기업집단이 규모를 확대하는 수단으로 기능한다는 비판이 존재한다.

계열사들은 대체로 서로 다른 업종에 위치해 있는데 이는 계열사 간 거래, 즉 그룹 내부거래가 발생하고 확대되기에 용이한 여건을 제공한다. 물론 경우에 따라 그룹 내부거래가 시장거래보다 효율적일 수 있고, 내부거래와 시장거래의 효율성 우위 여부에 따라 기업 규모가 결정된다는 이론도 존재한다. 하지만 국내 대규모 기업집단의 내부거래는

〈표 3-1〉 대기업 집단 공정자산 순위

단위: 십억 원, 개

기업집단	순위			합계		증감	
	2020년 예상	2010년 지정	변화	기업 수	공정자산	기업 수	공정자산
삼성	1	1	-	61	425,202	- 6	232,355
현대자동차	2	2	-	52	229,084	10	128,309
SK	3	3	-	123	223,909	48	136,387
LG	4	4	-	71	139,494	18	60,576
롯데	5	5	-	87	123,645	27	56,380
포스코	6	6	-	33	80,106	- 15	27,229
현대중공업	7	8	▲ 1	34	75,492	18	35,303
한화	8	13	▲ 5	84	69,211	36	42,820
GS	9	7	▼ 2	67	66,360	- 2	23,276
농협	10	-	신규	58	61,318	-	-

주석: 1) 2020년 1월까지 계열사 변동내용 반영.
　　 2) 공정자산: 비금융사는 자산, 금융사는 자본과 자본금 중 큰 금액.
　　 3) 2019년 3분기 말 기준 재무현황을 기준으로 공정자산 조사.
　　 4) 2019년 3분기 말 기준 재무현황을 알 수 없는 경우 2018년 결산 수치를 사용함.
　　 5) 총합계는 해당 지정년도 지정된 대기업집단의 계열사와 공정자산을 기준으로 계산.
　　 6) 대우조선해양은 현대중공업과 기업결합 과정에 있어서 제외함.
자료: CEO스코어.

자유로운 경쟁이 보장되고 시장의 수요·공급의 원리가 작동한 결과이기보다는 총수일가의 지휘 아래 이루어질 가능성이 존재하여 총수일가의 사익편취, 특정 계열사로의 일감 몰아주기, 지원에 동원된 계열사 주주들의 피해 등의 문제에 취약하다는 목소리가 높다.

3) 거대한 기업 규모와 경제력 집중

재벌을 규정할 때 빼놓을 수 없는 또 하나의 요건은 이들의 거대한 기업 규모와 이에 따른 경제력 집중이다. 국내 광업·제조업 분야 매출액 규모는 2017년 기준 1,515조 원에 달하는데, 이 중 710조 원(46.9%)이 대규모 기업집단의 매출액에 해당한다(〈표 3-2〉 참고). 반면 고용 규모에서 대규모 기업집단이 차지하는 비중은 18.5%로 생산 비중에 비해 상대적으로 낮은 수준에 머물렀다.

거대한 기업 규모와 경제력 집중 현상은 (앞서 논의된) 총수일가의 소유·경영 일원화, 지주회사체제 및 계열사를 통한 사업다각화 등에서 비롯되는 결과론적 특징으로 볼 수 있다. 동시에 경제력 집중은 대규모 기업집단의 시장지배력을 유지·확대시켜 총수일가의 소유·경영 일원화와 지주회사체제를 공고히 할 경제적 유인을 높이는 기제로 작용할 수 있다. 요컨대, 재벌체제의 3가지 특징은 상호 영향을 주고받으며 서로를 더욱 공고하게 만드는 순환구조에 놓인 관계로 이해할 수 있다.

대규모 기업집단이 막대한 규모의 경제력을 보유하고 우리 경제의 양적 성장을 주도하는 현상 자체는 비판의 여지가 많지 않을 것이다. 소수 재벌의 위기가 우리 경제 전체의 위기로 이어질 가능성이 높아진다는 우려를 제기할 수 있을 뿐이다. 다만 현재의 결과가 시장 내 경쟁성과 기업 간 거래의 공정성을 훼손하는 행위와 무관하지 않다면 (비재벌

<표 3-2> 광업 및 제조업 기준 대규모 기업집단 비중 추이

단위: 조 원, 천 명

구 분	2016년			2017년		
	대규모 기업집단 *	광·제조업	비중(%)	대규모 기업집단	광·제조업	비중(%)
출하액(매출액)	647	1,417	45.7	710	1,515	46.9
부가가치	220	507	43.4	249	546	45.6
종사자 수	540	2,969	18.2	549	2,966	18.5

* 2018년 4월 지정(60개 기업집단, 2,083개 계열회사) 기준임.
자료: 공정거래위원회(2017), 〈시장구조조사〉.

기업·중소기업·자영업계의 침체 속에서) 재벌그룹 중심의 나 홀로 성장
은 시장생태계의 조화로운 발전을 저해하는 구조적 문제로 바라볼 수
있으며 이를 개선하기 위한 해법을 모색함이 마땅하다.

3. 재벌 중심 시장생태계에 대한 우려

1) 회사경영의 투명성 저하와 사익추구 행위의 가능성

소유자(주인)가 경영자(대리인)를 온전하게 신뢰할 수 있고, 경영자
가 회사를 운영하면서 소유자의 이해를 최우선으로 여긴다면 주인-대
리인 문제가 발생하지 않는다. 하지만 회사 주인집단의 한 부분에 해당
하는 총수일가가 회사 전체의 소유권과 지배권을 주장하고 회사경영 전
반에까지 실질적 영향력을 행사하게 되면, 주주 전체의 의사보다는 총
수일가의 이해에 따라 회사가 운영될 여지가 높아진다. 아울러 경영권

에 관한 견제장치가 제대로 마련되지 않거나 실질적 효력을 발생시키기 어렵게 되면 회사운영이 불투명해지는 상황에 처할 수 있다. 이사회를 감시해야 할 감사위원회에 부적격한 인물 또는 이해관계자가 포함되거나 사외이사들이 상정 안건을 대부분 원안대로 통과시키며 거수기 역할에 머물고 있다는 지적이 이와 무관하지 않아 보인다.[3]

그룹경영이 불투명한 상황에서는 총수일가의 독단적인 경영과 일탈이 회사에 큰 손해를 끼치는 이른바 오너리스크가 발생할 수 있고,[4] 기업집단체제 밖에 존재하는 비상장회사를 통행세 방식으로 부당하게 지원하거나 납품업체에서 로비를 수수하는 등의 사익 추구행위도 나타날 수 있다. 오너리스크와 사익추구행위는 개인의 일탈 또는 범법행위로만 끝나지 않고 그룹 전체에 대한 경제·사회적 비난, 나아가 회사가치 및 주주이익의 하락으로까지 그 여파가 확대될 수 있다.

2) 높은 내부거래 및 수의계약 비중에 따른 시장 경쟁성 저하

기업은 통상 시장거래를 통해 필요한 중간재 또는 서비스를 확보하지만 관련 시장이 존재하지 않거나 미성숙한 경우 그룹 계열사 간 내부거래를 통해 필요 중간재를 확보할 수도 있다. 다만 국내 대규모 기업집단의 내부거래 현황을 살펴보면 그 규모가 클 뿐만 아니라 대부분 수의계약으로 진행돼 정상적인 시장거래를 위축시킨다는 우려가 있다.

〈표 3-3〉을 보면 지주회사체제로 전환한 대기업집단(전환집단)의 내

---

3 2019년도 대규모 기업집단의 이사회에 상정된 안건 6,722건 중 원안대로 통과되지 않은 안건은 24건(0.36%)에 불과하였다.
4 땅콩회항, 물컵갑질 등 재벌 3세의 갑질과 범법 행위들은 오너리스크의 전형적인 사례에 해당한다.

단위: %

구분	2013년	2014년	2015년	2016년2)	2017년2)	2018년	2019년
전환집단	14.4	15.7	16.9	16.0	15.3	17.2	15.8
일반집단	12.3	12.5	12.4	12.5	10.8	9.9	9.9

주석: 1) 총수가 있는 집단(금융지주집단 제외)만 분석.
　　　2) 2016년, 2017년은 10조 원 이상 대기업집단을 대상으로 한 숫자.
자료: 공정거래위원회(2019), 〈공정거래법상 지주회사 현황 분석〉.

부거래 비중은 평균 15.8%로 일반집단(대기업집단 59개 중 전환집단 제외) 평균 9.9%보다 약 6% 높은 것으로 파악된다. 또한 〈표 3-4〉를 통해서는 대규모 기업집단의 내부거래 상당수가 수의계약 형태로 진행되어 독립 기업의 입찰 참여가 봉쇄되는 양상이 짙음을 알 수 있다.

　총수가 있는 51개 대기업집단의 내부거래를 살펴보았을 때 수의계약 비중이 50%를 넘고 심지어 100%에 이르는 사례도 관찰된다. 내부거래가 그룹 전체의 효율성 향상에 기여할 수도 있으나, 수의계약에 과도하게 의존하다 보면 (시장의 수요·공급의 원리가 작동하기보다는) 총수의 통제하에 핵심계열사를 지원하고 총수일가의 사익을 증대시키는 수단으로 활용될 수 있다. 아울러 국내의 경우 대리인(계열사 사장)이 총수의 가족이거나 총수가 임명한 경우가 많아 부당한 내부거래를 적절하게 저지하지 못할 가능성도 있다.

　그 결과 대규모 기업집단의 부실 계열사가 시장에서 퇴출되기보다는 일감 몰아주기성 지원을 바탕으로 비정상적으로 성장할 수 있고, 반대로 지원에 활용된 계열사는 수익성 저하와 소액주주 피해 등의 문제에 처할 수 있다.

　나아가 내부거래 규모가 커지게 되면 일반 독립회사가 시장에 자유롭

<표 3-4> 2018년 대기업집단 계열사 간 거래 중 수의계약 비중

구분	대기업 집단
100%(18개)	삼성, 카카오, 신세계, 부영, 하림, 중흥건설, 한국타이어, 셀트리온, 넥슨, 아모레퍼시픽, 동국제강, 금호석유화학, 하이트진로, 넷마블, 다우키움 등
90% 이상(21개)	태영(99.9%), 금호아시아나(99.4%), 호반건설(99.2%), 효성(98.7%), 유진(98.6%), SK(98.6%), 두산(98.4%), 현대중공업(98.2%), 영풍(96.6%), DB(95.9%), 한화(95.5%), 태과(95.3%), KCC(93.1%), 한국투자금융(93.1%), 롯데(93.1%), 동원(92.0%), 코오롱(91.1%), 현대자동차(90.3%) 등
80% 이상(6개)	LG(86.0%), 교보생명보험(85.9%), GS(85.7%), OCI(82.9%), SM(82.7%), HDC(80.7%),
70% 이상(2개)	대림(73.8%), 세아(72.7%)
60% 이상(1개)	삼천리(67.3%)
50% 이상(1개)	한라(58.1%)
50% 미만(2개)	미래에셋(46.8%), 한진(40.7%)

주석: 조사대상 대기업집단 중 총수가 있는 51개 그룹.
자료: CEO스코어.

게 진입하고 성장할 수 있는 기회가 그만큼 제약되어, 시장생태계의 경
쟁성과 역동성이 낮아질 우려도 존재한다.

3) 거래상지위의 불균형과 수직거래의 공정성 저하에 대한 우려

대규모 기업집단의 세 번째 특징에 해당하는 막대한 경제력 규모는
시장 집중화, 거래당사자 간 지위의 불균형, 수직거래의 공정성 저하
등과 같은 문제로 이어질 수 있다.

우선 시장의 집중화(또는 독과점화)는 하도급, 유통, 가맹, 대리점 거
래에서 보이는 바와 같이 거래당사자가 서로에게 갖는 경제적 가치의
비대칭을 초래하게 된다. 유통업을 예로 들자면 대규모 유통업자가 특

정 납품업자에게 느끼는 경제적 중요성은 미미하겠지만, 납품업자는 전국 각지에 매장을 보유한 대규모 유통업자와의 거래에 사활을 걸게 된다. 납품(또는 입점) 계약에서 기대되는 경제적 가치가 매우 높기 때문이다.

이처럼 거래 상대방에게 갖는 경제적 가치의 비대칭성은 거래의존도가 현격하게 차이나는 하도급(원사업자-수급사업자), 가맹(본부-점주), 대리점(본부-대리점) 업에서도 동일하게 나타날 수 있다.

거래의존도 및 경제적 가치의 비대칭성은 거래상지위의 불균형과 협상력 격차를 초래할 수 있고, 하청(또는 납품) 업체에 불리한 계약 체결이나 불공정거래행위의 발생으로 이어질 수 있다. 이는 향후 기업 당사자 간 분쟁으로 귀결될 수 있는데, 실제 공정거래 분쟁조정협의회의 조정실적을 살펴보면(〈표 3-5〉 참고), 전체 분쟁조정 건수(858건) 중 거래상지위 남용행위와 관련된 분쟁 건수가 309건(36%)으로 (기타를 제외하면) 가장 높은 비중을 보인다.

또한 분쟁조정 절차를 통하여 해소되지 못하고 공적 개입까지 요구된 사례들도 빈번한데(〈표 3-6〉 참고), 2017년도 한 해 동안 접수된 공정거래법상 거래상지위 남용행위에 해당하는 신고 건수는 98건에 달하였고, 하도급·가맹사업·대리점·대규모 유통업 분야에서 거래상지위 남용행위와 밀접한 특수불공정거래행위 관련 신고는 867건에 달했다.

이처럼 대규모 기업집단을 중심으로 나타나는 시장집중화는 거래상지위의 불균형을 초래하고, 갑을관계 속 수직거래의 공정성을 저해할 수 있으며, 하청·납품업체의 수익성과 소비자의 후생에 부정적 영향을 미칠 수 있다는 측면에서 장기적으로 개선되어야 할 사안이라 판단된다.

<표 3-5> 2017년 불공정거래행위 관련 공정거래 분쟁조정협의회 조정실적

단위: 건

위반 유형	조정절차 완료			조정절차 중단	합계
	조정성립	조정불성립	소계		
거래거절	80	7	87	43	130
차별적 취급	4	0	4	6	10
경쟁사업자배제	3	1	4	0	4
부당한 고객유인	5	0	5	3	8
거래강제	3	0	3	4	7
거래상지위 남용	134	19	153	156	309
구속조건부 거래행위	1	1	2	1	3
사업활동 방해	28	2	30	16	46
기타	131	12	143	198	341
합계	389	42	431	427	858
구성비	90.3%	9.7%	50.2%	49.8%	100%

자료: 공정거래위원회, 〈2017년 통계연보〉.

<표 3-6> 2017년도 거래상지위 남용행위 관련 사건접수 현황

	신고	직권	접수 합계
공정거래법 합계	370	273	643
└ 불공정거래행위 건	194	19	213
└ 거래상지위 남용 건	98	7	105
특수불공정거래행위 합계	867	1,009	1,876
└ 하도급법	695	832	1,527
└ 가맹사업법	164	169	333
└ 대리점법	2	0	2
└ 대규모유통업법	6	8	14

자료: 공정거래위원회, 〈2017년 통계연보〉를 바탕으로 재작성.

4. 시장생태계의 지향점과 추진 전략

1) 소유경영과 전문경영의 장점이 더불어 발현되는
한국형 기업지배구조의 모색과 정착

재벌에 대한 비판적 시각은 재벌의 존재 자체를 부정하거나 재벌이 경제성장에 미친 크고 작은 기여를 폄하하는 데 초점이 맞춰져 있지는 않다. 비판의 핵심은 소유와 경영이 일원화되고 그룹이 불투명하게 경영되어, 총수일가가 사익을 추구하고 경영권을 편법적·탈법적으로 승계하는 문제에 맞춰져 있다. 5 그렇다면 우리 경제가 지향해야 할 보다 선진화된 기업지배구조는 어떤 모습이어야 할까? 그리고 지향한 바를 성공적으로 안착시키기 위해서는 어떠한 제도적 노력이 필요할까?

필자는 한국경제에 적합하고도 필요한 소유경영과 전문경영의 장점이 모두 발현될 수 있는 기업지배구조를 장기적으로 모색해야 하며, 이를 위해 현 소유경영체제를 근간으로 하되 전문경영체제의 장점이 구현될 수 있도록 제도 개선이 이루어져야 함을 피력하고자 한다.

전문경영체제는 전문지식을 갖춘 사람을 경영자로 고용하고 그에게 회사 운영 전반에 관한 경영권을 위임하는 지배구조를 일컫는데, 소유경영(오너경영) 체제의 취약점이 불거질 때마다 대안적 기업지배구조로 빈번하게 언급되어 왔다. 6

---

5 또한 이러한 문제를 해소하기 위한 제도적 장치들이 도입되지 않거나 도입되더라도 형식적으로만 존재하여 실효성이 없는 작금의 상황도 꾸준히 비판받아 왔다.

6 2018년 풀무원이 33년간의 오너경영 시대를 마감하고 전문경영인에게 경영 총괄을 위임한 것이 대표 사례이다.

〈표 3-7〉에 제시된 바와 같이, 전문경영체제에서는 ① 시장검증을 거친 경영자가 회사 운영에 전문성을 발휘하고, ② 회사 구성원에게 다양한 의견을 수렴하며, ③ 주주를 중심에 두고 의사결정을 내리고 의사결정 및 집행 과정이 투명하게 공개된다는 장점을 기대할 수 있다. 이러한 장점이 바로 소유경영체제의 단점(후계자의 능력 미검증, 독단적 결정과 경영권 오남용, 사적 이익 추구)과 극명하게 대비되기 때문에 전문경영체제가 대안적 기업지배구조로 주목받고 있다.

하지만 (소유경영체제와 마찬가지로) 전문경영체제도 결코 완벽한 기업지배구조는 아니다. 전문경영체제하에서는 신시장 진출이나 인수합병과 같이 중요하고 신속하며 기업가 정신이 요구되는 사안에 대하여 의사결정 속도가 상대적으로 더딜 수 있다. 또한 전문경영인들이 짧은 계약 임기를 의식한 나머지 중·장기적 비전과 전략을 수립하기보다는 단기 실적과 평가에 치중한다는 비판도 존재한다. 요컨대 소유경영의 장점으로 꼽히는 신속하고 장기적이며 주인의식에 기반한 사업 추진이 전문경영체제에서는 나타나기 어려울 수 있다.

그뿐만 아니라 현재 대규모 기업집단의 지배구조가 대부분 소유경영의 형태를 띤 상황에서 전문경영체제로 전격 변화될 가능성은 높지 않다. 전문경영체제의 장점이 충분히 발휘되기 위해 필요한 대내외적 조건이 성숙하지 못했기 때문이다. 전문경영체제가 제대로 안착하기 위해서는 우선 외부 인사를 경영자로 받아들이는 조직 문화를 정착하고 연공서열적 의식구조를 바꾸는 등 기업 내부의 인식 변화가 선행되어야 한다. 더불어 전문경영자는 경영권 일체를 위임받아 독립적으로 회사를 운영하고 이사회는 (오너의 관점이 아닌) 주주이익과 회사가치의 관점에서 전문경영자를 객관적으로 평가할 수 있어야 한다.

또한 기업 외부적으로는 전문경영인시장이 두텁게 형성되고 시장에

<표 3-7> 오너경영체제와 전문경영체제의 장단점

	장점	단점
오너경영	신속하고 빠른 의사결정 장기적 관점에서 사업 추진 주인의식에 기반한 강한 리더십	후계자의 경영 능력 미검증 독단적 결정, 경영권 오·남용 가능성 사적이익 추구로 주주가치 훼손 가능
전문경영	검증된 경영자가 전문성 발휘 다양한 의견을 수렴한 의사결정 주주중시 경영과 기업투명성 강화	의사결정 속도 지체 자리 지키기 위한 책임 회피 가능성 단기적 목표 달성에 집중하는 경향

자료: 〈한경 Business〉 1217호 (2019.3).

의한 경영감시도 원활하게 작동해야 한다. 만일 이러한 필요조건이 충족되지 않은 상황에서 전문경영인이 CEO로 등장하게 되면 (오너의 실질적 영향력 아래) 매우 제한된 역할만 수행하는 이른바 '고용사장'에 머물 가능성이 높다.

종합하자면 향후 대규모 기업집단의 바람직한 지배구조는 소유경영이나 전문경영 중 어느 한 체제에만 의존하기보다는 두 체제의 장점이 균형 있게 발휘될 수 있는 융합체제의 모습을 갖춰야 한다고 판단된다. 그렇다면 소유경영과 전문경영이 위치한 두 극단의 지점 가운데 융합형 지배구조의 균형점은 어디이며, 구체적 모습은 어떠해야 하는지, 그러한 균형으로 수렴해 가려면 어떠한 제도적 개선이 필요한지를 고민하고 차근차근 실행에 옮기는 것이 무엇보다 중요하다.

융합형 지배구조로 수렴해 가는 방향은 크게 두 가지 흐름을 떠올릴 수 있다. 하나는 소유경영체제에서 출발하여 전문경영체제의 장점이 구현되는 장치들을 접목해 가는 것이고, 다른 하나는 전문경영체제에 소유경영체제의 강점이 발현될 수 있는 시스템을 구현해 가는 것이다. 기업이 처한 상황에 따라 지배구조의 개선 방향은 달라지겠으나, 현재 대규모 기업집단 대부분이 소유경영에 해당하고 겉으로 전문경영인체제를 표방하더라도 경영권이 매우 제한된 사례가 많으므로, 소유경영체제에 전문경영체제의 장점을 접목해 가며 선진화한 지배구조를 구체화하는 것이 보다 현실적이면서도 실효성 높은 방향이라고 판단된다.

소유경영의 단점은 대체로 회사경영이 불투명하고 오너에 대한 견제가 미흡한 상황에서 비롯된다. 오너가 경영권 행사를 통해 얻을 수 있는 경제적 지대, 이른바 경영권 프리미엄도 회사 운영이 투명하거나 오너가 원활한 견제시스템 아래 있다면 유지되기 어려울 것이다. 나아가 전문경영체제에서 발휘될 수 있는 다양한 의견수렴 및 결정과 주주 중심의 경영도 결국 경영투명성이 전제되어야 가능하다. 따라서 현재의 소유경영체제를 개선하는 작업은 마땅히 경영투명성을 제고하고 오너를 견제하는 통로를 확대하는 일에 초점을 두어야 할 것이다.

현재 전자투표제, 주주대표소송제, 감사위원 분리선임제 등과 같이 소액주주들의 주총 참여를 활성화하고 오너의 독단적 경영을 견제하기 위한 장치가 미약하게나마 존재한다. 7 하지만 개별 기업이 자유롭게 채택 여부를 결정하도록 되어 있거나 정관에 따라 시행하지 않아도 되어 있어 실질적 활용률이 매우 저조한 상황으로 파악된다.

전자투표제는 소액주주들의 주총 참여를 촉진함으로써 오너 영향력에 대한 견제와 이사회 독립성 향상에 기여할 수 있다. 또한 주주대표소송제와 감사위원 분리선임제는 주주이익의 향상과 이사회에 대한 감시 기능 제고를 목적으로 한다.

재계 일각에서는 외국자본이나 투기자본이 이 제도들을 활용하여 경

---

7   전자투표제는 주주가 주주총회 장소에 출석하지 않고도 온라인 투표 방식을 통해 의결권
    을 행사할 수 있는 장치로서 주된 목적은 소액주주들의 주총 접근성을 제고하기 위함이다.

영권을 위협하지 않을까 우려한다. 하지만 보다 많은 주주들의 의결권 행사로 현재의 경영권이 흔들린다면 이는 현재 오너의 지분율, 즉 기업에 대한 소유권이 그만큼 미약함을 시사하며 총수일가가 적은 지분으로 그룹 전체를 통제하는 현 상황이 그만큼 취약한 구조 위에 있음을 뜻한다. 따라서 소수주주들과 심지어 외국자본 및 투기자본이 의결권 행사를 시도하더라도 안정적 지배권을 확보할 수 있을 정도로 지분구조를 변화시키는 과정이 선행되어야 하며, 향후 적합한 시점에 소수주주권을 향상시킬 수 있는 다양한 제도를 접목하는 방향으로 나아가야 한다.

위 제도들의 본질은 기업의 주인들로 하여금 주인으로서 목소리를 보다 원활하게 낼 수 있도록 의사결정환경을 조성하자는 데 있다. 그리고 이 같은 의사결정제도의 변화는 소유경영의 단점인 오너의 전횡을 견제하고, 전문경영의 장점인 기업투명성을 강화하는 방향에도 부합할 것이다.

2) 부당 내부거래의 해소와 시장의 경쟁성 제고

대규모 기업집단이 새로운 계열사를 설립하고 진출 업종을 꾸준히 확대해 온 것은 주지의 사실이다. 점검이 필요한 부분은 '기업 규모의 확대와 사업다각화가 과연 누구를 위한 것이었는가?'라는 물음일 것이다.

대규모 기업집단이 계열사를 설립하고 신규 업종에 진출하는 전략이 우리 경제에 긍정적 영향을 미치려면 그것이 미래의 지속성장을 위한 투자이거나, 계열사 간의 업무 시너지를 창출하여 기업집단 전체의 생산성과 효율성을 향상시키는 데 기여해야 할 것이다. 내외부적으로 경제충격이 도래할 때 복수 업종을 영위하는 것이 위험 분산에 용이하다는 점도 일면 타당하게 받아들여질 수 있다.

하지만 이러한 기대와 달리, 현실에서는 총수일가가 지배주주인 계열사에 일감을 몰아주어 그들의 사적 이익을 증대시키는 방향으로 운용된다는 비판이 강하다. 특히 적은 소유지분으로 높은 지배권을 확보하고 경영권에까지 막대한 영향력을 행사할 수 있는 국내 소유경영체제 아래에서는 사업다각화 및 계열사 간 내부거래가 일감 몰아주기와 밀접하게 연관될 가능성이 높아진다.

일감 몰아주기는 수혜 계열사 지배주주인 총수일가의 이익은 증가하는 반면 지원에 활용된 계열사의 역량과 수익성, 기업 가치와 주주이익은 훼손될 수 있다. 또한 시너지가 발생하지 않는 거래로 자원을 비효율적으로 사용하게 되어 기업집단 전체의 효율성에도 타격을 줄 수 있다. 외부적으로는 해당 업종에 진입한 여타 독립회사의 성장 기회를 빼앗아 시장생태계의 조화로운 발전에도 긍정적이지 않다.

따라서 향후 선진화된 시장생태계는 계열사 일감 몰아주기와 같은 사적 이익 추구 행위를 원천적으로 봉쇄하도록 관련 제도를 정비해야 한다. 총수일가의 개인회사 설립을 규제하는 방안, 일감 몰아주기의 규제 대상이 되는 총수일가의 지분율 기준을 하향하는 방안, 법망을 피할 수 있는 손자회사도 규제 대상에 적절히 위치시키는 방안 등을 지속적으로 고민하고 제도를 보완해 가야 한다.

아울러 사후 적발을 위한 정책당국의 조사기능도 강화하고 적발된 사익편취 사례는 높은 강도로 처벌하여 향후 억지력을 높일 필요가 있다. 이로써 내부거래를 차츰 시장거래로 유도하여 모든 기업이 수평적으로 공정한 경쟁의 기회를 누릴 수 있도록 하고 혁신을 가로막는 장애물을 제거해 가야 할 것이다.

3) 불공정거래행위의 해소와 수직거래의 공정성 확립

재벌 계열사와 독립 회사 간 경쟁의 수평성과 더불어 갑을관계로 대변되는 기업 간 수직적 거래의 공정성도 반드시 제고되어야 한다. 재화의 생산과정에서 기업 간의 의존성이 심화되고 있는 상황에서 상호 협력을 토대로 창출된 부가가치가 정당하게 배분되지 못한다면 시장생태계의 활력이 저하되기 마련이다.

하도급, 유통, 가맹, 대리점과 같이 기업 간 수직거래가 활발한 영역에서는 계약상 갑의 위치에 해당하는 기업(원청기업, 유통기업, 가맹본부, 본사)이 막대한 구매력을 바탕으로 거래상 우위를 점하게 되고, 이는 협상력 격차로 이어진다. 특히 점점 치열해지는 시장경쟁하에서 가격과 이윤 하락의 부담이 을의 위치에 해당하는 기업(하청기업, 납품업체, 가맹점, 대리점)에 부당하게 전가되는 사례가 나타날 수 있다.

향후 우리 경제가 지향하는 시장생태계에서는 기업 규모나 거래상지위와 무관하게 모든 기업이 대등한 지위에서 계약을 맺고 상호 신뢰하며 서로가 서로를 발전시키는 시장참여자로 구성되어야 한다. 이를 위해서는 수직거래의 공정성(또는 불공정거래행위의 해소)과 거래상지위의 균형성이 전제되어야 한다.

우선 불공정거래행위를 실질적으로 억제하려면 위법행위 신고와 적발 확률을 높이는 동시에 입증된 위법행위에 대한 처벌수위를 강화하는 양방향의 접근이 필요하다. 신고와 적발 확률을 높이려면 신고인 비밀보장, 신고포상금 증액, 업계실태조사 강화와 더불어 공정위의 직권조사 기능도 확충할 필요가 있다. 위법행위 처벌 수위는 정상적인 시장거래를 위축시키지 않는 범위 내에서 과징금 부과 기준율을 인상하고 징벌적 손해배상제를 확대하는 방향의 정책 운용이 바람직하다.

거래상지위의 균형성 회복은 곧 을에 해당하는 기업들의 협상력 증진을 의미한다. 이를 위해서는 부당한 전속거래 및 특약을 해소해 가는 정책적 노력과 납품거래선을 다변화하여 특정 업체에 대한 거래의존도를 낮추려는 업계의 자발적 노력이 동시에 요구된다. 아울러 개별 기업보다 업계 정보에 밝은 사업자 단체가 납품대금 조정협의권을 확보하고 계약사항 조정 및 매개 역할을 수행할 수 있는 환경을 강화해 가는 것이 바람직하다.

기업거래에서 대등한 협상력이 구축되면 불공정거래행위뿐만 아니라 거래상지위가 낮은 기업들이 불리하게 계약을 맺는 일이 미연에 방지되어, 경제적 부가가치가 사전·사후적으로 공정하게 배분되는 데 도움이 될 것이다. 중소기업을 육성하고 지원하려는 정부의 노력 또한 수직거래의 공정성과 거래상지위의 균형성이 뒷받침될 때 그 효과를 실질적으로 체감할 수 있을 것이다.

4장

삶의 질과 경제적 풍요가 공존하는 노동시장

박우람 한국개발연구원

빠른 고령화와 기술진보에 대응하여 높은 삶의 질과 경제적 풍요가 공존할 수 있도록 향후 한국의 노동시장은 짧은 근로시간과 높은 생산성으로 대변되는 효율적인 노동시장을 이루어 나아가야 한다. 또한 일의 가치와 성과에 따른 보상이 이루어지는 공정한 노동시장을 추구함과 동시에 노동자와 사용자가 상호 신뢰를 바탕으로 협력하는 노동시장을 만들어야 한다.

1. 근로시간을 효율적으로 활용하는 노동시장

1) 당위 및 현황

유한한 삶을 누리는 인간에게 시간이라는 자원은 매우 소중하며, 경제가 발전하여 소득이 올라갈수록 금전으로 환산하기 어려운 삶의 질에 대한 관심이 높아지게 된다. 따라서 경제적 풍요를 누릴수록 삶의 질을 결정하는 대표적 요소의 하나인 여가가 중요해진다. 노동을 공급하는 주체인 노동자는 사람이기에, 근로시간을 제외한 나머지 시간에 사랑하는 가족과 시간을 보내고, 여행을 다니고, 취미를 즐길 뿐만 아니라 온전하게 생산성을 발휘하는 데 필수인 휴식을 취하게 된다. 이러한 측면에서 장시간 근로는 삶의 질을 낮출 뿐만 아니라 궁극적으로는 경제활동에도 부정적 영향을 미치게 된다.

OECD가 GDP 등의 경제적 통계가 적절하게 반영하지 못하는 삶의 질을 측정하기 위해 조사하는 '더 나은 삶 지표Better Life Index'에서는 삶의 질에 관한 지표로 소득, 주거, 환경 등 11개 주요 지표를 활용하며, 일과 삶의 균형Work-Life-Balance도 그중 하나이다. 일과 삶의 균형에 부정적 영향을 미치는 요소 중 대표적인 것이 주당 평균 50시간 이상 일하는 장시간 근로자의 비율이다. 한국은 이러한 근로자의 비율이 약 25.2%에 이르며 이는 조사 대상국가 40개국 중 4번째로 많은 수치다(OECD, http://www.oecdbetterlifeindex.org/topics/work-life-balance).

우리나라의 장시간 근로 문화가 근로자의 건강을 비롯한 삶의 질에 부정적 영향을 미치기 때문에 근로시간을 감소하여 근로자의 삶의 질을 개선할 수 있음은 여러 선행연구에 의해 반복적으로 밝혀지고 있다. 해당연구들은 주로 2000년대 초반부터 사업체 규모별로 순차적으로 도입된 주 40시간 근무제를 활용하여 장시간 근로의 완화가 근로자의 삶에 미치는 영향을 살펴보고 있다.

법정 주 40시간 근무제를 활용한 분석에서 Lee and Lee(2016)는 장시간 근로의 완화가 산업재해 및 이로 인한 사망률의 감소로 이어질 수 있음을 확인했다. 이와 유사하게 Ahn(2016)은 근로시간의 감소를 통해 장시간 근로가 완화되어 근로자의 운동 횟수가 증가하며, 반면 흡연의 빈도는 감소하는 것을 보였다. 이러한 연구결과를 통해 장시간 근로의 완화가 근로자의 안전하고 건강한 삶으로 이어질 수 있음을 확인할 수 있다. 박철성(2014)은 주 40시간 근무제가 주관적인 삶의 만족도를 개선할 수 있을 뿐만 아니라 직업 훈련 이외의 교육 및 연수 참여 및 직장 만족도를 높이고 있음을 밝혔다. 이 연구결과는, 장시간 근로의 완화가 궁극적으로는 근로자의 직무 역량을 높여 사업체, 더 나아가 국가경제의 생산성을 높일 수 있음을 시사한다.

주 40시간 근로제에 따른 근로시간의 감소가 근로자의 연간 1인당 산출물에 미친 긍정적 영향은 사업체 단위에서 살펴본 Park and Park(2019)에서도 확인된다. 즉, 주 40시간 근무제로 인해 1인당 근로자의 연간 근로시간은 약 2.9% 줄었으나 연간 산출물은 오히려 약 2% 증가한 것으로 나타났다. 이는 장시간 근로시간의 단축으로 인한 시간당 생산성의 향상이 근로시간의 감소에 따른 생산량 감소를 상쇄할 뿐만 아니라 근로자 1인당 산출물을 오히려 증가시킬 여지가 있다는 점을 시사한다. 즉, 장시간 근로는 일반적으로 시간당 생산성과 음─(마이너스)의 관계이다. 따라서 장시간 근로를 생산적인 방향으로 완화함으로써 주관적 삶의 질의 향상뿐만 아니라 객관적으로도 경제적 산출물에 긍정

적 영향을 미칠 수 있다.

그러나 우리나라의 근로시간은 정부의 여러 노력에도 불구하고 여전히 주요 선진국의 평균보다 길다. 〈그림 4-1〉은 OECD 주요국의 2009년 이후 취업자 1인당 노동시간의 흐름을 나타낸 것이다. 2009년 이후 우리나라의 근로자의 평균 근로시간은 꾸준하게 감소하고 있으나 여전히 2018년을 기준으로 한 한국의 1인당 노동시간은 우리나라와 경제발전 단계가 비교적 유사한 OECD 국가의 평균 근로시간에 비해 약 260시간 많다. 구체적으로, 2018년을 기준으로 한 취업자 1인당 근로시간은 한국이 1,993시간인 데 비해 미국과 일본은 각각 1,786시간, 1,680시간으로 OECD 평균인 1,734시간에 가깝다. OECD 국가 중 근로시간이 가장 짧은 축에 속하는 독일은 근로시간이 한국의 약 2/3 수준인 1,363시간에 불과하다.

이렇게 긴 근로시간과 더불어 낮은 노동생산성으로 인해 주관적 삶의 질과 경제적 산출물의 증가를 동시에 이루기가 어려운 실정이다. 시간당 GDP로 측정된 우리나라의 노동생산성은 시간이 지남에 따라 꾸준하게 증가했으나 여전히 OECD 평균과는 많은 차이가 있음을 〈그림 4-2〉에서 확인할 수 있다. 이렇게 우리나라의 노동시장은 낮은 시간당 노동생산성을 근로시간의 양적 증대로 보완해 왔으며 이러한 장시간 근로에 따라 근로시간의 효율적 활용이 어려워지고 있는 실정이다.

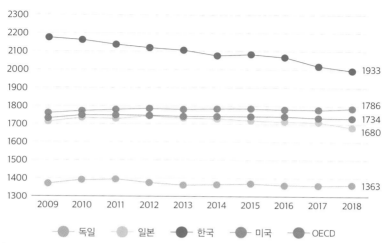

〈그림 4-1〉 취업자 1인당 노동시간

자료: OECD(2020), Hours worked(indicator). doi: 10.1787/47be1c78-en(Accessed on 21 April 2020).

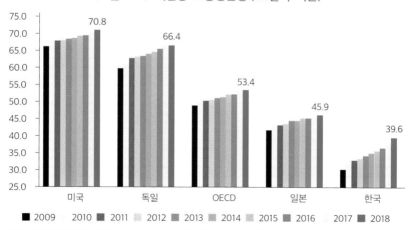

〈그림 4-2〉 시간당 노동생산성 (US달러 기준)

자료: OECD(2020), GDP per hour worked(indicator). doi: 10.1787/1439e590-en(Accessed on 21 April 2020).

2) 미래의 모습

우리나라 노동시장에 장시간 근로가 만연한 요인은 다양할 수 있으나, 장시간 근로로 인해 근로자의 건강과 안전이 위협받고 일과 생활의 균형이 무너지는 등 여러 가지 사회적 비용이 발생하는 것은 부정하기 어렵다. 이러한 점에서 미래의 노동시장은 효율적으로 활용되는 짧은 근로시간과 높은 경제적 산출이 공존해야 한다. 보다 구체적으로, 미래의 노동시장은 업무 시간과 업무 이외의 시간이 명확하게 구분되고 취업자의 근로시간이 OECD 국가의 평균 수준을 감안할 때 연간 1,700시간을 넘지 않으며 주당 평균 근로시간이 50시간이 넘는 근로자의 비중이 10% 미만이어야 한다.

바람직한 모습의 미래 노동시장을 실현하기 위해서는 직장 문화와 일하는 방식의 변화가 필요하다. 이를 위해, 사용자는 근로자의 업무수행을 방해하는 불필요한 업무지시를 자제하고 근로자는 근로시간 중 직무수행과 관련이 없거나 생산성에 부정적 영향을 미칠 수 있는 행위를 하지 않아야 한다. 이렇게 짧은 근로시간을 효율적으로 활용하여 근로자는 경제적으로 풍요로운 삶과 충분한 여가를 누리는 동시에 제5장에서 자세히 논의될 직업훈련 등 다양한 평생교육 프로그램에 참여해 빠른 기술진보에 대응할 수 있게 된다.

현재의 2천 시간에 가까운 근로시간이 경제적 산출물의 급격한 감소를 동반하지 않으면서 약 25% 가량 감소하기 위해서는 노사가 자율적으로 상호 노력하여 생산성의 향상과 노동시간의 단축을 점진적으로 이루어야 한다. 즉, 정부정책에 따라 일률적으로 집행되는 근로시간 단축 정책은 현실에서 여러 가지 반발 및 어려움에 부딪칠 가능성이 높으며, 특히 이러한 정책이 급격하게 시행될 경우 사업체의 생산성에 부정적 영향을 미칠 가능성이 높다. 이는 최근 주 최대 52시간 근무제의 도입 과정에 사업체 일선에서 발생한 여러 가지 잡음으로 확인할 수 있다. 특히, 우리나라가 제조업 중심의 산업구조에서 벗어나 다양한 산업이 공존하는 경제로 가려 할수록 기존의 전통적인 제조업 중심의 근로시간에 대한 일률적 규제로 비롯된 부작용이 커지리라는 점을 쉽게 예상할 수 있다.

자율적인 근로시간 단축이 이루어지기 위해서는 우선 사용자는 임금체계를 단순화하고 정규임금을 상승시켜 근로자의 연장근로에 대한 수요를 억제해야 한다. 즉, 근로자가 연장근로 수당 등을 비롯하여 초과근로에 대한 보상을 통해서만 생계를 유지할 수 있는 임금체계의 특성을 바꾸어야 자발적인 근로시간 단축이 일어날 수 있다. 노동자는 사용자의 이러한 노력에 호응하여 정규시간 내 생산성을 높임으로써 높은 정규임금구조의 임금체계가 유지될 수 있도록 최선의 노력을 다해야 한다. 즉, 생산성의 증대가 없는 노동시간 단축은 사용자에게 많은 부담을 주기 때문에 궁극적으로 일자리를 사라지게 만들 수 있음을 노동자는 항상 염두에 두어야 한다.

즉, 임금체계의 개편과 함께 기업과 근로자의 생산성이 높아질 수 있고 이러한 환경에서 높은 생산성과 짧은 노동시간이 공존할 수 있다. 임금체계의 개편이 원활하게 이루어지기 위해서는 우선 정부가 공공부문을 대상으로 임금체계의 개편을 선도해 민간부문에도 영향을 미쳐 개편을 촉진하는 마중물이 되어야 한다.

최근의 연구결과는 우리나라의 장시간 근로가 임금체계 등의 인사관리를 변화시킴으로써 완화될 수 있는 여지가 있음을 확인한다. 즉, 우리나라와 같이 비교적 고용 조정과 관련된 비용이 높은 상황에서 연장근로에 대한 보상이 높아질 경우, 사업주는 노동 비용의 절감을 위하여 정규임금을 낮추게 되며 이는 다시 근로자가 연장근로에 참여할 유인을 전에 비해 더 높이게 된다. 이러한 가능성은 시간당 정규임금이 낮을수록 초과 근로시간이 증가하는 관계를 실증적으로 밝힌 박우람·박윤수 (2019)의 연구결과에서 확인되는 바이다.

이와 더불어 해당 연구는 임금체계가 실제 성과를 반영하지 않을수록 노동자의 근로시간이 길어지는 것을 실증 분석하여 밝히고 있다. 이러한 측면에서 근로시간의 생산적 단축을 위해서는 임금체계의 개편으로 사용자와 노동자 모두 시간을 짧고 효율적으로 활용하도록 유도해야 함을 알 수 있다.

2. 생산성에 따라 임금이 공정하게 결정되는 노동시장

1) 당위 및 현황

이 책의 서론에서도 분석한 바와 같이 앞으로 우리 사회는 인공지능 등으로 대변되는 4차 산업혁명으로 비롯된 기술진보와 더불어 저출산과 고령화 등 인구구조의 급격한 변화에 직면하게 될 것으로 판단한다. 따라서 미래의 노동시장은 사업체와 근로자가 이러한 경제환경의 빠르고 예측하기 어려운 변화에 유연하게 대처할 수 있는 여건을 마련해야 된다.

인공지능으로 대변되는 이른바 4차 산업혁명하에서는 그간 인간을 대체하지 못할 것이라 판단했던 직무에서조차 인간을 대체하는 기술이 나타날 가능성이 높다. 현재에도 한국은 로봇 등의 자동화 기술 도입률이 높은 편이며, 앞으로는 제조업 이외의 다른 업종에서도 기계 및 알고리즘에 의해 수행되는 업무가 증가할 것으로 예상된다. 이는 노동자가 노동시장에 진입한 이후에도 꾸준하게 새로운 기술을 숙련하여 변화하는 직무에 대응해야 함을 의미한다.

또한 우리나라의 인구구조는 저출산과 의학의 발전으로 향후 인구가 감소하는 동시에 급격한 고령화가 이루어질 것으로 판단된다. 이에 따라 부양비, 특히 노년부양비 역시 급격하게 증가하리라 예상된다. 이러한 인구구조에 변화에 대비하여 정년연장 등이 논의되고 있으나 고용연장 정책이 젊은, 혹은 미래 세대의 취업기회 감소 등으로 이어지지 않기 위해서는 성과와 직무에 따른 보상을 확산하는 방향으로 임금체계를 개편해야 한다. 즉, 급격하게 이루지는 기술진보하에서 근로자의 생산성과 합치되며 더 나아가 생산성을 향상시킬 수 있는 보상체계를 깊이 고민해야 한다.

우리나라의 임금은 연령 및 근속연수의 영향을 많이 받는 연공중심 임금체계(호봉제)라는 특징이 있다. 특히, 호봉제는 기업의 존속에 대한 불확실성이 상대적으로 적은 대기업 및 공공기관을 중심으로 우리나라의 대표적 임금체계로 자리 잡고 있다.

한국경제연구원이 2019년 매출액 600대 기업을 대상(근로자 300인 이상 한정, 120개 사 응답)으로 해당 기업 근로자의 주된 임금체계를 조사한 바에 따르면 절반이 훨씬 넘는 곳에서 근로자의 임금체계가 근속연수에 의해 많은 부분이 결정되는 호봉급을 따르고 있는 것으로 나타났다. 반면, 직무의 성질에 따른 임금체계가 보상을 결정하는 근로자의 비율은 조사대상 근로자의 5분의 1도 안 되는 약 18.5%에 불과했다. 특히 생산직에서 호봉급의 비율은 약 95.1%로 사무직의 38.4%, 연구

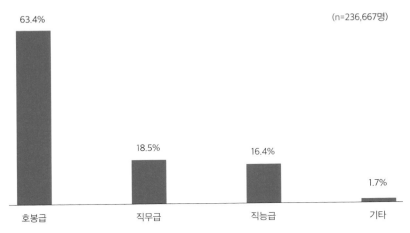

〈그림 4-3〉 주요 대기업 근로자의 주된 임금체계

(n=236,667명)

63.4%

18.5%

16.4%

1.7%

호봉급   직무급   직능급   기타

자료: 한국경제연구원 (2019.8.22), 600대 기업 임금체계 현황 및 개편 방향 보도자료.

기술직의 31.8%에 비해서 압도적인 비중을 차지했다〔한국경제연구원 (2019. 8. 22), 600대 기업 임금체계 현황 및 개편 방향 보도자료〕.

이러한 연령 및 근속연수 등 속인적 특성의 영향을 많이 받는 보상체계는 우리나라의 과거 경제성장시기에 근로자의 이직을 낮추고 장기적 근속을 장려하기 위해 이루어졌다(오계택 외, 2017). 이 임금체계의 특징은 근속연수에 따라서 생산성 및 숙련이 꾸준하게 증가한다고 전제하는 점이며, 이는 과거 기술의 변화가 느렸던 시기에는 어느 정도 합리적인 임금체계였다고 할 수 있다. 그러나 현재와 같이 기술발전 및 고령화가 동시에 빠르게 진행되는 상황에서 직무나 실제 성과를 반영하지 못하는 임금체계는 노동시장이 변화하는 환경에 유연하게 대처하지 못하게 하는 요소이다.

보다 구체적으로, 직무의 가치와 생산성을 반영하지 못하는 임금체계는 근로자의 자기계발에 대한 동기를 부여하지 못하며, 이는 빠른 기술진보하에서 근로자의 생산성을 급격하게 하락시킬 가능성이 높다. 특히 기술이 빠르게 변화하는 상황에서 경력에 따른 숙련의 증가는 어느 정도 한계가 있는 반면, 임금은 지속적으로 상승하는 경우가 많아 이러한 경직적 임금구조는 청년고용 및 신규채용에 부정적 영향을 미칠 가능성이 높다.

〈그림 4-4〉와 같이 평균적으로 생산성이 역U의 형태라고 가정할 때 고령자의 임금은 생산성에 비해 높을 가능성이 농후하다. 고령화가 급속하게 진행됨에 따라 평균적으로 생산성에 비해 많은 임금을 받는 근로자의 비중이 높아지며 이는 사업체와 기업의 부담을 증가시킨다.

고령화가 가속화하는 미래에는 어쩔 수 없이 고용연장으로 재정의 부담을 줄여야 한다. 그러나 연공서열형 임금체계하에서는 기업이 정년제도를 통해 일정 연령 이상의 근로자를 의무적으로 퇴직시키려는 유인이 존재한다는 사실은 잘 알려졌다(Lazear, 1979). 또한 이러한 정책이

〈그림 4-4〉 연령에 따른 생산성과 임금 간의 관계 - 연공서열형 임금체계

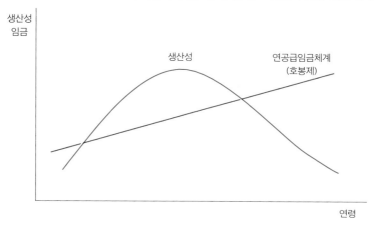

신규채용에 미치는 잠재적 부작용을 줄이기 위해서는 임금에 현재 근로자의 생산성 및 해당 근로자가 수행하고 있는 직무의 가치를 좀더 유연하게 반영해야 한다.

실제로도 한요셉(2019)의 연구에 따르면 사업체의 임금체계 및 고용조정 등이 경직적일수록 정년연장이 청년의 신규채용에 미치는 부작용이 더 커지는 것으로 나타났다. 이에 덧붙여, 생산성을 적절하게 반영하지 못하는 연공서열형 임금체계는 기업으로 하여금 근로자의 장기근속을 부담스러워 하게 만들고, 연공서열형 임금체계의 적용을 받지 않는 비정규직 근로자를 활용하도록 유도하여 고용의 질에도 부정적 영향을 미치게 된다. 따라서, 향후 고령화에 대응하는 정책이 세대 간 혹은 고용형태별 노동자 간의 갈등으로 이어지지 않도록 하기 위해서라도 임금체계의 개편은 꼭 필요하다.

2) 미래의 모습

미래 노동시장의 임금체계의 핵심은 임금이 생산성에 따라 결정되며 나이 및 성별에서 비롯된 차별이 없어야 한다는 것이다. 즉, 동일한 직무를 수행하며 동일한 성과를 내는 노동자가 생산성과 관련이 없는 나이, 성별, 종교, 인종 등의 이유로 다른 임금을 받는 것은 공정한 노동시장 더 나아가 공정한 사회의 모습이 아니다. 따라서 미래의 노동시장에서 임금결정은 직무 수행과 직접적 관련이 적은 특성에 되도록 영향을 받지 않는 것이 바람직하다.

특히, 고용형태가 현재보다 훨씬 다양해질 것으로 예상되는 미래에는 임금이 이러한 고용형태 및 그에 따른 인사관리 특성이 아닌 해당 근로자가 수행하는 직무와 그에 따른 생산성에 비례해야 할 필요성이 더욱더 커질 것으로 예상된다.

　이와 더불어 임금에 각 직무의 과거가치가 아니라 현재 및 미래에 예상되는 가치를 신속하게 반영하여 현재의 생산적 직무에 대한 보상이 즉각적으로 이루어질 수 있어야 한다. 반면, 과거에 높은 가치를 창출했던 직무이더라도 기술의 발전에 따라 해당 직무의 가치가 변화하였다면 이 역시 반영되어야 한다. 이렇게 노동시장에서 현재의 성과와 직무의 가치에 따라 보상이 이루어지게 되면, 노동자 역시 이러한 임금체계에 반응하여 꾸준하게 자기계발을 할 유인이 생기게 된다.

　연공서열에 따른 임금체계하에서는 구직자가 안정적인 호봉제하의 직장에 취직하기 위해 치열한 경쟁과 노력을 하나 취업 이후에는 자기계발을 할 유인이 급격하게 감소하게 된다. 이를 이유로, 앞선 〈그림 4-4〉에서 보이는 나이에 따른 생산성의 하락이 가속화하게 된다. 현재의 이와 같은 임금구조를 개편하여 생산성과 직무의 가치에 따른 임금체계가 보편화되면 근로자가 노동시장에 진입한 이후에도 지속적으로 자기계발을 하여 꾸준하게 임금을 상승시킬 수 있게 된다. 이에 따라, 직무 중심의 채용이 확산되어 현재 사회적으로 많은 문제가 된 이른바 불필요한 '스펙' 쌓기 등의 사회적 낭비가 줄어들게 되고, 실제 직무에 필요한 능력의 계발이 보상받는 노동시장이 될 수 있다.

　다시 말해, 임금체계를 공정하고 합리적으로 개편하여 기술진보와 고령화에 효과적으로 대응하는 데 필수적인 인적 자원에 대한 지속적 투자가 근로자 자율에 따라서 효과적으로 이루어질 수 있다.

　다음 장에서 자세히 논의할 '평생교육'이 가능하기 위해서는 현재의 일의 가치와 성과를 신속하게 반영하는 임금체계가 바탕이 되어야 한다. 기존에 노동시장에 진입했던 세대의 높은 근속연수가 미래 세대에 부담이 되지 않기 위해서는 꾸준한 자기계발이 필수적이며 현재의 성과와 일의 가치를 임금에 적절하게 반영할 때 근로자 역시 자기계발을 할 유인이 생기게 된다.

미래의 노동시장은 노동자가 지속적인 평생교육 및 이직으로 임금을 상승시킬 수 있으며 중요한 직무는 공개채용을 시행해 공정한 경쟁이 이루어지는 노동시장이어야 한다. 이렇게 기업 혹은 사업내의 호봉에 따른 임금체계가 아닌 직무 및 성과에 따른 보상이 확산되면 폐쇄적인 임금체계에 비해 근로자의 사업체 간 직장 이동이 더 활발하게 이루어 질 수 있다.

이를 통해, 입사 이후에도 꾸준하게 생산성 향상을 위해 노력한 근로자의 임금이 상승함과 동시에 성과와 인사관리체계가 우수한 사업체가 더 높은 생산성을 발휘하는 선순환善循環이 일어날 수 있다. 이러한 직무 중심의 인사관리가 이루어지기 위해서는 기업 및 근로자 모두 특정 직무가 노동시장에서 갖는 금전적 가치에 대한 정보가 필요하다(오계택, 2018). 이를 위해, 정부는 직무 및 직급별 임금정보를 수집하고 공개하여 임금체계 개편이 원활이 안착될 수 있도록 유도해야 한다.

끝으로 근로자의 투입시간에 비례하는 임금체계를 직무와 성과 중심으로 바꿔 근로시간을 단축하고 근로자의 시간 배분에 대한 재량을 확대해야 한다. 투입시간에 비례하는 임금체계에서는 사용자가 근로자의 유연한 시간 배분을 폭넓게 용인하기 어렵다. 보다 구체적으로, 투입시간에 근거해 보상이 이루어지는 상황에서, 사용자는 근로시간의 계산이 용이하도록 정해진 근무장소에서 근무의 시작과 끝을 모든 근로자에게 일률적으로 적용하려는 경향을 보이게 된다. 반면, 근로자의 입장에서는 임금이 성과에 연동될수록 비효율적으로 오래 일하기보다는 짧고 효율적으로 근로시간을 활용할 유인이 높아지며 이에 따라 우리나라의 장시간 근로 문화가 개선되고 동시에 생산성 역시 증가할 수 있게 된다.

3. 노동자와 사용자가 협력하는 노동시장

1) 당위와 현황

10~20년 전에 비해 현재 전 세계는 경제적 통합이 더욱 진전되었으며 이는 국가 간 혹은 기업 간의 경쟁이 한층 더 치열해졌음을 의미한다. 이러한 경제적 통합은 향후에도 지속될 것으로 판단되며 우리나라역시 여기서 자유로울 수 없다. 특히, 제1장에서 제시한 바와 같이 우리나라의 고령화 및 저출산에 따른 인구 감소 등을 고려할 때 현재의 경제적 수준을 유지하기 위해서라도 해외시장과의 활발한 교류가 필연적이라 판단한다.

세계적인 경제통합에서 비롯된 치열한 경쟁 및 이에 따라 가속화하는기술의 급격한 변화로 우리나라의 비교우위가 낮은 부문에서 많은 실직이 발생하는 등 노동시장에 부정적 충격이 올 수도 있다. 국가 및 기업의 경쟁력이 낮을수록 많은 경제적·사회적 손실이 발생할 가능성이 높아진다. 궁극적으로, 노동자의 고용안정성과 임금경쟁력은 기업 및 국가의 경쟁력 및 생산성에 달렸다는 측면에서 노동자와 사용자의 이해관계는 원활하게 조율되어야 한다.

실제로 Autor 외(2013) 등의 연구에서는 중국과의 경쟁 탓에 상대적으로 경쟁력이 낮은 미국 제조업의 근로자들이 실직 등의 피해를 보았음을 시사한다. 따라서 결국 이러한 경제통합의 충격에서 노동자를 보호하여 그 잠재적 부작용을 최소화하기 위해서는 우리나라 기업 및 국가가 국제적 경쟁력을 갖춰야 한다.

노동시장의 특성은 이러한 국가경쟁력을 결정하는 중요한 요소이며,

실제로 세계경제포럼World Economic Forum에서 매년 발표하는 국가경쟁력 순위Global Competitiveness Index에서는 노동시장 효율성이 주요 지표로 포함되어 있다. 2019년에 발표된 순위에 따르면 우리나라의 노동시장 부문 순위는 51위로 우리나라의 전체 순위인 13위에 비해 낮았다. 이는 우리나라 노동시장을 개선해야 전반적인 국가경쟁력을 끌어올리고 궁극적으로 국제적 경쟁에서 노동자를 보호할 수 있음을 시사한다. 국가경쟁력 순위에서 노동시장의 효율성이란 국가의 인적자원이 얼마나 잘 유지되고 활용되는지를 나타내며, 해고 비용, 임금유연성 및 이직의 용이성 등 여러 세부지표로 구성되었다.

그중 사업주를 대상으로 한 설문을 토대로 작성되는 노동자와 사용자 간의 협력 관련 정도는 매우 대립적(1점)부터 매우 협력적(7점)까지 7점 척도의 평균값으로 정의된다. 우리나라는 노사 간 협력의 정도가 평균에 못 미치는 3.6점으로 나타났으며 그 순위 역시 141개국 중 130위로 매우 낮았다.

대립적 노사관계 때문에 생산성이 떨어질 수 있다는 사실은 국내외 여러 연구에서 반복적으로 드러나고 있다. 예를 들어 Krueger & Mas(2004)는 미국의 타이어 제조공장을 대상으로 한 연구에서 지속적인 파업 중에 생산된 타이어의 불량률이 높아졌음을 실증했다. 노사 간 협력의 정도와 사업체 성과의 관계는 우리나라에서도 유사하게 관찰된다. 나인강(2008)에 따르면 노사관계가 협력적일수록 해당 사업체의 재무적 성과뿐만 아니라 제품·상품의 품질이 높아지는 것으로 나타났다.

이외에도, 최근에는 매니지먼트의 혁신이 기업성과에 미치는 영향에 관한 연구가 활발하게 진행되고 있으며 협력적 노사관계는 이러한 혁신에 긍정적 역할을 할 수 있다. 특히, 기술의 발전 속도가 빠른 경우에는 인사관리를 비롯한 매니지먼트 특성 역시 기술발전에 발맞추어 빠르게 변화해야 하며 협력적 노사관계는 이를 도울 수 있다. 이러한 근거로 노사관계가 협력적일수록 기업 및 국가경쟁력이 높아지고 궁극적으로 빠른 기술진보와 세계적인 경쟁에서 노동자 역시 보호받을 수 있음을 알 수 있다.

2) 미래의 모습

전 세계적인 경제통합하에서 노동자의 대량 실직 등 잠재적 피해를 최소화하기 위해서는 노동자와 사용자 간의 협력적 관계를 형성하여 국가경쟁력을 증대해야 한다. 협력적 관계를 이루기 위해서는 노동자와 사용자가 상호 신뢰를 바탕으로 운명공동체라는 인식을 구축해야 한다. 상호 신뢰라는 사회적 자본을 축적하기 위해서는 다른 관계와 마찬가지로 우선 노동자와 사용자 모두 사회가 합의한 법과 질서를 존중하는 가운데 관계를 맺어야 한다. 즉, 노동자와 사용자의 의견과 이해관계가 대립할 수 있으나 양측 모두 법의 테두리 안에서 각자의 요구를 관철시키려 노력해야 한다.

사용자는 노동자에게 신체적, 언어적 폭력을 행사해서는 안 되며 이뿐만 아니라 노동법 및 헌법에서 보장하는 단결권 등 근로자의 기본 권리를 침해해서는 안 된다. 더 나아가 노동시장에서 자행되는 사용자의 이러한 위법행위는 무관용 원칙에 따라 기업의 규모 등과 관련 없이 일관되고 단호한 법집행이 이루어져야 한다. 반면, 노동자 역시 법에서 보장하는 노동조합 활동 및 합법적 노무제공의 거부 등 권리는 누리되, 사업장을 무단으로 점거하고 파괴하는 등 폭력행위는 응당한 법적, 경제적 책임을 져야 한다.

이렇게 법에 기반을 둔 노사관계의 원칙이 지켜져야 노동자와 사용자

간의 관계가 대화 가능한 협력적 관계로 나아갈 수 있다. 즉, 법에 대한 노동자와 사용자의 존중이 노사 간 상호 존중의 바탕이 되며, 상호 존중을 기반으로 서로의 발전을 위해서 최대한 노력하는 노동시장의 모습을 이루어 낼 수 있다.

보다 구체적으로, 사용자는 경영상의 결정 과정에서 여러 정보를 투명하게 공개하고 노동자의 의견을 청취하려는 노력을 게을리하지 않아야 한다. 이러한 투명성은 노동자와 사용자 간의 관계를 협력적으로 나아가게 할 뿐만 아니라 사업체의 성과를 높여 노동자와 사용자 모두에게 이득이 될 수 있다. 또한 사용자는 경영상의 결정이 노동자의 생계뿐만 아니라 지역 및 사회에 미치는 여러 파급효과가 있음을 인지하고 책임감 있는 의사결정을 해야 한다.

최근에는 환경을 파괴하고, 부정부패를 저지르는 등 공동체의 이익에 반하는 의사결정을 하는 기업에 대한 불매 운동이 활발하게 일어나고 있다. 즉, 기업 및 사업체의 공동체에 대한 사회적 책임은 앞으로 기업의 성과에 직접적으로 영향을 미칠 수 있는 중요한 요소가 될 것이다.

이러한 관점에서 노동자는 사용자의 불법행위를 감시하고, 공동체의 이익을 해쳐 궁극적으로 사업체의 생산성에 부정적 영향을 미칠 수 있는 요소에 대해 적극적으로 의견을 개진해야 한다. 이와 동시에, 근로자 역시 사업체의 생산성에 부정적 영향을 미치거나 사회적 합의 및 사회 전반의 상황을 고려하지 않은 무리한 요구와 행위를 자제해야 한다. 특히, 그간의 경제발전 단계와 달리 우리나라가 성숙한 경제구조를 가지게 된 현재 상황에서 노동자 및 노동자 단체는 사용자와 마찬가지로 사회의 중요한 한 축으로서 사회 전반의 문제에 책임감 있는 자세를 보여야 한다. 특히, 근로 조건의 개선이 필요한 중소기업 근로자 및 비정규직 근로자의 이익을 대변하지 못하는 일이 발생하지 않도록 노동자

단체는 좀더 세심한 배려를 해야 한다.

또한, 아직 노동시장에 진입하지 못한 구직자의 취업 기회나 임금상 승의 기회를 제한할 수 있는 무리한 요구를 자제해야 한다. 즉, 노동자 단체는 현재의 대기업 정규직 근로자의 이익을 대변하는 데서 더 나아 가 좀더 포용적인 자세로 사회적 책무를 다해야 하며 그 과정에서 사용 자와 마찬가지로 자기 몫을 미래 세대와 주변의 보호받지 못하는 노동 자들을 위하여 내려놓는 모습을 보여야 한다. 또한, 사업체의 운영과 관련된 사용자의 의사결정 과정에 적절하게 참여하되 수요에 따른 직무 배치 및 성과 중심의 임금을 받아들이는 직업윤리를 발휘해야 한다.

이러한 직업윤리가 바탕이 된 유연한 노동시장이 이루어져야 고용형 태가 불안정한 근로자의 수가 감소한다. 정규직과 비정규직 혹은 대기 업과 중소기업 간 근로 조건의 차이로 대변되는 노동시장 이중구조 또 한 완화될 수 있다.

이러한 사회적 책무 이외에도 노동자는 변화하는 기술환경 및 전 세 계적인 무한경쟁 속에서 생산성을 지속적으로 증진할 수 있도록 자발적 으로 자기계발에 노력을 기울여야 한다. 이를 위해, 노동조합 및 근로 자단체는 직업훈련 프로그램 등을 자율적으로 조직하여 변화하는 기술 환경에 노동자들이 뒤처지지 않고 빠르게 적응할 수 있도록 돕는 역할 을 수행해야 한다. 특히, 기업의 부당한 해고에 따라 실직한 노동자의 복직을 돕고 이와 마찬가지로 경기침체 등 외부 요인 탓에 실직한 근로 자의 전직 및 재취업을 적극적으로 돕는 역할을 해야 한다. 덧붙여 자 율적 근태勤怠감독 등을 활용해 사업체의 생산성에 부정적 영향을 미치 는 근로자를 식별하고 제재하는 방안을 모색해야 한다.

이렇게 노동자 및 노동자 단체가 자율적으로 생산성을 높이려는 노력 에 상응하여 사용자는 근로자를 생산 및 수익창출을 위한 하나의 요소가 아닌 유한한 삶을 살아가는 인간으로 적절하게 대우해야 한다. 즉, 사용자는 법에 명시된 근로자의 권리를 함부로 침해하지 않는 것은 물론이거니와 근로자가 노동의 결과로 자아를 실현하고 행복한 삶을 살 수 있도록 노동자의 안전 및 복지를 보장하고자 최대한의 노력을 기울여야 한다. 이를 위해 법에 명시된 노동자의 권리 및 혜택의 활용을 적극적으로 장려할 뿐 아니라 노동자가 누릴 수 있는 여러 혜택을 선제적으로 도입해야 한다. 이를 통해, 노동자의 능력이 최대한 발휘되어 궁극적으로는 사업체의 생산성이 높아지는 선순환이 이루어질 수 있다.

5장

평생학습사회 구현

박윤수 숙명여자대학교

급속한 기술진보와 고령화 추세에 대응하기 위하여 개인이 생애에 걸쳐 필요한 지식과 역량을 적극적으로 탐색하고 학습하는 평생학습사회를 구현할 필요가 있다. 초·중등교육은 미래의 평생학습자로서 갖춰야 할 근본 역량과 자기주도적 학습 능력을 배양하는 것을 목표로 삼아야 할 것이다. 고등교육은 수요 변화에 공급이 탄력적으로 조정되고 전통적인 학령기 정규교육을 넘어 성인기 비정규교육으로 영역을 확장해 나가야 할 것이다. 민간주도의 성인기 교육·훈련시장이 활성화되어야 하고, 취약계층의 평생학습 참여에 대한 정부 지원이 강화되어야 할 것이다.

1. 지향점 제시

한국 교육의 중장기 지향점을 설정하기 위해서는 우선 한국사회의 중장기 변화 방향 또는 추세를 논의할 필요가 있다. 사회 변화 추세에 어긋나는 지향점의 설정과 추진은 바람직하지 않을 뿐만 아니라 실현 가능도 희박하기 때문이다.

미래를 예측하기란 매우 어렵지만, 세계적으로 4차 산업혁명이라 불리는 기술진보가 급속히 진행되리라는 점에는 큰 이견이 없어 보인다. 국내적으로는 지난 20여 년간 지속된 저출산·고령화 현상이 지속 또는 심화되리라는 예상에도 논쟁의 여지가 없어 보인다.

급속한 기술진보와 저출산·고령화 추세를 고려할 때 이 연구는 평생학습사회 구현을 한국 교육의 중장기 지향점으로 제시한다. 이는 한국교육이 전통적인 학령기 정규교육을 넘어 성인기 비정규교육으로 외연을 확장함을 의미한다. 나이, 성별, 학력, 직업을 불문하고 모든 국민이 스스로 필요한 지식과 역량을 능동적으로 학습하는 평생학습사회를 구현해야 한다는 것이다.

평생학습사회 구현을 한국교육의 중장기 지향점으로 설정한 이유를 간략히 설명하면 다음과 같다.

첫째, 기술진보의 속도가 빠를수록 학령기 정규교육을 통하여 습득한 지식의 수명은 짧아지고, 학령기 이후의 재교육, 재훈련의 중요성이 커지기 때문이다. 일반적으로 기술진보는 노동 수요를 변화시키고, 그 과정에서 노동시장의 임금과 고용기회의 격차는 확대될 수 있다. 변화하는 수요에 보완적 능력을 갖춘 사람은 노동시장에서 가치가 상승하지만, 반대로 대체되는 능력을 갖춘 사람은 그 가치가 하락하기 때문이다

(박윤수, 2019). 기술진보가 노동시장에서 불평등을 심화시킬수록 사회통합이 약화됨은 물론이고, 기술진보에 저항과 반감을 키워 경제성장과 사회발전에도 부정적일 수 있다. 노동자가 기술진보와 그에 따른 노동시장의 수요 변화에 신속히 적응하도록 돕는 성인기 재교육, 재훈련 체제의 구축이 필요하다.

둘째, 저출산·고령화에 따른 노동인구의 양적 감소를 평생학습을 통한 노동생산성의 향상으로 보완할 필요가 있기 때문이다. 한국의 생산가능인구(15~64세)는 이미 2017년 이후 감소 중이고 최근 통계청 발표에 따르면 2056년부터는 전체 인구 중 생산가능인구가 차지하는 비중이 절반 이하로 떨어질 것으로 예상된다(통계청, 2019. 3. 28). 다른 조건이 동일할 때 노동인구의 양적 감소는 생산과 소득의 감소를 야기한다. 이 문제를 방지 또는 완화하기 위한 교육 부문의 해결책은 결국 성인기 재교육, 재훈련으로 은퇴 연령을 최대한 늦추고 노동생산성을 향상시키는 것이다.

이 보고서는 한국 사회의 중장기 지향점을 제시하고 지향점 도달을 위한 향후 과제를 도출하는 것을 주된 목표로 한다. 따라서 이하에서는 평생학습사회 구현을 위한 정책 방향과 향후 과제를 부문별로 나누어 제시한다. 관련 선행연구가 충분한 문제는 그에 근거하여 구체적 정책 방향을 제시하고, 그렇지 못한 문제는 후속 연구의 필요성을 강조하고자 한다.

2. 초·중등교육

1) 개요

평생학습사회는 충실한 정규교육을 기반으로 한다. 학령기에 언어 능력, 수리 능력 등의 근본 역량foundation skills을 충실히 배워두지 않으면 성인기에 새로운 지식과 역량을 습득하는 데 한계가 있기 때문이다. 또한 학창 시절에 배움의 즐거움을 느끼지 못한 사람이 성인기에 스스로 학습에 참여할 가능성은 그리 크지 않을 것이다.

〈그림 5-1〉은 한국을 포함한 대부분의 국가에서 학령기 정규교육을

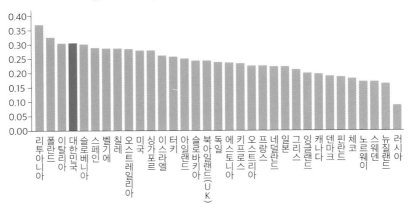

〈그림 5-1〉 교육 수준에 따른 평생학습 참여율 격차

주석: 1) 각 막대그래프의 높이는 주어진 국가의 표본에 대하여 평생학습 참여 여부를 종속변수로 사용하고, 교육 수준(대졸 여부), 성별, 연령, 취업 여부를 설명변수로 사용한 회귀분석에서 교육 수준에 대한 OLS 추정치를 의미함.
2) 모든 추정치는 이분산성을 고려하여 유의 수준 10%에서 통계적으로 유의함.
자료: OECD, 〈국제성인역량조사〉, 제1차 조사(2011~2015).
출처: 박윤수(2019)의 〈그림 3-1〉 패널 A를 재인용.

많이 받은 사람일수록 평생학습에도 적극적으로 참여하는 경향을 보여준다. 충실한 정규교육은 평생학습의 중요한 기반이라는 점을 시사하고 있다.

이러한 맥락에서 초·중등교육의 목표를 자기주도적 평생학습자 양성으로 설정하고 그에 맞추어 학교교육 전반을 혁신해 나갈 필요가 있다. 우선 현재 의무교육으로 지정된 초등학교와 중학교에서는 모든 학생이 미래의 평생학습자로서 갖추어야 할 최소한의 언어 능력과 수리 능력 등을 습득할 수 있도록 정부가 책임지고 학생 개개인을 세밀히 관리할 필요가 있다. 고등학교부터는 학생 스스로 관심과 흥미를 갖는 분야를 스스로 선택하여 자기 주도적으로 학습하는 능력을 배양하도록 유도해야 한다.

2) 초등학교, 중학교: 의무교육으로서의 책무성 강화

초등학교와 중학교가 의무교육이라는 사실을 고려할 때, 국가도 의무교육을 마친 국민에게 최소한의 성취 수준을 보장할 의무를 갖는다고 볼 수 있다. 그러나 현재 초등학교와 중학교 단계에서 학생의 성취 수준을 점검하고 관리하는 학사관리체계는 사실상 전무한 상태다. 초등학생의 성취 수준을 점검하기 위해 실시했던 국가수준 학업성취도평가는 2013년부터 폐지됐다. 중학생의 국가수준 학업성취도평가도 2017년부터 표집 평가로 전환되어 학생 개개인의 성취 수준을 점검하는 것이 불가능해졌다.

초등학교 6년, 중학교 3년 총 9년간 학교에 출석만 하면 졸업장이 발급되고, 별도의 평가 없이 고등학교에 입학할 자격이 주어진다. 중학교의 부실한 학사관리가 '잠자는 교실'로 일컬어지는 이른바 일반고 황폐화의 중요한 원인이라는 주장도 있다(이범, 2019).

초등학생과 중학생의 성취 수준을 주기적으로 점검하고 성취가 부족한 학생에게는 충분한 지원과 보충학습 기회를 제공하는 학사관리가 도입될 필요가 있다. 학생의 성취에 대한 학교의 책무성을 강화하는 것이다. 책무성을 강화하는 정책이 전반적 성취 수준, 특히 불리한 사회경제적 배경을 가진 학생의 성취도를 향상시키는 데 효과적이라는 사실은 이미 국내외 많은 연구에서 보고되었다(예: Hanushek and Woessmann, 2011).

한국의 자료를 이용한 관련 연구인 Woo 외(2015)는 2009~2010년 중학생 학업성취도 자료를 이용하여 정부가 성취 수준이 부족한 학생이 많이 분포한 학교를 선별하여 집중적으로 지원한 학력향상 중점학교 정책이 기초학력 미달 학생의 비중을 약 18% 감소시켰다고 보고하였다. Woo 외(2015)에 따르면 학력향상 중점학교 정책은 성취 수준이 낮은 학교에 책임을 지우고 처벌하는 방식이 아니라 지원해 주는 방식으로 추진되었다. 이러한 사례는 책무성 정책이 반드시 '채찍'일 필요가 없고 '당근'으로도 충분히 효과를 발휘할 수 있다는 가능성을 보여 준다.

3) 고등학교: 학생의 선택에 따른 교육과정의 다양화

중학교까지의 교육이 학생이 기본적으로 갖추어야 할 근본 역량을 함양하는 데 주력한다면, 고등학교부터의 교육은 학생이 미래의 평생학습자로서 새로운 지식을 스스로 탐색하고 학습하는 방법을 가르치는 데 주력할 필요가 있다. 주어진 지식을 배우는learn 교육이 아니라, 지식을 배우는 방법을 배우는learn to learn 교육이 되어야 한다는 의미이다.

그 출발점은 학생에게 자신의 적성, 관심, 흥미에 맞는 수업을 선택할 수 있는 권리를 부여하는 것이다. 자신의 흥미에 맞는 수업을 수강할 때 스스로 학습하고자 하는 욕구도 자연히 발생할 수 있기 때문이다. 이는 수업의 다양화, 보다 넓은 관점에서는 교육과정의 다양화를 전제한다.

고등학교 교육과정의 다양화는 이미 수십 년간 정책적으로 추진된 사안이다. 전통적으로 초등학교와 중학교는 보편교육을 지향했다. 반면, 고등학교부터는 실업계와 인문계로 교육과정이 구분되고, 각 교육과정 내에서도 특수목적고(과학고, 마이스터고, 외국어고 등)를 비롯한 다양한 유형의 학교가 도입되었다. 한편, 최근 정부는 학교 내에서의 교육과정을 다양화하는 정책도 추진 중이다. 개별 학교 내에서 학생의 수업선택권을 보장하는 고교학점제가 그 예이다. 요약하면, 고등학교 단계에서 학교 간 교육과정의 다양화와 학교 내 다양화를 추구하는 정책이 시차를 두고 진행되었다고 볼 수 있다.

고등학교 교육과정을 다양화하기 위한 방안으로 학교를 다양화할지, 아니면 학교 내 수업을 다양화할지는 서로 상충하는 성격이 아니다. 예를 들어, 다양한 학교를 설립하면서 동시에 각 학교 내에서는 다양한 수업을 개설할 수도 있을 것이다.

그러나 교육과정의 학교 간 다양화와 학교 내 다양화는 비용 측면에서 구분된다. 교육과정 개발 및 운영에 소요되는 직접 비용 측면에서는 학교 간 다양화가 유리할 수 있다. 주어진 교육과정에 특화된 학교를 설립할 수 있기 때문이다.

반면, 학교 간 다양화는 고등학교 간 서열 또는 층화stratification구조를 심화해 입시 경쟁을 과열시킬 우려가 존재한다. 과도한 입시 경쟁에 따라 발생하는 각종 사회적 비용은 교육과정 다양화의 간접비용으로 볼 수 있다. 고등학교 교육과정 다양화의 직간접 비용을 종합하여 사회적 비용을 최소화하는 방안을 연구할 필요가 있다.

고등학교 교육과정을 다양화하는 과정에서 추가적으로 고려해야 할 사항이 있다.

첫째, 고교학점제와 같이 개별 학교 내에서 다양한 수업을 개설하기 위해서는 고등학교가 대형화되어야 한다는 점이다. 현재 고등학교에도 선택과목이 존재하나 대개 선택의 주체는 학교일 뿐 학생이 아닌 형편이다. 학교가 교원의 전공 분야 등을 고려하여 선택과목을 선정하면 학생은 별다른 대안 없이 그 과목을 수강해야 하는 경우가 대부분이기 때문이다. 학생이 자신의 적성과 관심에 따라 다양한 과목을 선택적으로 수강할 수 있게 하려면, 각 학교에 충분히 많은 과목이 개설되어야 하고, 이는 학교의 대형화를 전제한다. 인근에 위치한 고등학교들을 통합하여 현재의 대학과 유사하게 캠퍼스형으로 운영하는 방안을 생각해 볼수도 있을 것이다.

둘째, 학생의 실질적 수업 선택권을 보장하기 위해서는 교원 인사관리 정책의 근본적 변화가 필요하다. 현재의 고등학교 교육은 대개 공급에 수요를 맞추는 방식으로 이루어진다. 교사가 가르치는 과목을 학생은 별다른 대안 없이 수강해야 한다. 만약 학생의 수업 선택권을 확대한다면 고등학교 교육이 수요에 공급을 맞추는 방식으로 크게 전환되어야 한다. 학생이 배우고자 하는 과목과 수업은 증설하고 그렇지 못한 과목과 수업은 감축해야 할 것이기 때문이다. 이는 교원의 재배치와 그에 필요한 재훈련, 평가와 보상 방식 등 교원 인사관리 정책의 대대적 변화가 불가피할 것이다. 이에 대한 면밀한 연구가 필요하다는 점은 의문의 여지가 없다.

4) 학제 개편

저출산·고령화에 대응하기 위하여 초등학교 입학연령을 1년 앞당기는 학제 개편이 필요하다는 논의가 있다. 초등학교 입학연령을 1년 앞당기면 노동시장 진입연령을 그만큼 앞당겨 저출산에 따른 생산가능인구의 부족 문제를 완화시킬 수 있다는 논지이다.

그러나 학생이 충분히 준비되지 않은 상태에서 정규교육을 시작하면 자칫 교육의 성과가 저하될 위험도 있다. 초등학교 입학연령에 관한 미국 주별 정책변화를 활용한 연구(Bedard and Dhuey, 2012)에 따르면, 초등학교 입학이 1개월 늦춰진 남성은 노동시장 진입 후 시간당 임금이 약 0.6% 증가한다. 연간으로 환산하면 약 7.2%(= 0.6% × 12개월)에 해당하는 효과다. 일반적으로 1년의 추가 교육은 약 5∼15%의 임금 상승과 연관된다고 알려졌다는 점을 고려하면, 상당한 크기의 효과로 볼 수 있다.

Deming and Dynarski(2008)는 미국의 자료를 분석하여 초등학교 입학연령이 장기적인 교육 및 노동시장 성과까지 변화시킨다는 근거는 충분치 않지만, 거의 모든 학년별로 월령이 높은 학생의 성취도가 높은 경향이 있음을 보고하였다. 한국의 자료를 이용하여 학생의 월령과 장·단기 교육성과 간의 관계에 대한 연구가 필요하다.[1]

단순한 국제 비교를 통해 검토해 보면, 초등학교 입학연령을 앞당기기보다는 연간 수업시수授業時數를 증가시키는 방안을 정규교육 기간을

---

1 특히, 유아기에는 남학생이 여학생에 비해 발달이 늦는 경향이 있음을 고려하면, 초등학교 입학연령 단축의 효과가 학생의 성별에 따라 어떤 영향이 있는지에 대한 충분한 고민도 필요하다. 참고로, 초등학교 입학연령 단축이 남성의 노동시장 성과를 하락시켰다는 Bedard and Dhuey(2012)의 연구에서도 여성에게는 유의한 영향이 발견되지 않았다.

단축시키는 수단으로 우선 검토할 필요가 있다. 세계은행의 세계개발지표World Development Indicators에 따르면 2019년 한국의 초등학교 입학연령은 미국, 일본 등 주요 선진국과 동일한 수준이다. 한국보다 이른 나이에 초등학교에 입학하는 국가는 217개국 중 25개국에 불과하다.[2]

반면, 한국의 초·중학교 수업시수는 주요 선진국에 비해 유의하게 적은 편이다. 〈표 5-1〉은 주요국의 2019년 기준 초등학교 및 중학교 교육과정의 수업시수를 보여 준다. 한국의 초등학교와 중학교 과정은 각각 3,928시간과 2,525시간으로 OECD 회원국 평균(초등학교, 중학교 각각 4,568시간 및 3,022시간)의 약 83~85% 수준이다.

짧은 수업시수는 형평성 측면에서도 부정적이다. 일반적으로 학교 수업시수가 짧을수록 부모의 소득 수준 등 사교육 접근성에 따른 교육기회의 불평등이 심화되기 쉽기 때문이다. 2000년대 초반 일본에서 학교 수업시수를 감축시키는 정책이 추진되자 소득 분위별 학업성취도의 격차가 커지는 경향이 발견되었다(Kawaguchi, 2016). 한국도 2013년 중학교 자유학기제 실시로 교과수업 시수가 감소하자 고소득 가구를 중심으로 교과 관련 사교육 투자가 증가한 경향이 있다(박윤수, 2018).

특히, 초등학교의 경우 주요국 대비 짧은 수업시수는 부모의 보육 부담으로 직결되어 경력단절 문제를 심화할 수 있다. 통계청의 2019년 사교육비 조사결과를 발표한 자료(교육부, 2020. 3. 11)에 따르면, 초등학

---

2 초등학교 입학연령이 한국보다 낮은 25개국은 다음과 같다. 그레나다, 네팔, 뉴질랜드, 도미니카공화국, 모리셔스, 몰타, 미얀마, 바베이도스, 바하마, 벨리즈, 버뮤다, 사모아, 세인트루시아, 세인트빈센트그레나딘, 세인트키츠네비스, 스리랑카, 아일랜드, 안티구아바부다, 영국, 영국령 버진아일랜드, 지브롤터, 케이맨제도, 트리니다드토바고, 파키스탄, 호주.

〈표 5-1〉 주요국의 초등학교 및 중학교 교육과정 수업시수 (2019년 기준)

단위: 년, 시간

	총 수업연한(년)	총 수업시수(시간)	초등학교	중학교
헝가리	8	5,973	2,769	3,204
라트비아	9	5,976	3,595	2,381
폴란드	9	6,107	3,619	2,488
터키	8	6,251	2,880	3,371
핀란드	9	6,328	3,905	2,423
슬로베니아	9	6,389	4,091	2,298
러시아	9	6,409	2,393	4,016
오스트리아	8	6,420	2,820	3,600
에스토니아	9	6,432	3,964	2,468
한국	9	6,453	3,928	2,525
슬로바키아	9	6,751	2,678	4,073
벨기에(Flemish Comm.)	8	6,806	4,916	1,890
벨기에(French Comm.)	8	6,844	4,956	1,888
그리스	9	6,862	4,488	2,374
스웨덴	9	6,890	4,400	2,490
체코	9	6,984	3,434	3,550
EU23 회원국 평균	9	7,260	4,258	3,002
리투아니아	10	7,278	2,452	4,826
일본	9	7,301	4,621	2,680
독일	9	7,422	2,896	4,526
이탈리아	8	7,425	4,455	2,970
OECD 회원국 평균	9	7,590	4,568	3,022
아이슬란드	10	7,616	5,100	2,516

주석: 미국과 독일은 2018년 기준이다. 핀란드의 경우 추정치이다. 네덜란드의 경우 선택적으로
　　　수강하는 중학교 4년차 과정은 제외하여 계산하였다.
자료: OECD(2019)의 Figure D1.1의 원자료를 바탕으로 작성.

<표 5-1> 주요국의 초등학교 및 중학교 교육과정 수업시수
(2019년 기준)(계속)

단위: 년, 시간

	총 수업연한(년)	총 수업시수(시간)	초등학교	중학교
스위스	9	7,618	4,782	2,836
노르웨이	10	7,894	5,272	2,622
스페인	9	7,911	4,750	3,161
룩셈부르크	9	8,079	5,544	2,535
프랑스	9	8,104	4,320	3,784
칠레	8	8,150	6,047	2,103
포르투갈	9	8,214	5,460	2,754
캐나다	9	8,289	5,518	2,771
멕시코	9	8,300	4,800	3,500
네덜란드	9	8,640	5,640	3,000
이스라엘	9	8,703	5,751	2,952
미국	9	8,883	5,824	3,059
콜롬비아	9	9,800	5,000	4,800
코스타리카	9	10,240	6,880	3,360
덴마크	10	10,960	7,360	3,600
호주	11	11,000	7,000	4,000

주석: 미국과 독일은 2018년 기준이다. 핀란드의 경우 추정치이다. 네덜란드의 경우 선택적으로
　　　수강하는 중학교 4년차 과정은 제외하여 계산하였다.
자료: OECD(2019)의 Figure D1.1의 원자료를 바탕으로 작성.

생의 사교육 참여율은 83.5%로 중학생(71.4%), 고등학생(61%)에 비해 높은 편이고, 특히 보육 목적으로 초등학생 자녀에게 사교육을 시킨다는 응답이 증가하는 추세이다.

한편, 사교육의 성취도 향상 효과는 중·고등학생보다 초등학생에게서 크다고 알려져 있다(김희삼, 2010; 강창희·박윤수, 2015). 종합하면, 초등학교 수업시수가 짧을수록 사교육 수요는 증가하고 그로 인해 소득분위별 성취 수준의 격차가 심화될 가능성이 존재하는 것이다. 물론, 수업시수가 증가할수록 학생의 자유시간이 감소하고 교사의 부담 증가, 부모의 교육권 침해 등의 부작용이 우려되므로 이에 대한 연구와 검토가 필요할 것이다.

5) 수업의 혁신

수업의 질을 어떻게 개선할지에 대한 고민도 필요하다. 미래인재가 갖추어야 할 역량으로 창의성creativity, 비판적 사고critical thinking, 협업collaboration, 소통communication으로 요약되는 이른바 '4Cs'가 종종 거론된다. 이러한 역량은 인간이 기계에 비하여 비교우위를 갖기 유리하므로 향후 기술진보가 진행될수록 그 가치가 더욱 상승할 것으로 예상된다. Deming(2017)은 정보화혁명이 진행된 1980년대 이후 미국 노동시장에서 사회적 역량social skill을 요구하는 직업의 고용 비중과 임금이 동시에 상승하였다는 사실을 발견하였다. 컴퓨터 기술이 인간의 단순·반복적 인지적 역량을 대체하면서 사회적 역량에 대한 노동시장 수요가 상대적으로 증가했음을 보여 준다.

학교교육이 이러한 미래 역량을 함양하기 위해서는 결국 수업 방법의 혁신이 필요하다. 교사가 학생으로 하여금 스스로 깊게 생각하고 다른 학생들과 소통하고 협력하는 경험을 많이 유도할수록 학생의 창의성, 비판적 사고력, 사회성 등의 미래 역량이 발달될 수 있다(박윤수 외, 2017). Algan 외(2013)는 국가별 학교수업 방식과 사회적 신뢰 수준 간의 상관관계를 분석하여, 학생 간 교류를 유도하는 수업을 많이 경험한 사회일수록 타인에 대한 신뢰 수준이 높다는 사실을 발견했다. 학창 시절에 다른 학생들과 교류하고 협업하는 경험을 많이 쌓을수록 성인이 된 뒤에도 타인을 이해하고 신뢰하는 성향이 강해진다는 해석이다.

이주호(2016)와 이주호·박윤수(2017)는 중학교 자유학기제 중 학생 간 교류를 촉진하는 수업 방식project-based learning을 일선 학교에 실제로 도입해 보고 학생의 친사회적 행동이 촉진되었음을 보고하였다. 이러한 연구결과들은 수업 방식이 학생의 역량 발달에 유의미한 영향을 줄 수 있다는 점을 보여 준다.

수업의 혁신은 기술을 이용해 촉진될 수 있다. 최근 전 세계적으로 IT 기술을 교육에 활용하는 이른바 에듀테크Edutech가 각광받고 있지만, 한국의 경우 아직 사교육시장에서 주로 활용되고 있는 형편이다. 인터넷 접속이 수업을 방해한다는 인식 등으로 일선 학교 현장에서는 여전히 교실 내 무선인터넷 사용도 제한되는 경우가 대부분이다. 만약 교사의 행정처리 및 지식전달 업무를 IT 기술로 대체할 수 있다면, 교사는 수업을 개발하고 학생을 관리하는 데 보다 집중할 수 있을 것이다.

교과 내용을 일방적으로 전달하는 지식전달자로 국한된 전통적인 교사의 역할을, 주어진 주제에 대하여 학생 간 토론을 유도하거나 팀 프로젝트를 진행하는 등 학습촉진자로 변화시키는 데 IT 기술이 유용하게 활용될 수 있는 것이다. 더욱이 개별 학생의 특성과 성취 수준에 맞게 수업 난이도를 조절하는 적응학습adaptive learning을 학교 현장에 도입한다면, 학교 교육의 생산성이 향상될 수 있다.

3. 고등교육

고등교육(대학교육)은 성인기 비정규교육 및 학령기 초·중등교육과 전·후방으로 연계된다. 초·중등교육은 대학입시에 상당한 영향을 받는다. 성인기 비정규교육이 발전하기 위해서는 고등교육기관인 대학의 적극적 참여가 필요하다. 이러한 측면에서 고등교육 부문의 왜곡은 평생학습사회 구현에 걸림돌이 될 수 있다. 이 절에서는 한국 대학교육의 문제점으로 학생의 입학 수요와 대학의 정원 공급이 불일치하고 대학 간 경쟁 유인이 부족하다는 점을 지적하고, 이 문제가 평생학습사회 구현을 제약할 수 있음을 논의한다. 이를 토대로 중장기 정책 방향을 제안한다.

1) 현황 및 문제점

전통적으로 한국의 대학교육은 민간이 주도해 왔다. 〈교육통계연보〉에 따르면 2019년 기준 전국 430개 대학 중 약 87%에 해당하는 372개가 사립대학이다. 재적학생 수 기준으로는 약 77%가 사립대학에 재학 중이다. 사립대학은 주로 등록금 수입으로 운영된다. 그 결과, 한국의 대학교육 비용은 주로 민간이 부담하는 구조이다.

〈표 5-2〉는 2016년 기준 대학교육 비용 중 공공부문과 민간부문이 부담하는 비중을 국가별로 비교해 보여 준다. 한국은 공공부담 비중이 약 38%로 OECD 회원국 평균(69%) 보다 매우 낮은 수준이다. 한국과 유사하게 공공부담 비중이 낮은 국가는 미국(35%), 일본(31%), 영국(32%), 호주(40%) 등이 있다. 모두 시장 주도형 대학교육을 지향한다

<표 5-2> 주요국의 대학교육 비용 주체별 부담 비중 (2016년 기준)

단위: %

국가명	주체별 부담 비중			
	공공	민간	가구	가구 외
핀란드	96.59	3.41	0.00	3.41
노르웨이	94.14	5.86	3.49	2.36
룩셈부르크	94.04	5.96	3.27	2.69
오스트리아	93.57	6.43	3.08	3.35
아이슬란드	91.96	8.04	7.40	0.64
스웨덴	88.33	11.67	0.87	10.79
에스토니아	87.93	12.07	5.79	6.28
슬로베니아	86.04	13.96	11.70	2.26
벨기에	85.25	14.75	8.21	6.54
독일	84.60	15.40	-	-
폴란드	81.60	18.40	15.73	2.66
프랑스	78.73	21.27	11.20	10.07
EU23 회원국 평균	76.60	23.73	16.62	6.94
체코	76.39	23.61	9.62	13.99
터키	74.63	25.37	9.91	15.46
아일랜드	71.70	28.30	23.68	4.62
슬로바키아	71.69	28.31	16.39	11.93
네덜란드	70.59	29.41	16.41	13.00
리투아니아	69.25	30.75	23.61	7.14
멕시코	69.10	30.90	30.61	0.29
라트비아	68.88	31.12	30.20	0.92
OECD 회원국 평균	68.54	31.82	23.43	8.79

주석: 미국의 경우 학자금 순 대출액을 기준으로 하였으므로 실제 공적 부담을 과소평가할 가능성이 있음. 칠레와 콜롬비아는 2017년 수치임. 독일과 헝가리의 경우 가구 및 가구 외 부담 비중에 관한 정보가 부족함.
자료: OECD(2019)의 Figure C3.2를 재인용.

〈표 5-2〉 주요국의 대학교육 비용 주체별 부담 비중 (2016년 기준)(계속)

단위: %

국가명	주체별 부담 비중			
	공공	민간	가구	가구 외
포르투갈	68.41	31.59	27.85	3.74
스페인	67.14	32.86	29.18	3.69
러시아	64.86	35.14	22.97	12.17
헝가리	64.67	35.33	–	–
이탈리아	64.05	35.95	29.86	6.09
이스라엘	55.96	44.04	28.08	15.96
캐나다	53.26	46.74	20.82	25.92
뉴질랜드	50.60	49.40	34.01	15.39
콜롬비아	48.81	51.19	51.14	0.04
호주	39.52	60.48	47.44	13.04
한국	37.58	62.42	44.27	18.15
칠레	35.84	64.16	57.88	6.28
미국	34.57	65.43	46.15	19.28
영국	32.30	67.70	49.06	18.64
일본	30.56	69.44	52.68	16.76

주석: 미국의 경우 학자금 순 대출액을 기준으로 하였으므로 실제 공적 부담을 과소평가할 가능
　　　성이 있음. 칠레와 콜롬비아는 2017년 수치임. 독일과 헝가리의 경우 가구 및 가구 외 부담
　　　비중에 관한 정보가 부족함.
자료: OECD(2019)의 Figure C3.2를 재인용.

고 알려진 국가이다. 반대로 핀란드(97%), 독일(85%), 프랑스(79%) 등의 유럽 국가는 공공부담 비중이 상대적으로 높은 편이다.

시장 주도형 대학교육은 대학 간 경쟁으로 교육의 혁신이 발생하기 수월하고, 교육의 수요와 공급이 일치하기 유리하다는 장점이 있다. 시장기제market mechanism의 순기능이다. 반면, 독점력을 갖는 대학이 정원을 과소 공급하고 등록금을 높게 설정하거나, 사회적으로 파급효과 또는 긍정적 외부성externality이 큰 기초학문 분야가 외면받을 가능성도 있다. 이른바 시장기제의 역기능 또는 시장실패market failure이다.

한국 대학교육이 민간 주도로 이루어져 왔다는 현실을 고려하면, 시장기제의 순기능은 극대화하고 그 역기능은 최소화하는 방향으로 대학교육 정책을 추진해야 자연스러울 것이다. 시장실패의 교정자로서 정부의 역할이 필요한 것이다. 그러나 그간 한국 정부는 시장실패를 교정하기보다는 시장기제 자체를 부정하는 방식의 정책을 추진해 왔다.

시장기제의 출발점은 가격과 수량의 자유로운 변동이다. 일반 상품의 경우 수요가 증가하면 공급도 증가하고, 반대로 수요가 감소하면 공급도 감소한다. 수요와 공급이 일치하도록 가격이 조절되기 때문이다. 그러나 한국의 대학교육은 이러한 기제가 작동하지 않는다. 대학교육서비스의 가격인 등록금이 규제되기 때문이다. 여기에 더하여 대학교육서비스의 수량인 정원도 규제받는다. 가격과 수량이 동시에 규제되므로 시장기제가 작동하지 않고 수요와 공급이 일치되기 어렵다.

대학교육의 수요와 공급이 불일치한다는 근거는 다양하다. 이주호 외(2014)는 신입생 대학수학능력시험 평균점수를 기준으로 전국의 대학을 다섯 그룹(상위 20%, 21~40%, 41~60%, 61~80%, 81~100%)으로 구분하고, 각 그룹별로 2000~2012년 기간 중 입학정원의 변화를 분석하였다. 학생 선호도가 높은 대학일수록 입학경쟁이 치열하고 신입생의 수능시험 평균점수도 높다. 따라서 각 대학의 신입생 수능시험 평균점수는 학생 선호도의 척도로 이해할 수 있다.

〈그림 5-2〉에 요약된 결과를 보면, 학생 선호도가 낮은 대학일수록 정원이 빠르게 증가했다는 사실을 확인할 수 있다. 특히, 학생 선호도가 가장 높은 최상위 10개 대학의 경우 정원이 거의 증가하지 않았다. 이는 대학 간 정원 조정이 학생의 입학 수요와 반대 방향으로 진행되었다는 사실을 보여 준다.

대학교육의 수급 불일치가 심각할수록 대학입시 경쟁은 치열해질 수밖에 없다. 학생 수요가 몰리는 대학의 정원 공급이 제한되기 때문이다. 고등교육법상 대학의 정원은 학칙으로 정하는 것이 원칙이나, 동법 시행령에서 수도권 소재 대학, 국·공립대학, 의·약학 계열, 교대,

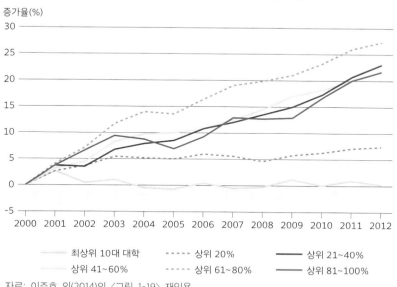

〈그림 5-2〉 신입생 수능성적 기준 대학별 정원 변화 추이

자료: 이주호 외(2014)의 〈그림 1-19〉 재인용.

사범대 등은 정원에 규제를 받는다. 모두 학생 선호도가 높다고 알려진 대학이다.

대학별 정원을 규제하면 대학 내 전공 간 정원 조정도 어려워진다. 대학 전체의 정원이 규제되므로 각 대학 내에서 특정 전공의 정원을 증가시키려면 다른 전공의 정원을 감축시켜야 한다. 자연히 대학 내 전공 간 정원 조정이 어려울 수밖에 없다. Han(2019)은 엄격하게 정원을 규제당하는 수도권 지역의 대학이 비수도권 지역의 대학에 비하여 전공별 정원이 수요 변화에 느리게 반응한다는 실증 근거를 보고하였다.

2008~2018년 중 미국 스탠퍼드대의 컴퓨터공학 전공자는 141명에서 739명으로 다섯 배 넘게 증가하였으나, 같은 기간 서울대에서는 55명으로 단 한 명도 증가하지 못했다는 사실(〈매일경제〉, 2019. 6. 18.)은 한국 대학의 전공별 정원 조정이 매우 경직적이라는 현실을 극명하게 보여 준다.

학생의 입학 수요가 높은 대학과 전공의 정원이 제한될수록 한정된 입학기회를 확보하려는 수험생 간의 입시경쟁은 자연스럽게 심화된다. Bound 외(2009)는 1970년대 이래 미국 대학에 대한 입학 수요는 증가하였으나 입학정원은 그만큼 증가하지 못하였음을 보고하고, 같은 기간 고등학생의 대학입시 준비도 치열해졌음을 실증했다.

Ramey and Ramey(2010)와 Borra and Sevilla(2019)는 각각 미국과 영국의 자료를 분석하여 대학의 입학 수요 대비 정원 공급이 적을수록 자녀교육을 위한 부모의 투자가 증가하는 경향을 보고했다. 한국의 자료를 이용한 박윤수 외(2019)는 1995년 비수도권 지역 대학에 정원의 규제를 선별적으로 완화한 사례를 활용하여 대학정원의 규제가 고등학생의 사교육 투자를 증가시킨다는 실증 근거를 보고하였다.

학령기 초·중등교육은 대학입시에 상당한 영향을 받는다. 대학입시

경쟁이 치열할수록 초・중등교육은 미래인재 양성을 위한 수업 혁신보다는 성적 평가의 객관성을 확보하는 데 치우치기 쉽다. 이러한 측면에서 본다면 이 연구에서 논의한 초・중등교육의 혁신을 위해서는 대학교육의 수급 불일치를 먼저 완화할 필요가 있다. 학생이 선호하는 대학과 전공의 정원이 충분히 증가할 수 있어야 대학입시 경쟁이 완화되고 초・중등교육을 혁신할 수 있는 여지가 생기기 때문이다.

대학교육의 가격과 수량을 모두 제한하는 이중 규제는 대학 간 경쟁 유인을 약화시킨다는 문제점도 있다. 교육서비스를 혁신하더라도 가격(등록금)을 높일 수 없고 수량(정원)을 늘릴 수도 없으니, 혁신의 유인이 저하된다. 특히, 신규 대학 설립과 기존 대학의 증원이 엄격히 규제되는 서울 시내 대학은 사실상 정부의 규제로 인해 대학 간 과점(寡占)시장이 형성되어 있다고 볼 수 있다. 서울 소재 대학에 입학하려는 수요는 충분한 가운데, 신규 대학의 진입이 없으니 기존 대학의 기득권은 유지된다. 정부가 진입 장벽을 제공해 주는 셈이다. 또한 각 대학의 정원이 규제되니 서울 소재 대학 사이에 입학 수요를 쟁취하기 위한 경쟁이 발생하기 어렵다(김재훈, 2014).

성인기 비정규교육을 고도화하기 위해서는 고등교육기관인 대학의 적극적 참여가 필요하다. 기술진보에 따른 고차원적 지식의 전달은 성인기 비정규교육을 주로 담당해 온 각종 평생교육・직업훈련 기관보다는 대학이 비교우위를 갖기 때문이다. 그러나 학문적 명성을 중시하는 대학의 특성상 학령기 입학자원을 안정적으로 확보할 수 있는 상황이라면 굳이 성인기 비정규교육시장에 새롭게 진출할 유인이 적을 것이다. 현실에서도 이른바 명문대학일수록 성인기 비정규교육에 소극적인 경우를 종종 찾아볼 수 있다. 학령기 입학자원 확보를 위해 대학 간에 공정한 경쟁을 촉진하여 대학으로 하여금 성인기 비정규교육시장에 진출하고자 하는 유인을 강화하고 동시에 정책적으로 지원할 필요가 있다.

2) 제 언

요약하면, 한국의 대학교육은 사립대학이 대부분을 차지하고 민간이 교육 비용을 주로 부담하는 시장 주도형의 틀을 갖고 있지만, 정책적으로는 정부가 대학교육의 가격과 수량을 적극적으로 규제하는 모순된 구조이다. 이는 대학교육의 수급 불일치와 그에 따른 입시경쟁 심화를 야기하여 초·중등교육의 혁신을 억제할 가능성이 있다. 또한 입학자원을 확보하기 위한 대학, 특히 명문대학 간 경쟁압력을 감소시켜 성인기 비정규교육시장으로 진출할 유인을 억제할 가능성이 있다.

대학교육의 수급 불일치와 대학 간 공정한 경쟁을 촉진하기 위한 고민이 필요하다. 보다 근본적으로는 한국의 대학교육을 민간 주도로 발전시킬지, 아니면 정부 주도로 발전시킬지 방향 설정도 필요하다.

만약 민간 주도의 대학교육을 추구한다면, 정원 및 등록금 등 대학에 대한 정부의 각종 규제를 대폭 완화해야 할 것이다. 시장기제의 순기능을 극대화할 수 있도록 정부는 시장실패를 교정하는 데 주력하는 것이다. 예를 들어, 기초학문 분야에 예산지원을 강화하고, 입지여건이 불리한 지역의 대학을 전략적으로 지원 및 육성하여 대학 간 공정한 경쟁이 가능하도록 하는 방안 등을 고려할 수 있다.

남기곤(2017)은 정부의 대학 지원금이 수도권 소재 대학에 쏠리는 현실을 지적하며 대학교육의 상향평준화가 필요하다고 주장한 바 있다. 또한 독점력을 갖는 대학이 등록금을 과도하게 인상하지 못하도록 등록금 인상률을 적정 수준에서 규제할 필요도 있다. 저소득 가구의 학생이 유동성 제약으로 등록금을 부담하지 못하는 문제를 해결하기 위하여 장학금 및 학자금 대출 지원을 강화할 필요도 있을 것이다.

만약 정부 주도의 대학교육을 추구한다면, 이에 대한 정부의 투자를 대폭 증가시킬 필요가 있다. 주로 정부 주도형 대학교육을 추구한다고 알려진 23개 EU 회원국의 평균치인 약 77%를 대학교육에 대한 정부의 부담 비중 목표치로 삼을 수 있을 것이다. 이는 현재 한국 정부가 부담하는 수준(38%)의 두 배에 달한다. 전체 교육예산의 약 80%를 초·중등교육에 집중하는 현재의 예산구조를 대폭 변화시켜야 함을 의미한다.

김영철(2019)은 2015년 한국 대학생 1명에게 투자되는 교육비 지출은 구매력 기준PPP 10,109달러로 초등학생 1명에 대한 지출(11,047달러)보다도 낮다는 점을 지적하였다. 정부가 대학교육 비용은 크게 부담하지 않으면서 등록금을 규제했기 때문이다. 반면, OECD 회원국 평균을 보면, 대학생에 대한 지출(15,656달러)이 초등학생에 대한 지출(8,631달러)에 비해 월등히 높다. 김영철(2019)은 초·중등교육으로 한정된 지방교육재정 교부금의 사용처를 대학 및 평생교육까지 확대하는 방안을 제안한 바 있다.

그 방식이 무엇이건, 한국의 대학교육은 학생의 입학 수요에 따라 대학 및 전공의 정원 공급을 탄력적으로 조정할 필요가 있다. 이는 대학 입시 경쟁을 완화시켜 초·중등교육 혁신의 발판이 될 것이다. 또한 대학으로 하여금 성인기 비정규교육에 적극적으로 참여하도록 독려하는 것도 필요하다. 대학교육의 수요와 공급을 일치시키고, 대학의 평생학습 참여를 독려하는 동인動因은 시장경쟁일 수도 있고, 정부의 정책일 수도 있다. 시장경쟁을 동인으로 삼는다면, 정부는 대학 부문의 시장실패를 교정하는 데 집중할 필요가 있다. 정부의 정책을 동인으로 삼는다면, 대학교육에 대한 정부의 책임 있는 투자와 세밀한 관리가 필요할 것이다.

4. 성인기 교육 · 훈련

급속하게 기술이 진보하는 추세를 고려할 때 성인기 교육 · 훈련은 적어도 두 가지 과제를 달성해야 할 것이다. 첫째, 급속한 기술진보와 그에 따른 노동 수요 변화에 적합한 교육 및 훈련 프로그램을 공급해야 한다. 이는 민간 주도의 교육 및 훈련시장 형성의 필요성을 시사한다. 변화하는 노동 수요를 신속히 파악하여 그에 맞는 교육 및 훈련서비스를 제공하는 일은 정부보다는 민간이 비교우위를 가질 가능성이 높기 때문이다.

둘째, 취약층에게 충분한 교육 및 훈련기회를 제공해야 한다. 〈그림 5-1〉에서 살펴본 바와 같이 한국을 포함한 대부분의 국가에서 평생학습에 가장 적극적으로 참여하는 집단은 주로 고학력 또는 고숙련 노동자이다. 반면, 기술진보로 일자리를 가장 위협받으리라 예상되는 집단은 주로 단순 · 반복적 업무에 종사하는 저숙련 노동자들이다. 평생학습이 가장 필요하다고 예상되는 집단이 학습에 가장 덜 참여하는 셈이다. 민간 주도의 교육 및 훈련시장을 구축하되, 적절한 정부 개입을 통해 취약층의 학습 참여를 지원할 필요가 있다.

1) 취약층의 평생학습에 대한 정부의 지원 강화

취약층에 대한 지원은 정부가 재정을 동원하여 해결할 수 있는 문제다. 그러나 현재 정부의 평생교육에 대한 투자는 미미한 수준이다. 〈표 5-3〉은 최근 3년 간 교육 예산 추이를 보여 준다. 평생교육 예산은 전체 교육 예산 중 약 1%에 불과한 실정이다. 전 국민의 평생교육을 주관하는 교육부의 관심이 저조한 가운데, 현재 평생학습에 대한 주된 공적 지원은 주로 고용노동부가 주관하는 고용보험기금 직업능력개발사업의 형식으로 실시되고 있다.

박윤수(2019)는 고용보험기금 위주의 평생학습 재원조달구조가 미취업자, 자영업자, 영세 사업장・비정규직 종사자 등 고용보험기금 미가입자를 충분히 지원하는 데 한계가 있다는 점을 지적한 바 있다. 취약층의 평생학습을 충분히 지원하기 위해서는 고용보험기금 위주의 평생학습 관련 재원조달구조를 다변화해야 한다. 구체적으로 지방교육재정 교부금의 용처를 확대하거나 초과세수를 적립하여 취약층의 평생학습 참여를 지원하는 기금을 조성하는 방안 등을 생각해 볼 수 있다.

〈표 5-3〉 교육부 예산 추이 (2016~2018년)

단위: 백만 원, %

구분	2016		2017		2018	
	예산	비중	예산	비중	예산	비중
총계	57,704,066	100	63,572,000	100	68,394,551	100
교육 분야	53,345,174	92.4	59,097,837	93.0	64,092,769	93.7
유아・초중등교육	43,445,000	75.3	48,945,187	77.0	53,736,302	78.6
고등교육	9,203,442	15.9	9,425,270	14.8	9,561,707	14.0
평생・직업교육	589,394	1.0	619,477	1.0	670,710	1.0
교육일반	107,338	0.2	107,903	0.2	124,050	0.2
사회복지 분야	4,358,892	7.6	4,474,163	7.0	4,301,782	6.3
기초생활보장	145,073	0.3	128,216	0.2	131,244	0.2
공적연금	4,213,819	7.3	4,345,947	6.8	4,170,538	6.1

주석: 예산은 본예산과 추가경정예산을 합산한 수치를 의미함. 비중은 소수점 첫째 자리에서 반올림하여 계산하였음.
자료: 박윤수(2019)의 〈표 3-4〉를 재인용.

2) 민간 주도의 교육 · 훈련시장 형성

보다 어려운 문제는 수요 변화에 긴밀히 조응하는 교육 및 훈련시장을 형성하는 것이다. 시장이 형성되기 위해서는 우선 수요가 있어야 한다. 개인이 자발적으로 시간과 비용을 투자하여 교육과 훈련을 받으려는 유인誘引이 있어야 한다는 의미다. 민간의 자발적 수요가 부족한 상황에서 정부가 재정을 동원하여 수요를 인위적으로 창출하려 한다면, 공급자가 주도하는 시장이 형성될 가능성이 높다. 수요자가 필요한 교육이 아니라 공급자가 정부 지원금을 확보하는 데 유리한 교육이 주로 공급되는 현상이 발생할 가능성이 높기 때문이다.

학습은 그 자체로 학습자에게 만족감을 선사하는 소비의 성격도 갖지만, 학습을 통하여 더 좋은 일자리와 더 높은 임금을 받고자 하는 투자의 성격도 강하다. 특히 스스로 생계를 책임져야 하는 성인의 경우, 후자를 무시할 수 없을 것이다. 이러한 측면에서 성인기 교육, 훈련에 대한 수요가 확충되기 위해서는 실력과 능력에 따라 보상받는 노동시장이 먼저 구현될 필요가 있다. 누구건 교육과 훈련을 받아 지식과 역량을 기르면 현재의 일자리에서 더 높은 임금을 받거나 더 좋은 일자리로 이동할 수 있다는 확신이 있을 때 교육과 훈련에 보다 적극적으로 투자할 유인도 생길 것이기 때문이다.

이는 제4장에서 논의한 노동시장의 구조개혁을 전제한다. 연공서열年功序列보다는 직무, 직능, 성과에 따라 보상이 결정되는 임금체계가 확산되어야 한다. 임금이 개인의 능력이나 성과보다는 연공서열에 따라 주로 결정된다면 구태여 시간과 비용을 들여 학습에 참여할 유인도 저하될 것이기 때문이다.

노동시장의 이동성을 정체시키는 과도한 고용보호도 완화되어야 한다. 고용보호는 해고와 채용을 동시에 감소시킨다고 잘 알려져 있다. 일자리의 소멸과 창출을 동시에 억제하는 것이다. 고용을 보호하는 정책은 이미 좋은 일자리에 안착한 사람에게는 안정적 고용을 보장하지만, 실직 상태이거나 현재의 직장에 불만이 있어 이직을 준비하는 사람에게는 (재)취업할 기회를 빼앗는 효과를 갖는다. 어느 쪽이건 개인 스스로 직무 능력 향상에 투자할 유인은 감소할 것이다.

수요 변화에 긴밀히 조응하는 교육 및 훈련시장을 형성하기 위해서는 노동시장과 교육·훈련 프로그램에 대한 정보도 충분히 제공해야 한다. 현재 노동시장에서 어떤 지식과 역량에 수요가 높은 편인지, 그리고 그러한 지식과 역량을 배울 수 있는 교육·훈련 프로그램은 무엇인지에 대한 정보가 교육·훈련시장의 수요자인 국민과 공급자인 교육·훈련 기관 모두에 충분히 제공되어야 할 것이다. 이러한 정보는 공공재적 성격을 가지므로 민간보다는 정부가 수집하여 제공해야 효율적일 것이다. 특히, 교육 당국과 노동 당국의 긴밀한 협조가 중요하다. 노동시장에 대한 정보는 노동 당국이 수집하는 데 유리하고, 교육기관에 대한 정보는 교육 당국이 수집하는 데 유리하기 때문이다.

싱가포르 정부는 2015년부터 전 국민의 평생학습 참여를 목표로 하는 대국민 운동인 스킬스퓨처 운동Skills Future Movement, SFM을 추진 중이다. SFM의 운영 기관으로 교육부 산하에 스킬스퓨처 싱가포르SkillsFuture Singapore, SSG와 노동부 산하에 워크포스 싱가포르Workforce Singapore, WSG를 신설하고, 두 기관을 같은 건물에 배치하였다. SSG와 WSG는 온라인 웹페이지도 공유한다. 교육기관을 관리하는 교육부와 노동시장을 담당하는 노동부 간의 긴밀한 협업을 유도하기 위해서이다. 한국은, 교육부의 대학 및 평생교육 기능과 고용노동부의 직업훈련, 고용서비스 기능을 통합해, 성인기 교육, 훈련, 일자리, 진로에 관한 정책 추진체계를 일원화하는 방안을 고려할 수 있다(박윤수, 2019).

교육서비스는 경험재experience good의 성격을 가지므로, 공적 지원으로 사용자가 긍정적 경험을 하게 하면 사적 수요를 창출할 가능성이 있다. 이러한 측면에서 평생학습 참여도가 낮은 취약층을 중심으로 교육 바우처를 지급하는 방안을 고려할 수 있다.

싱가포르는 정부는 전 국민의 평생학습 참여를 촉진하고자 2015년 만 25세 이상 전 국민에게 500싱가포르달러(약 40만 원)의 평생교육 바우처Skills Future Credit를 일회적으로 지급한 바 있다. 단, 취업 목적이 아닌 교육 프로그램에 대한 투자는 경제성을 측정하기가 어려우므로 투자의 타당성을 담보하기가 어렵다. 따라서 이러한 바우처는 가급적 취약층을 대상으로 소액으로 지급하는 방법이 바람직할 것이다.

경제성을 측정하기 비교적 용이한 실업자 훈련은 추가로 지원하되 소득연계 대출 방식으로 지원하는 방안을 고려할 수 있다. 현재 실업자 훈련은 훈련비의 대부분(약 75~100%)을 국가가 부담한다. 이처럼 국가가 훈련비의 대부분을 직접 지원할 경우 훈련기관의 과도한 훈련비 책정을 방지하기 위하여 훈련 단가를 규제할 수밖에 없고, 이는 훈련기관으로 하여금 훈련의 품질과 비용을 낮추어 이윤을 극대화하도록 유도할 가능성이 있다. 가격을 규제하면 고비용, 고품질 훈련이 과소 공급될 수 있는 것이다.

소득연계 훈련비 대출이란, 국가가 훈련생에게 훈련비를 필요한 만큼 대출하되, 훈련 수료 후 취업 성과에 따라 상환 의무를 차등적으로 부여하는 제도를 의미한다. 예를 들어, 취업 후 근로소득이 훈련비 상환을 감당할 만큼 충분히 높으면 전액 상환 의무를 부과하지만, 그렇지 않은 경우에는 상환 의무를 부분적으로 면제해 주는 것이다.

훈련기관별 수료생의 대출 상환율은 해당 훈련기관이 노동시장 수요에 맞는 훈련을 합리적 가격으로 제공하였는지를 나타내는 지표로 해석할 수 있다. 훈련기관별 수료생의 상환율을 집계하고, 상환율이 낮은 훈련기관은 대출 지원을 제한하면, 국민의 훈련 참여를 독려하면서 동시에 훈련기관으로 하여금 훈련생의 노동시장 성과를 최대화하는 훈련을 최소 비용으로 제공하도록 유도할 수 있을 것이다.

6장

문화국가로의 도약

이창근 KDI국제정책대학원

문화국가라는 비전은 삶의 질을 향상시키고, 새로운 성장 동력을 확보한다는 점에서 중요한 의미를 가진다. 그러나 문화 역량은 공급과 수요 어느 한 측의 노력만으로는 나아지지 않는다. 소비자들이 양질의 경험을 추구할 때 다양한 문화상품이 등장하는 선순환 구조가 생겨날 수 있다. 양질의 문화상품 공급을 위해서는 거점도시를 중심으로 문화적 역량을 집중시키고, 민간부문의 공급 역량이 더 활용되도록 할 필요가 있다. 공공부문은 문화산업에 직접 개입하기보다 소비자의 취향 형성, 창작부터 비평에 이르는 기초 부문을 장기적으로 지원하는 데 집중하는 것이 바람직하다.

1. 왜 문화국가인가?

삶의 질을 높이려는 사람들의 욕구와 수요는 계속해서 커져 가고 있다. 우리나라의 1인당 소득은 3만 달러에 도달했고, 평균 수명 역시 세계 최상위권에 진입하는 등 양적 측면에서 우리나라의 생활수준은 이제 선진국에 뒤지지 않는다. 그러나 사람들은 더 이상 경제성장과 소득향상을 위해 여가와 삶의 질을 포기하고 장시간 노동하기를 원하지 않는다. 물질적 풍요를 넘어 보다 충만하고 다채로운 삶을 희망한다. OECD 최상위 수준이었던 노동시간을 단축하라는 요구와 법제화, 문화 및 스포츠산업의 성장, 해외여행의 폭발적 증가 등은 여가를 즐기려는 수요가 크게 증가했음을 잘 보여 준다.

문화예술은 삶의 질을 높이는 데 핵심적 역할을 수행한다. 다양한 문화적 경험은 여가의 질을 높여 개인과 가정이 행복한 삶을 영위할 수 있게 하고, 일터에서의 생산성을 향상시킨다. 이뿐만 아니라 중요한 사회적 문제, 역사적 사건에 대한 공동의 경험을 직간접적 방식으로 제공하고 보편적 가치에 대한 관심을 키워 사회적 연대를 제고하는 데에도 상당히 기여한다.

문화예술의 가장 본질적인 가치는 이처럼 삶을 더 풍요롭게 하는 데 있겠지만, 경제 및 산업적으로도 그 중요성은 과거에 비해 매우 커졌다. 미래를 전망할 때 사람들이 가장 눈여겨보는 변화 중 하나가 바로 이른바 '4차 산업혁명'으로 불리는 디지털 전환일 것이다. AI 등 디지털 기술의 영향을 받는 부문에서는 생산성이 지속적으로 증가할 것이며, 이는 한편 노동 수요의 감소를 의미한다.

그렇다면 모든 일자리가 기계에 의해 대체될까? 과거의 경험을 살펴보면, 한 산업에서 생산성 증가가 일어나는 경우 제품의 가격이 저렴해지고, 사람들의 구매력이 늘어난다. 이는 다른 상품에 대한 수요 증가, 그에 따른 노동 수요 증가로 연결되는 패턴이 관찰된다. 그리고 문화예술은 이러한 소득 효과의 혜택을 가장 크게 누린 부문이다. 과거의 경험에 비추어 보면, 앞으로 나타날 기술변화는 문화예술산업에 오히려 새로운 기회로 작용할 가능성을 점칠 수 있다.

문화예술이 국가경제 전체의 생산성 증가에도 기여할 수 있을까?

전통적 관점에서 문화산업은 경제 전반의 생산성을 끌어내리는 존재로 여겨졌다. 이른바 비용질병cost disease 문제 때문이다. 공연과 같은 문화상품은 시대가 변한다고 해서 생산할 수 있는 양에 큰 변화가 생기지 않는 반면, 투입 비용은 지속적으로 증가하므로 생산성은 하락할 수밖에 없다.

예컨대 모든 지역에 정상급 공연단이 방문하여 공연하기란 어려운 일이다. 각 지역에 소재한 악단이 대신 공연을 제공할 수는 있을 것이다. 그러나 공연의 질이 관객의 기대 수준에 미치지 못한다면 지역 악단에 대한 수요는 지속되기 어려울 것이다. 이는 해당 지역에서 공연예술의 쇠락으로 이어질 수 있다. 이러한 문제는 문화예술이 전통적으로 공공의 지원에 기대게 되는 원인 중 하나로 작용하기도 했다.

그러나 20세기 들어 문화예술 부문의 생산성은 역사적으로 증가해왔다. 20세기 초반에는 영화가, 21세기 초반에는 디지털 음원 및 영화가 등장하면서 동일한 품질의 문화예술 상품을 낮은 비용으로 복제하는 것이 가능해졌고, 비용질병 문제를 극복했기 때문이다. 할리우드나 브로드웨이 근처에 거주하지 않는 사람도 저렴한 비용으로 최고급의 문화예술 상품을 소비할 수 있게 되었다. 높은 수준의 문화상품을 향유하려는 수요가 커지자 상이한 취향과 지불의사 자격을 가진 소비자를 만족시키기 위한 다양한 문화예술 상품이 등장했다. 이러한 변화 속에 문화예술은 중요한 산업으로 성장하기 시작한 것이다(Bakker, 2012).

　문화예술은 그 자체로 생산성과 고용의 원천이 될 수 있지만, 문화예술 활동을 주업으로 하지 않는 기업의 경쟁력 역시 강화시키는 데에도 기여할 수 있다. 생산성을 크게 물적 생산성과 가치 생산성으로 나누어 볼 수 있다면, 지금까지 우리나라의 경쟁력은 생산 기술의 효율성에 힘입어 달성한 높은 물적 생산성이었다. 그러나 이제 우리나라는 추격의 단계를 넘어 선도적 위치에 진입하는 단계로 이동했고, 제품과 서비스의 경쟁력의 원천은 '싸게' 만드는 것에서 '사고 싶게' 만드는 것, 즉 가치 생산으로 상당 부분 이동했다.

　정보통신기기와 가전, 생활가구의 사례만 보더라도, 저렴한 가격에 다양한 기능을 제공하는 시장과 소비자의 감성을 자극하고 높은 가격을 책정하는 시장이 공존한다. 선진국 기업들은 더 나은 디자인, 예술가와의 협업 등을 통해 자신의 제품을 더욱 매력적으로 만드는 데 큰 노력을 기울이고 있다. 일부 글로벌 제조기업의 성과에도 불구하고, 문화예술적 역량은 여전히 우리가 부족함을 느끼는 영역이다.

　문화예술은 도시와 국가의 매력을 높이는 데도 중요하다. 경제에서 창조산업 및 창의인재의 중요성이 커지고 있는데, 이들은 풍부한 문화예술적 기회가 존재하는 도시를 선호하기 때문이다. 실리콘밸리의 기업 및 기업가들이 샌프란시스코로 다시금 이동하는 현상이 대표적이다. 국가의 매력, 이른바 소프트파워에서도 문화가 차지하는 중요성은 계속 커지고 있다. 선진 30개국의 소프트파워 랭킹을 산정하는 포틀랜드Portland PR에 따르면 한국의 소프트파워는 2019년 기준 19위다. 이는 2016년의 22위에 비해 상승한 것으로, 디지털 부문(18→5)과 문화 부문(16→12)의 역량 상승이 크게 기여했다. 국가이미지를 개선하는 데 아직은 문화의 기여도가 기술에 비해 낮다는 사실을 확인할 수 있다. K-POP과 영화 등의 성공이 아직은 개별적 사례로서, 국가와 산업, 기업의 매력을 제고하는 단계까지는 도달하지 못했다는 지적과 상통한다. 세계 속 문화국가로서의 위상은 한국 기업의 경쟁력뿐 아니라 국가의 공공외교public diplomacy에도 도움을 줄 것이다.

2. 아직은 먼 문화국가라는 이상

지금까지 살펴본 바와 같이 문화국가로의 도약은 여러 방면으로 중요한 의미를 갖지만, 이를 달성하기 위해서는 수요와 공급 부문이 함께 지속적으로 발전해야 한다. 최근 한국의 문화적 성공은 세계적 호소력을 지닌 문화콘텐츠의 창작 및 제작에 기인한다. 이러한 성공을 이어가기 위해서는 새롭고 다양한 창작물을 지속적으로 생산할 수 있어야 한다. 그러나 문화를 소비하려는 수요가 다양하고 견고할 때 다양한 문화예술콘텐츠가 지속적으로 창작될 수 있다는 점을 생각할 필요가 있다.

또한 문화적 공급 역량이 음악과 영화, 게임에 집중된 현재 상태를 벗어나 소비자가 직접 참여하고 체험하는 영역으로 확대될 필요가 있다. 이 부문은 소비자의 삶의 질을 높이는 데 직접적으로 기여할 뿐 아니라 고용 잠재력도 크지만, 현재 양질의 상품이 잘 공급되지 않고 있다. 이로 인해 수요 부진과 공급 역량의 취약이라는 악순환이 발생하고 있다(김윤지 외 2019).

이 장의 논의가 가장 강조하는 것은 이처럼 '문화를 잘 만드는 국가'는 '문화를 잘 즐기는 국가'와 분리할 수 없는 과제라는 점이다. 한국과 문화선진국의 차이 역시 축적된 종합적·문화적 역량의 차이이며, 이러한 격차를 제조업 방식의 산업정책으로 신속하게 좁히는 것은 불가능하다. 그보다는 장기적 관점에서 문화예술 역량의 축적과 생태계 형성을 지속적으로 추구해야 한다. 아직 우리나라는 수요와 공급 모든 측면에서 부족한 면이 많다.

1) 취약한 수요 기반

현 상황에 대한 진단은 취약한 수요기반에서 시작할 수 있을 것이다. 문화 소비의 규모가 전반적으로 작다는 점, 특정 부문에 편중되었다는 점, 그리고 사람들 사이에 격차가 크다는 점으로 요약될 것이다.

우리나라는 선진국에 비해 여가 활동에 사용하는 시간과 지출이 모두 적은 편이다. 〈표 6-1〉은 OECD 주요 회원국에서 하루 1,440분을 배분하는 평균 현황을 보여 준다. 한국의 경우, 다른 회원국에 비해 근로에 사용하는 비율이 매우 높은 반면 여가에 사용하는 시간은 다른 선진국보다 상당히 낮은 것을 확인할 수 있다.

이뿐만 아니라 〈그림 6-1〉에 나타나는 바와 같이 여가 활동에 지출하는 비중 역시 상당히 낮다. OECD 평균에 비해 약 1%p, 미국이나 영국에 비해서는 2.5%p 가량 낮은 것으로 나타난다. 다만 다른 선진국들의 문화 및 여가 활동에 지출하는 비중이 지속적으로 감소하는 데 비해 우리나라의 경우 그 수치가 크게 감소하지는 않은 것으로 보인다.

우리나라 문화여가 생활의 또 다른 특징은 특정 활동에 대한 편중도가 매우 높다는 사실이다. 문화체육관광부에서 실시하는 〈문화향유 실태조사〉에 따르면, 2018년 기준 응답자 중 약 70%가 영화를 제외하면 문화예술 활동이 전무하며, 두 종류 이상의 활동을 체험한 응답자는 전체의 20% 안팎에 불과하다. 문화여가 활동의 다양성이 매우 떨어지는 것이다. 보다 상세한 정보를 위해 이 연구를 위한 실태조사는 영화를 제외한 문화생활에 관해 질문했는데, 영화를 제외하고는 응답자 평균 연간 5회, 회당 6.8만 원을 소비하는 것으로 나타났다(KDI, 2019). 그러나 중간값은 각각 3회, 회당 4만 원으로 일부 계층에 문화 소비가 집중된 것을 알 수 있다.

문화여가 활동의 격차는 교육 및 소득 수준, 지역에 따라서도 나타났다. 이 연구를 위해 실시한 조사 결과, 학력 수준이 고졸 이하인 경우

〈표 6-1〉 OECD 주요국의 시간 사용

단위: 분

	일(수입 노동)	가사 노동	필수 생활	여가
한국	344	132	678	258
호주	238	243	657	281
캐나다	305	186	637	279
덴마크	225	217	659	329
프랑스	204	181	752	294
독일	248	196	648	331
이탈리아	177	219	708	323
일본	363	132	620	278
스웨덴	293	196	622	321
영국	262	195	645	306
미국	289	194	648	287
중국	340	164	694	228
인도	295	191	687	254

주석: 1) 출처는 OECD database(https://stats.oecd.org/Index.aspx?DataSetCode=TIME_USE).
2) 각 항목의 영문명칭은 paid work or study, unpaid work, personal care, leisure이며, 한국 통계청의 〈시간활용조사〉의 항목에 맞추어 한글화했음.
3) "기타" 항목이 제외되어 합계가 1,440분이 아닐 수 있음.

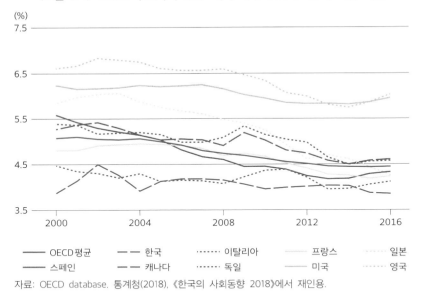

〈그림 6-1〉 OECD 주요국의 GDP 대비 가계의 오락·문화 지출 비중

자료: OECD database. 통계청(2018),《한국의 사회동향 2018》에서 재인용.

연평균 영화 제외 문화생활은 4회인 반면 4년제 대졸자는 5.4회, 대학원 이상은 6회에 달했다. 지역 간 격차도 상당했다. 서울 거주자는 영화를 제외한 문화생활을 연평균 6.4회 실시하고, 회당 7.5만 원을 소비하는 반면, 부산의 경우 각각 4.7회, 회당 5.5만 원에 불과했다. 대도시 간에도 상당한 문화여건의 격차가 발견된다.

이처럼 취약한 수요기반은 문화산업의 성장 잠재력을 제한할 수 있다. 한국이 최근 문화예술 부문에서 큰 성공을 거두었다고는 하나, 영화와 음원, 게임 등 일부 콘텐츠 창작 영역에 집중되었으며, 이 역시 소수 창작자 및 제작자의 역량에 크게 힘입은 덕분으로 보인다. 견고한 수요기반 위에 다양한 시도가 이루어진 결과라고는 보기 어렵다. 게임의 경우 검증된 성공 공식의 반복적인 활용이 성공 요인으로 제시된다. 자연스레 현재의 성공이 지속가능할지 의문을 가지게 된다.

취약한 수요기반과 연관된 또 다른 문제점은, 기존의 성공이 영화 관람 및 음원 소비 등 수동적이고 파급력이 낮은 활동에 집중되었다는 점이다. 그러나 세계적으로 문화에 대한 수요는 보다 깊은 체험과 몰입을 원하는 방향으로 변화하고 있다.

대표적으로, 세계 음악산업은 〈표 6-2〉에 나타나듯 공연과 음원으로 양분되어 있다. 반면 우리나라는 음원에 비해 공연 부문의 성장이 더뎠다. 문화 경험을 소비자에게 전달하는 부문은 일자리가 다수 창출되는 영역임을 고려하면, 체험형 활동을 소비하는 수요가 취약하다는 점이 더 아쉬울 수밖에 없다.

우리나라의 문화 수요기반은 왜 취약한가? 돈이 없어서, 또는 시간이 없어서 문화여가 활동을 하기 어려운 것일까? 물론 소득과 노동시간은 문화여가 활동에 영향을 주는 요인이며, 이를 확인하는 연구결과도 있다(전승훈·김덕, 2015; 한정임, 2019). 그러나 해당 연구들은 모든 소득 구간에서 소득 증가가 문화 소비 증가로 연결되지 않는다는 점, 근로시간의 단축에 따른 문화생활 증가 역시 일부에 국한된다는 점 역시 확인하고 있다.

이는 문화예술 상품이 경험재experience goods적 특성을 가지고 있기 때문이다. 즉, 그 상품을 경험해 보기 전까지는 자신이 그 제품과 서비스에 가진 선호와 가치평가를 스스로도 알기 어렵다는 것이다. 따라서 사람들이 장기간 관련 소비 경험을 축적하고, 문화에 대한 취향을 형성하는 과정을 거쳐야 문화생활 양식이 정착되고, 수요 창출로 이어진다. 문화 선진국에서 유소년기의 문화예술 경험과 교육을 중요시하는 이유도 이러한 관점에서 이해할 수 있다.

반면, 우리나라의 경우 아직 선진국과 같이 문화 경험을 축적하는 구조를 보유하지 못했다. 따라서 문화적 경험이 많지 않은 소비자의 경우

<표 6-2> 세계 음악산업 부문별 매출액 규모

단위: 십억 달러

	2017	2018	2019	2020	2021	2022	연 누적증가율
공연	25,979	26,889	27,801	28,832	29,761	30,550	3.3%
음원	24,247	26,644	28,893	30,556	31,736	32,661	6.1%
총계	50,226	53,533	56,694	59,387	61,497	63,211	4.7%

자료: PWC (2018).

경험했을 때에 비해 문화상품의 가치를 낮게 평가하고, 어떤 종류의 문화활동이 자신에게 높은 만족을 주는지 알지 못할 수 있다. 이 경우 소득과 시간이 늘어난다고 해서 문화활동의 양과 질이 반드시 증가하지는 않는다.

2) 수요를 자극할 수 있는 공급 역량의 부족

이처럼 취약한 수요구조는 저가 문화상품 선호로 이어진다. 이 연구를 위한 조사에서 향후 문화정책의 방향으로 "관람비용을 높이더라도 더 양질의 문화상품이 등장해야 한다"와 "더 많은 사람들이 즐기도록 관람비용을 낮추는 것이 중요하다" 중 어느 것이 중요한지 물었을 때, 낮은 가격을 선택한 비율이 약 85%로 압도적이었다(KDI, 2019). 이를 보면 사람들의 요구가 상대적으로 문화 경험의 대중화에 기울어진 것처럼 보인다.

그러나 이러한 해석을 채택할 경우, 자칫하면 '낮은 품질의 문화상품의 공급'-'소비자의 문화상품에 대한 낮은 가치평가'라는 악순환에 빠질 우려가 있다. 같은 조사결과를 자세히 살펴보면, <그림 6-2>에서 나타나는 바와 같이 연령이 낮을수록, 문화예술 경험의 정도가 높을수록 관람비용이 높아지더라도 양질의 문화상품을 선호하는 비율이 증가했다. 이와 유사하게 〈문화향유 실태조사〉 역시 문화예술 경험이 없는 응답자는 해결이 필요한 과제로 '관람비용의 적정성'을, 관련 경험이 있는 경우 '예술행사의 질 개선'을 제시하는 경향이 있었다.

이는 앞서 설명한 문화예술의 경험재적 특성을 잘 보여 주며, 향후 정책 방향이 다수가 낮은 가격에 문화를 즐기도록 하는 데만 맞춰져서는 안 된다는 점을 시사한다. 양질의 초기 경험을 제공하여 이들이 자

〈그림 6-2〉 연령 및 문화소비 지출액 분위별 문화정책의 방향에 관한 의견

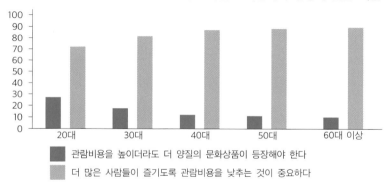

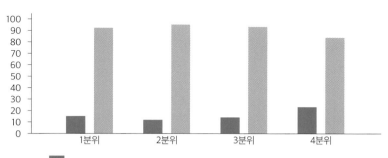

자료: KDI(2019), 〈'3만 불 시대의 중장기 정책방향'에 관한 의견조사〉.

신의 선호와 취향을 발견하고 질 높은 문화를 향유하는 방향으로 유도하는 것이 문화복지 측면에서도 중요하다.

현재의 정책 방향은 이처럼 질 높은 경험으로의 수요 견인, 그리고 수요를 자극할 수 있는 공급 부문의 역량 강화와는 다소 거리가 있다. 문화의 공공적 측면을 강조함에 따라 문화 바우처 등 기존의 수요 정책은 저소득층 등 제한된 집단에 소규모의 지원을 제공하는 데 초점이 맞추어져 있다. 공급 부문 역시 소비자에게 어필할 수 있는 양질의 문화상품을 공급하는 역량을 장기적으로 강화하기보다 시장가격보다 낮은 수준에 문화상품을 제공하기 위해 공공부문이 주도하여 직접 공급하거나 공급자를 지원하는 모습이 주로 관찰된다.

이러한 정책 방향은 시장에 맡겨서는 생존하기 어려운 생산자를 보호한다는 명분이 있지만, 동시에 다수의 소비자를 설득시키기 어려운 낮은 품질의 문화상품이 공급된다는 문제, 정부가 지원 대상을 지속적으로 발굴 및 판별해야 하는 문제가 생긴다. 결과적으로 공공부문의 지원에 대한 의존도가 증가하고 민간의 참여 동기가 저하되는 등의 문제가 심화하는 현상이 반복된다.

2010년대 들어 급격히 늘어난 해외여행의 목적이 상당 부분 국내에서는 접하기 어려운 문화적 체험이었다는 점을 고려할 때, 이러한 잠재적 수요에 부응하기 위한 공급 역량을 장기적으로 축적하는 데 초점을 맞출 필요가 있다.

3. 비전: 문화국가의 모습

1) 다수의 국민이 다양하고 깊은 문화여가 활동을 향유하는 사회

한국이 문화국가로 도약하기 위해 추구해야 할 미래 비전으로 우선 절반 이상의 국민이 하나 이상의 문화여가 활동을 영위할 수 있는 환경을 조성하자고 제안한다. 즉, 문화활동의 폭과 깊이를 모두 개선하자는 것이다. 영화 관람과 음원 소비 등 수동적 활동에 편중된 현재 상태에서 벗어나 다양한 분야에서 적극적이고 참여적인 형태의 문화여가를 많은 사람이 누리는 상태에 도달하는 것을 지향할 필요가 있다.

〈표 6-3〉은 현재 유럽 국가들의 종류별 문화예술 활동 경험자 비율을 보여 주는데, 영화를 제외하고도 다양한 종류의 문화예술 활동을 즐긴다는 사실을 확인할 수 있다. 이처럼 다양한 종류의 문화상품을 향유하는 소비층이 존재하는 경우 견고한 수요가 자리 잡아 공급 부문을 자극할 수 있다.

문화여가 활동의 폭, 즉 다양성 증가와 더불어 깊이, 즉 문화활동에

〈표 6-3〉 유럽 주요국의 문화예술 활동 종류별 경험자 (2015년)

단위: %

	최소 1종류	영화	공연	미술관, 박물관
프랑스	78	58	55	54
독일	73	47	49	50
아일랜드	69	49	45	40
영국	75	53	50	55

자료: Eurostat (2016).

대한 참여 정도도 높아질 필요가 있다. 예컨대 영화의 경우에는 단순 관람을 넘어 다양한 영화 축제 및 관람회, 제작자와의 만남 등을 통해 영화에 대한 2차 소비 활동 증가를 생각할 수 있다. 미술의 경우 단순 관람을 넘어 미술관의 연간회원이 되고, 도슨트 투어를 통해 작가와 작품세계를 보다 깊이 이해하며, 한 단계 더 나아가 작품을 소유하고 공유하는 수준의 소비자들이 많아지는 모습을 상정할 수 있을 것이다. 이처럼 관여도가 높은 관객의 수가 증가하면 직접적으로 연관된 운영기관 및 기업의 수익을 제고할 뿐 아니라 소비자들의 취향에 부합하는 상품 기획이 증가하여 2차 산업의 성장에 기여할 수 있다.

〈표 6-4〉는 본 연구의 실태조사에서 문화생활에 대한 현재의 희망에 대해 질문한 결과다. 30년 후 문화예술 상품의 주 소비층이 될 20~30대의 경우 보다 깊은 문화적 체험을 원하는 비율이 상대적으로 높다. 이들이 중장년이 되어 문화예술의 주 소비집단이 되면 이들의 선호와 요구에 부합하는 문화적 경험이 지속적으로 제공되는 환경이 조성될 것으로 전망한다.

〈표 6-4〉 연령별 희망하는 문화활동 수준과 방식

단위: %

연령대	지금 수준으로 충분	현재 좋아하는 활동을 깊이 체험하고 싶다	더 다양한 활동을 하고 싶다
20대	29.8	27.3	41.6
30대	25.6	27.4	47.0
40대	23.4	18.3	56.3
50대	31.7	20.3	47.0
60대 이상	33.0	17.8	47.1

자료: KDI(2019), 〈'3만 불 시대의 중장기 정책방향'에 관한 의견조사〉.

2) 주요 도시들이 문화 거점으로 변모

다수의 국민이 문화여가 활동을 일상적으로 누리기 위해서는 국내의 주요 도시들이 시설과 활동 모든 측면에서 문화 거점으로 변모할 필요가 있다. 이 연구에서 실시한 KDI(2019)의 결과를 보면, 2019년 현재 서울이 아닌 지역에 거주하는 사람들의 24%가 주된 문화활동을 거주하는 지역이 아닌 서울로 이동하여 경험하고 있으며, 20~30대의 경우 이 비율이 33% 수준으로 상승한다. 즉, 거주 지역에서 즐길 만한 문화 콘텐츠와 시설이 충분하지 않다는 것이며, 이는 청년층이 서울 거주를 선호하는 이유이기도 하다.

미래에는 광역시급 거점도시에서도 서울에 버금가는 수준의 문화적 경험을 일상적으로 누릴 수 있어야 할 것이다. 광역시를 기준으로 제시하는 이유는 양질의 문화상품 공급, 인력 수급, 인프라 구축 등을 위해 최소한의 시장성이 확보되는 규모라고 판단하기 때문이다. 거점도시는 거주지에서 일상적으로 즐길 수 있는 문화예술 및 스포츠 이벤트를 지속적으로 개최할 수 있는 조건을 갖추어야 한다. 이 연구의 8장은 지역 간 균형발전을 위한 전략으로 '압축과 연계'라는 개념을 제시하고 있는데, 문화예술 역량을 강화하기 위해서도 이러한 개념을 중심에 놓을 필요가 있다.

이를 위해서는 다양한 문화적 역량을 집중시켜 소비자가 수준 높고 다양한 체험을 한 곳에서 누릴 수 있도록 하는 전략이 효과적일 수 있다. 서울과 지역 거점도시 간의 격차는 하드웨어보다 소프트웨어 측면에서 더욱 크게 나타난다. 전국 또는 세계적 수준의 선도적인 문화 공급자를 유치하고, 이들이 제공하는 최상위 수준의 문화 경험을 상업 경쟁력을 가진 부대시설과 결합하여 수요와 공급을 밀도 높게 연결해야 한다. 거점도시의 문화 역량을 개선하면 정주定住여건이 좋아져 도시 매력도 또한 증가하는 결과로 이어질 것이다.

비거점도시는 '여행자에게 매력적인 도시'로 변모할 필요가 있다. 생활방식이 변화하면서 문화 및 여가 활동은 점차 거주지 주변의 일상적 문화 소비와 여행지에서의 몰입 및 휴식형 체험으로 분화하고 있다. 비거점도시들은 대도시에서는 접하기 어려운 휴식과 몰입의 문화적 경험을 제공하는 방향으로 진화할 필요가 있다.

그러나 문화를 지방 활성화의 수단으로만 생각해서 무분별한 분산 정책이나 특장점이 없는 시설과 행사를 남발하는 것은 지양할 필요가 있다. 우리보다 앞서 지방 활성화 정책을 추진한 일본을 보면 세토우치 국제 예술제, 에치고쓰마리 대지 예술제와 같은 선도적 시도가 성공을 거둔 후 삿포로 예술제, 도쿄 예술제, 도쿄 도시마구 도시마 여름 예술제, 군마현의 나카노조 비엔날레, 미야기현의 리본Reborn 예술제 등 현대미술을 표방하는 각종 크고 작은 예술제가 이어졌다. 그러나 이처럼 중복된 콘셉트의 축제가 난립하며 사람들이 피로감을 느끼고 호응도가 떨어지고 있다.

지역균형을 명분으로 수많은 문화시설 및 축제가 생겨나고, 그들 중 많은 수가 자생력이 떨어져 중앙의 지원에 의존하는 우리나라의 현실을 보면 일본과 유사한 경로를 밟지 않도록 노력해야 할 필요를 다시금 느끼게 된다.

3) 문화예술산업의 경쟁력 강화 및 일자리 질 개선

1절에서 언급한 바와 같이, '4차 산업혁명'이 초래할 노동 수요 감소에 문화예술산업은 좋은 대안이 될 수 있다. 2020년 현재 우리나라의 문화산업의 고용 비중은 추계에 따라 다르지만, 대략 전체의 2.3~2.5% 선으로 문화 선진국에 비해 약 1~2%p 낮은 편이기 때문이다. 창작 및 제작 부문에서 계속해서 성공 사례가 이어지는 현상도 문화산업의 가능성을 보여 준다.

그러나 문화예술산업에서 고용의 양뿐만 아니라 질을 함께 생각할 필요가 있다. 통계를 살펴보면 문화서비스 전체 고용의 상당수가 영화 상영관, 노래방, PC방 등 생산성과 일자리 질이 낮은 부문에 집중적으로 분포하기 때문이다(이창근, 2018). 따라서 고용 잠재력이 큰 이 영역의 문화상품을 고부가가치화하여 일자리의 질 개선을 꾀하는 것을 또 다른 주요 비전으로 설정할 필요가 있다.

비전의 핵심은 개인화된 체험을 제공하여 소비자의 만족도를 높이고 더 높은 가치를 인정받는 서비스를 더욱 활성화하는 것이다. 디지털화는 위에서 언급한 생산성이 낮은 부문을 개선하는 데 새로운 가능성과 기회를 제시한다. 소비자가 원천 콘텐츠를 다양하고 개별화된 형태로 즐기고 상호 작용을 원하는 수요를 충족할 수 있기 때문이다.

최근 다양한 플랫폼의 등장에 힘입어 소규모 그룹의 가이드/도슨트 문화 여행, 미술품 대여 및 공동구매, 독서모임 등 다양한 형태의 문화예술서비스가 등장하고 있다. 또한 코로나19로 인하여 디지털 기술을 활용하여 개인 소비자와 긴밀하게 상호 작용하는 문화적 상품의 개발이 활발히 모색되고 있다는 점에 주목할 필요가 있다. 이러한 추세는 앞으로도 지속될 것으로 보이며, 문화생활의 질과 산업적 가치를 함께 높일 수 있는 대안이 되리라 전망한다.

문화상품을 소비자에게 전달하는 영역이 고용 및 생산성의 높은 잠재력 때문에 전략적으로 접근할 필요가 있는 부분이라면, 최근 성과가 두드러졌던 창작 및 제작 부문은 그 성공을 장기적으로 지속하고 확대하는 것이 핵심적 과제라고 할 수 있다. 이를 위해서는 공급 부문 생태계 전반의 경쟁력이 강화될 필요가 있다.

현재 문화산업은 소규모 영세 창작자 기업 및 공연기획 사업자가 다수를 점하고 있어 양질의 콘텐츠나 문화서비스를 제공하는 역량이 부족하다. 경쟁의 범위가 전 세계로 확장되고 넷플릭스나 디즈니 등 유통과 제작을 겸하는 거대 글로벌 기업의 영향력이 커지고 있는 상황에서 세계시장을 지향하는 자본과 인력을 육성할 필요가 있다. 선도적 문화상품 공급자의 등장은 장기적으로 인적·물적 파급효과를 가져온다는 점에서도 중요하다.

그러나 이는 문화예술산업의 비전이 상업 부문의 성장과 대형기업 육성에 국한되어야 한다는 의미는 아니다. 기초 부문, 즉 실험적이고 독립적인 부문이 성장할 수 있도록 지원이 지속적으로 병행되어야 하며, 이는 상당 부분 공공부문의 몫이 되어야 한다. 즉, 창의적인 순수예술 및 다양성 콘텐츠가 생산될 수 있도록 안정적인 기획 및 제작 기반을 장기적 관점에서 구축하고, 소비자가 이를 경험할 수 있도록 해야 한다. 창의성 있는 소자본 작품들, 특히 최근 독립영화들이 상업적으로도 상당한 가능성을 입증한 것은 좋은 사례라고 하겠다.

4) 문화예술 선도국으로서의 위상 확립

문화는 그 자체로도 가치가 있으나, 도시와 기업, 국가의 이미지와 소프트파워를 개선하는 파급효과가 크다는 점에서도 중요하다. 예컨대 '문화를 만들고 즐기는 국가'라는 이미지는 서울 등 한국의 주요 도시가 국제적 위상을 획득하는 데, 그리고 한국이 여행하고 싶은 국가, 살고 싶은 국가로 자리매김하는 데 기여할 수 있다. 이뿐만 아니라 현재 프랑스와 일본이 그러하듯 문화적 소프트파워는 한국 기업의 주력 제품 및 서비스를 고급화하고 차별화하며 한국의 산업경쟁력을 한 차원 더 끌어올리는 데에도 도움을 줄 수 있다.

따라서 또 하나의 중요한 비전으로 문화예술 선도국으로서 국제적 위상을 확보하는 것을 제시하고자 한다. BTS의 성공, 〈기생충〉의 영화제 수상 등 최근 문화국가로서 한국의 위상을 높이는 사건이 연이어 일어났다. 그러나 특정한 장르와 작품을 넘어선 국가적 이미지, 즉 다양하고 보편적 호소력이 있는 문화콘텐츠를 지속적으로 창조하는 역동적 국가로서의 이미지를 장기적으로 추구할 필요가 있다. 이는 특정한 국가 이미지를 하향식으로 선정하고 명시적으로 홍보하자는 의미가 아니다. 다양한 시도가 발생하고 또 이를 적극 수용하는, 문화적으로 역동적인 국가를 추구하자는 것이며, 그 과정에서 보편적 설득력이 있는 한국의 정체성을 스스로 발견하자는 것이다.

일본은 자국문화의 해외 전파 및 홍보를 중요하게 생각해 온 국가로, 메이지유신 이래 미술과 공예와 같은 문화유산을 국가 선전에 효율적으로 활용해 왔다. 일본은 20세기 초 만국박람회에서 문화 선전으로 국가 이미지가 향상되는 효과를 목격했다. 패전 후에는 동남아시아 등에서 문화외교를 펼쳐 국가의 이미지를 개선하고, 외교력을 확대하며 자국 산업의 시장을 확대하는 경험을 한 바 있다.

일본은 과거 순수예술, 전통예술 등의 이른바 '고상하고highbrow' 일본의 특색을 드러내는 문화상품에 초점을 맞추었으나, 차츰 애니메이션, 게임, 요리 등으로 범위를 확장했고 지금은 특정 영역에 국한하기보다 일본인의 일상을 매력적 라이프스타일로 포장해 전달하는 방향으로 국가 브랜드 전략을 이동시키고 있다. 정부가 주도하는 대외 이미지 정책에 대한 비판이 분명 존재하지만, 다양한 분야를 포괄하는 소프트파워 전략을 고민하는 것 자체는 눈여겨볼 필요가 있다.

한국은 산업화와 민주화를 달성한 국가로서, 또 개방적 세계질서 속에 중견국으로 성장한 국가로서 이러한 가치들을 세계사회에서 대변할 필요가 있다. 한국의 문화는 이러한 측면에서 다른 동아시아 국가들과 차별화되는 장점이 있다. 민주주의와 인권, 역동성 및 창조성과 같은 보편적이고 현대적인 가치를 문화상품으로 잘 표현해 왔기 때문이다. 한국에 비해 일본은 상대적으로 과거와 전통, 조화에 애착이 강한 경향이 있으며, 중국은 민주주의 사회가 보여 주는 자유로움과 역동성이 부족하다.

한국이 가진 장점을 일관된 이미지로 세계에 표현하고, 또한 세계의 문화를 적극적으로 수용하는 국가라는 이미지를 정립한다면, 이는 개방적·협력적 국제질서를 표방하는 한국의 중견국 외교, 그리고 동남아시아와 중앙아시아 같은 전략지역에 접근하는 데 상당히 기여할 것이다.

4. 비전 달성을 위한 전략

1) 생애주기별 문화생활 방식의 정착

문화예술에 대한 소비가 촉진되도록 수요 기반을 형성하기 위해서는 생애주기에 따라 적절한 문화적 경험을 제공하는 것을 핵심 전략 중 하나로 고려할 필요가 있다. 문화 선진국들은 어려서부터 다양한 문화시설과 행사를 경험하게 하여 문화적 취향을 장기적으로 형성하도록 하는 데 상당한 노력을 할애한다. 우리나라 역시 청소년기, 또는 사회진출이 늦는 우리나라의 특성을 감안하여 사회 초년기에 양질의 문화적 경험을 하도록 도울 필요가 있다. 앞서 강조했듯이, 관건은 '양질'의 경험을 제공하는 것이다.

프랑스와 일본의 사례는 목표달성을 위한 전략 수립에 상당한 시사점을 제공한다. 프랑스는 교육부와 문화부 공동사업으로 유치원 및 정규 초·중등학교 교육에 문화예술 체험 수업classe a PAC: Projet artistique et culturel이 일부 편성되어 있다. 이 활동은 학점이수를 위한 지식교육이 아니라 지역의 문화기관과 함께 예술가와 교류하고, 공연과 전시 등에 실제 참여하는 형태의 수업으로 구성되었다. 내용 또한 커리큘럼이 정해지지 않아 학생들이 원하는 종류의 문화예술 활동을 스스로 찾도록 한다. 이렇게 형성된 문화적 취향은 긴 시간 동안 지속되며 진화한다.

일본도 마찬가지다. 일본은 다양한 취미 문화가 발달한 국가로 알려졌다. 특히 청년층뿐 아니라 노인들도 다양한 문화 및 여가생활에 상당한 비용을 지출하는데, 여기에는 청소년기에 한 가지 취미를 깊이 있게 (자신이 선택한 분야), 다양한 문화활동을 폭넓게 (친구들이 선택한 다른 분야) 체험하는 것이 중요한 역할을 하는 것으로 알려졌다. 특히 전국 고교생을 대상으로 개최되는 전국적 규모의 체육대회(인터하이)와 문화 경연행사(종합문화제)와 같은 이벤트는 수만 명의 학생들에게 깊이 있는 문화적 경험을 할 수 있는 기회를 제공한다.

청소년뿐 아니라 다른 집단에 대한 관심도 필요하다. 특히 고령화가 지속적으로 진행되고 있으므로, 그 비중이 증가하고 있는 노년층과 새로운 인구집단이 유의미한 문화활동을 영위할 수 있도록 도와야 한다. 한국에 앞서 인구고령화를 경험한 일본은 노인과 장애인들이 문화 소비뿐 아니라 지역 단위로 문화생산 활동에 참여할 수 있도록 돕고 있다. 또한 외국인 인구가 증가하는 상황에 대응하여, 거주 외국인들을 잠재적 문화 수요층으로 설정하고 이들이 일본의 문화를 체험하는 기회를 확대하는 데 힘쓰고 있다. 인구구조의 변화에서 비슷한 추이를 보이는 한국이 눈여겨보아야 할 부분이다.

2) 합리적 시설 활용 및 민간부문의 참여 확대

문화예술산업의 산업 경쟁력을 개선하기 위해서는 하드웨어를 효율적으로 사용하고 소프트웨어 부문에서 민간의 주도권을 보다 강화할 필요가 있다. 현재 우리나라는 지방자치단체마다 문화시설을 경쟁적으로 설립하지만, 공공의 운영 역량이 그에 미치지 못해 소비자에게 외면당하는 경우가 다수 목격된다.

일본 역시 비슷한 과정을 겪었다. 버블경제 시기에 우후죽순雨後竹筍으로 지어진 공공문화시설이 지속적으로 기획 및 운영되지 않아 방치되거나 폐관하는 등 사회적 문제가 되었고, 2003년경부터 법을 정비하여 공영 조직의 법인화, 민영화를 추진하기에 이른다. 이후 일본은 공공이 주도하여 문화시설을 건축하는 경우가 매우 드물었고, 올림픽을 맞이하여 새롭게 개관하는 국립 문화시설 역시 국립 도쿄 근대미술관에서 공예관이 독립하여 가나자와로 이전하는 국립 공예관이 유일하다. 이러한 일본의 사례를 참고하여, 양보다는 질적 수준을 우선시하는 방향으로 하드웨어 활용 전략을 조기에 수정할 필요가 있다.

이와 유사한 맥락으로, 문화재와 역사적 건축물을 보다 전략적으로 이용할 수 있는 방안도 고민해야 한다. 일본은 역사적 건축물을 '특색 있는 장소unique venue'로 활용하는 트렌드가 자리 잡았다. 즉, 문화재로 지정된 역사적 건축물에 결혼식, 대형 회의, 리셉션 등을 유치하여 방문객에게는 문화재 이용 체험을 선사하고, 지자체나 소유자에게는 수익을 창출하는 것이다. 또한 미술관과 박물관의 야간 개관, 전통예능, 무대 공연 등의 야간 공연 확대와 같이 문화예술자원을 살린 엔터테인먼트의 충실화를 꾀하고 있다. 이는 수익 측면에서도 도움이 되지만 지나치게 보존만을 강조함으로써 사람들의 관심과 생활에서 멀어지는 것을 방지할 수 있다는 장점이 있다.

민간부문의 참여를 확대할 필요도 있다. 최종 소비자에게 효과적으로 메시지를 전달하고 상품을 기획하며, 문화와 다른 활동을 결합하는 역량에서 기업이나 전문조직 등 민간부문이 더 뛰어날 가능성이 높기 때문이다. 최근 대구 FC 경기장의 사례처럼 공공시설에 명명권을 부여한다거나, 장기적인 기획 및 운영 권한 부여, 지역 문화제 운영, 메세나 활동을 통한 교육 및 공동체 활동 등 다양한 부분에서 민간부문의 참여를 확대할 필요가 있다.

이 연구의 7장은 변화하는 사회의 수요에 부응하여 공공부문의 역할과 역량을 재구성할 필요가 있다고 주장한다. 이 말은 문화예술의 영역에서도 적용될 수 있다. 민간의 수요가 있음에도 활용되지 않고 있는 공공부문의 자원을 활용하고, 공공보다 민간이 잘할 수 있는 부문에서 더 많은 가능성을 민간에 열어야 하며, 민간보다 공공부문이 잘할 수 있는 곳에 지원을 집중할 필요가 있다. 마지막 과제로 제시하는 장기적 창작, 제작, 연구 지원이 여기에 해당한다.

3) 장기적 창작, 제작, 연구 지원

한국 문화산업의 근본적 경쟁력이라고 할 수 있는 창작과 제작 부문을 안정적으로 뒷받침하기 위한 정책 역시 필요하다. 특히 순수예술 및 공연예술은 독창적 작품의 창작과 제작, 마케팅에 상당한 시간이 소요되는 반면, 계획-지원-평가의 재정 사이클은 주로 1년 단위의 회계연도에 맞추어지므로 창작자에게 충분한 시간을 주지 않는다는 문제가 있으며, 세계시장에 진출하는 데에도 어려움이 많다.

공공부문에서라도 최소 2~3년 이상의 장기 기획을 마련해 창작자에게 안정적 여건을 보장하고 수준 높은 콘텐츠를 요구하는 관행을 정착할 필요가 있다. 또한 실제 전시와 공연이 이루어지기 이전의 기획 단계를 중요한 창조 과정으로 보고 해당 기간에 창작자의 환경이 안정적으로 유지되도록 지원하는 것 역시 필요하다. 문화시설기관장의 안정적 임기 보장과 전문성을 우선시하는 기조 역시 필수적 과제로 언급할 필요가 있다.

콘텐츠 창작과 제작을 연구개발R&D 관점에서 바라보고 지원하는 방안도 고려할 필요가 있다. 현재의 연구개발 정책은 제조업을 중심으로 설계돼 유형자산 투자를 보조하는 데 초점이 맞춰져 있다. 그러나 문화산업은 핵심 경쟁력이 인적 자본 등 무형자산에 있는 경우가 많으므로, 이에 대한 적절한 투자유인을 설계하는 것 또한 고민할 필요가 있다.

마지막으로, 창작자뿐 아니라 이를 뒷받침하는 비평과 이론, 기획 및 관리 영역의 생태계 역시 전략의 중요한 부분으로 인식될 필요가 있다는 점을 언급하고자 한다. BTS의 국제적 성공에서 제작자가 차지하는 역할, 〈기생충〉의 세계적 신드롬 형성에서 홍보 캠페인의 역할, 미국이 추상표현주의가 유럽의 미술 헤게모니에 맞서 하나의 사조로 자리 잡는 과정에서 비평가들이 수행했던 역할, 일본이 창작자뿐 아니라 이론, 비평, 역사 연구가를 육성하기 위한 장기 프로그램을 만들고 발전시키는 것 등이 좋은 참고 사례가 될 것이다.

7 장

삶의 질 향상을 위한 똑똑한 정부

윤지웅 경희대학교

한국은 지난 60년간 정부 주도의 성장정책에 힘입어, 최빈국에서 세계 10위권의 경제대국으로 성장했다. 그런데, 삶의 질 측면에서는 아직 개선의 여지가 있는 것이 현실이다. 특히 선진국 추격형 발전 전략에서 선도형 발전 전략으로 전환하기 위해 기존 규제와 정부 역량의 변화가 필요한 시점으로 판단된다. 이러한 인식을 바탕으로, 향후 한국은 똑똑한 정부 구현으로 세계 최고 수준의 삶의 질을 국민에게 제공하는 데 정책의 초점을 맞춰야 할 것이다. 이를 위해 공공서비스 수요에 대응해 정부 역량을 재구성하고, 규제를 재설계하며 민간 자율규제 활성화를 지원해야 할 것이다. 나아가 차원 높은 디지털정부 구현으로 정부 서비스의 신뢰성과 효율성을 모두 높여야 할 것이다.

1. 연구의 배경

한국은 지난 60년간 정부가 주도적으로 양적 투입을 하는 추격형 fast-follower 모델로, 전무후무한 경제발전을 이룩하였다. 특히, 우리나라는 특히 급속한 경제성장과 국민의 삶의 질 향상에 정부·공공부문의 적극적 역할이 중요한 영향을 미쳤다(OECD, 2001; Fukuyama, 2004a·b). 유엔에서 발표하는 국민의 삶의 질 수준을 대표하는 인간개발지표 Human Deveolpment Index, HDI의 추이를 보면, 한국이 1980년부터 2014년까지 매우 급속히 주요 선진국 수준으로 상승하였다(〈그림 7-1〉 참조).

그런데, 앞서 1장과 2장에서 살펴본 바와 같이, 1인당 국민소득이 3

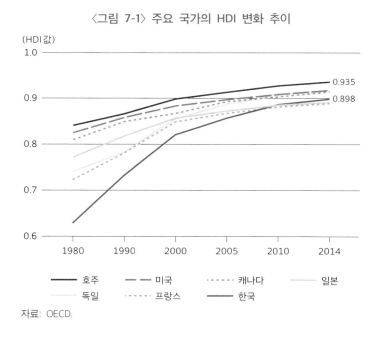

〈그림 7-1〉 주요 국가의 HDI 변화 추이

자료: OECD.

만 달러 시대에 진입한 이후, 국민의 삶의 질 수준과 경제성장 수준에 괴리가 있다는 비판이 지속되고 있다. 경제발전과 더불어 전 세계적으로 국민의 삶의 질에 관심이 더 커지고, 우리나라에서도 경제적인 발전 외에 건강, 환경, 안전 등 삶의 질 향상을 위한 국민의 요구에 정부가 더 적극적으로 대응해 달라는 목소리가 커지고 있다.

그러나 안전, 복지, 환경 등 사회서비스 수요의 증가에 정부가 수요자의 입장은 외면한 채 행정편의에 맞게 재원을 투입하여 대응하다 보니 현장에서의 사회서비스 체감도는 낮은 실정이다. 또한, 정부가 민간의 혁신 활동을 사전규제 중심의 규제틀 속에서 다루고 있으며, 특별법 등 기존 규제 위에 다시 규제를 쌓는 방식으로 대응함에 따라 정부의 규제 방식이 혁신 활동에 걸림돌이 된다는 지적이 계속되고 있다. 이에 따라 선도적first mover 혁신, 사회안전망 확대 등 질적 측면을 발전시키기 위해 정부 및 공공부문의 역할과 기능을 재설계해야 하는 실정이다.

이러한 인식하에, 이 절에서는 5만 달러 시대 대한민국 국민의 삶의 질 수준에 영향을 미치는 정부의 정책 역량 및 정책 수단을 검토하고, 이를 개선하여 궁극적으로 국민의 삶의 질을 제고할 수 있는 추진 전략을 제시하고자 한다. 특히 행정부의 역량 분포, 정부의 규제 방식, 똑똑한 정부가 되기 위한 개선 전략을 제시하고자 한다.

2. 문제점

1) 민간과 정부 간 신뢰 부족

지난 50년간 민간시장이 전무한 상태에서 정부 주도로 경제성장을 추진한 것은 1950년대 최저소득 국가로서 어쩔 수 없는 선택이었다. 국내시장이 거의 없거나 매우 작은 상황에서, 정부의 강력한 지원과 규제를 기반으로 수출 중심의 정부 주도 성장 전략을 성공적으로 추진하였다고 평가된다(Kim, 1997).

그런데, 정부 주도 압축성장을 추진하는 과정에서 정책의 효율성과 효과는 어느 정도 입증했으나, 정책의 투명성과 행정의 책임성을 충분히 확보하진 못하여, 정부에 대한 국민의 신뢰도가 상대적으로 낮은 수준이었다. 물론 경제발전이 일정 수준에 도달함에 따라 정부가 투명성 및 책임성을 확보하려는 노력이 이어져, 이제는 주요 선진국과 격차를 상당히 좁혔다. 그럼에도 불구하고, 국민의 눈높이는 계속 높아져서, 정부의 지속적인 노력이 필요한 시점이다.

국제투명성기구Transparent International에서 발표하는 투명성 지수에 따르면, 대한민국 국가 전반의 투명성 정도는 2019년도 기준 168개 조사국 중에서 39위(점수는 59점)로 나타났다(〈표 7-1〉 참조). 2018년에 비하여 6단계 상승한 것은 고무적이다. 그런데 아직 주요 선진국과는 차이가 있다. 투명성 수준은 민간과 정부를 포함한 사회 전반의 신뢰 수준과 상관관계가 높을 것으로 판단되며, 대한민국의 투명성 수준은 아직 선진국에 비해 개선 여지가 있다는 것을 알 수 있다.

OECD에서 발표하는 정부 신뢰 수준을 보면, 대한민국은 다른 선진

<표 7-1> 투명성 지수 및 순위

연도＼국가	한국	프랑스	미국	독일	일본	영국
2015	54	70	76	81	75	81
2016	53	69	74	81	72	81
2017	54	70	75	81	73	82
2018	57(45)	72(21)	71(22)	80(11)	73(18)	80(11)
2019	59(39)	69(23)	69(23)	80(9)	73(20)	77(12)

주석: 괄호는 해당 연도의 순위를 나타냄.
자료: 국제투명성기구 (Transparent International).

<표 7-2> 정부 신뢰 수준

연도＼국가	대한민국	프랑스	미국	독일	일본	영국
2006	23	32	56	32	35	49
2007	24	36	39	35	24	36
2008	27	45	38	43	22	32
2009	27	47	50	53	25	38
2010	32	40	42	40	27	50
2011	28	38	38	42	23	47
2012	23	44	35	52	17	42
2013	35	40	29	56	36	38
2014	28	26	35	60	38	42
2015	26	33	35	63	35	46
2016	24	28	30	55	36	41
2017	36	37	39	62	41	44
2018	39	38	31	59	38	42

자료: OECD, Government at a Glance, 각 연도.

국들에 비하여 급속히 향상되고 있으며, 재정적자가 상대적으로 큰 다른 선진국에 비하여 재정 건전성이 높아 재정적 측면에서 신뢰성이 높은 것으로 나타났다. 한편, 2017년과 2018년 신뢰 수준이 큰 폭으로 향상되어 한때 프랑스와 일본의 정부 신뢰 수준을 앞지르기도 하였다. 하지만 이러한 효과는 이른바 촛불혁명의 영향도 일부 있다고 판단되며, 아직 정부와 민간 사이의 신뢰 수준이 향상될 여지가 더 많다고 할 수 있다.

2) 불신에 기반한 사전규제로 혁신 활동 제한

앞서 본 바와 같이, 우리나라는 현재 사회적 신뢰 수준이 낮은 상태이며, 정부의 역할에 대해 국민이 크게 공감하지 못하는 실정이다. 민간에 대한 불신을 바탕으로 정부는 사전규제 중심의 부성애父性愛적 역할을 지속적으로 확대했으며, 반면에 민간은 정부에 대한 불신으로 공무원의 적극적 행정을 저해하는 다양한 형태의 행정통제를 강화하였다. 이러한 상호 불신은 전반적으로 정책의 효과성과 수용성을 저해하는 것으로 판단된다.

스위스 국제경영개발대학원IMD 국가경쟁력 평가에 따르면, 대한민국의 정부행정효율 부문은 전년 대비 1단계 하락한 29위를 차지했다. 구체적으로 공공재정(19위에서 22위로), 재정정책(15위에서 17위로) 부문은 전년 대비 하락하였으며, 기업 관련법(48위에서 47위로), 사회적 여건(42위에서 38위로) 등 일부 부문은 전년 대비 상승하였으나, 여전히 상대적으로 낮은 수준임을 알 수 있다.

우리나라도 지속적인 규제개혁을 통해 성장해 왔지만, 정부의 사전규제 중심의 규제 방법과 수준이 혁신에서 비롯되는 지속가능한 발전을 저해한다는 지적이 계속 제기되고 있다. 정부의 시장개입 정도를 앞서 2장에서 살펴본 제품시장 규제PMR의 수준으로 보면, 여전히 선진국에 비하여 상대적으로 높은 수준이기 때문에 민간의 혁신 활동에 걸림돌이 된다는 비판이 지속된다(〈그림 7-2〉 참조).

정부의 규제는 민간의 혁신 활동에 영향을 주는 요인 중 하나로 논의 된다. 이상적으로 정부의 규제가 외부효과externality로 인해 연구개발R&D 활동이 사회적으로 바람직한 수준보다 적게 일어나는 것을 보완한다면,

〈표 7-3〉 2018년 국가 경쟁력 평가 부문 및 지표 수

경제운용성과	82	정부행정효율	74	기업경영효율	73	발전인프라	111
국내경제	25	공공재정	12	생산성 · 효율성	10	기본 인프라	24
국제무역	26	재정정책	13	노동시장	24	기술 인프라	19
국제투자	17	제도적 여건	15	금융	20	과학 인프라	25
고용	8	기업 관련법	20	기업경영 관행	11	보건 및 환경	18
물가	6	사회적 여건	14	태도 및 가치관	8	교육	

주석: 전체 지표 수 340개.
자료: IMD (2018), IMD World Competitiveness Yearbook 2018 재가공.

〈표 7-4〉 IMD 국가경쟁력 대한민국의 정부효율성 부문 순위 추이

부문 \ 연도	2014	2015	2016	2017	2018
정부효율성 종합	26	28	26	28	29
- 공공재정	24	25	20	19	22
- 재정정책	17	19	18	15	17
- 제도적 여건	25	25	25	29	29
- 기업 관련법	42	45	46	48	47
- 사회적 여건	36	40	40	42	38

자료: KISTEP (2019).

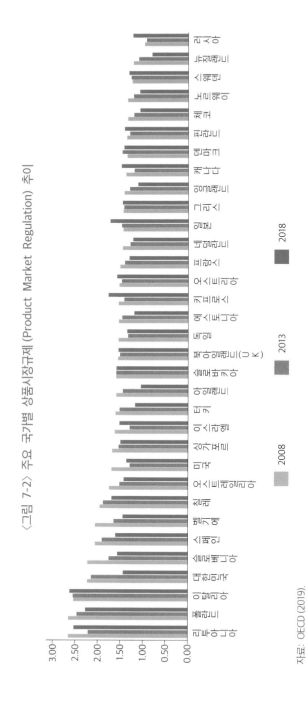

〈그림 7-2〉 주요 국가별 상품시장규제 (Product Market Regulation) 추이

자료: OECD (2019).

매우 바람직할 것이다. 그러나 규제의 목표가 잘못 정의되거나 잘못 활용되는 등 규제적 정책 수단이 오용되면 시장에서 자원의 비효율적 배분을 초래하고 불확실성을 증대하는 등 건전한 시장 활동을 제한할 수 있다. 그 결과 기업의 기술혁신이 저해되고, 나아가 국가 발전에 악영향을 끼칠 수 있다(최영훈, 1997; 류숙원·김상윤, 2010:72). 특히 기술혁신 속도가 빠른 신제품·신서비스·신산업 분야는 규제가 혁신 활동의 발목을 잡는 경우가 나타날 수 있다(강현규, 2010: 247; 박구선 외, 2011).

예를 들어 바둑AI 알파고와 포켓몬고Pokemon Go는 우리나라에서도 큰 반향을 일으키기도 했지만, 여기에 활용된 신기술을 적극적으로 도입해 새로운 가치를 창출하는 데까지 나아가진 못했다. 알파고로 대표된 인공지능과 빅데이터 기술은 게임 등 문화콘텐츠 창작에 이용하고, 상상력을 현실에 구현하는 증강현실AR, 가상현실VR 등의 기술개발과 활용으로 새로운 소프트웨어들이 개발되고 있다. 이를 활용해 디지털 콘텐츠의 가치를 확대하거나 새로운 부가가치를 창출할 수 있게 됐다.

그런데 우리나라에서는 "국내에서 게임제작업 등록 없이 게임 제작과 유통을 하게 되면 형사처벌 대상이 된다. 판매할 때는 등급분류를 받아야 한다. 이 중 하나라도 어기면 과징금은 물론이고 최대 영업정지 처분을 받게 된다"고 한다(안길한 변호사, 〈디지털데일리〉, 2017. 3. 10.). 이러한 주장에서 창의적 기업 활동을 저해하는 주 요인은 다름 아닌 우리나라 정부의 강력한 사전규제임을 알 수 있다. 이 이슈는 어제오늘 제기된 문제가 아니다.

최근 KDI에서 조사한 설문 결과에 따르면, 민간과 기업 모두 규제개혁의 필요성에 대해 매우 긍정적으로 답했다(KDI, 2019). KDI에서 2019년 발표한 〈3만 불 시대의 중장기 정책방향'에 관한 의견조사〉에 따르면, "정부가 규제 완화를 통해 기업의 신산업진출을 지원해야 한다"는 항목에 "매우 그렇다"라고 답변한 사람이 76%에 이른다(〈그림 7-3〉 참조). 또한 혁신 활동 촉진을 위한 정부의 역할에서도 "불필요한 규제 철폐 및 완화"라고 답한 사람이 59.1%에 이른다(KDI, 2019; 〈그림 7-4〉 참조). 이는 환경과 기술발전의 추세를 반영하여 규제를 재설계해야 기업의 혁신 활동에 도움이 될 수 있다는 민간과 기업 모두의 인식을 내포한다고 판단된다.

우리나라 정부가 손쉽게 사용하는 사전규제 방식을 더 자세히 살펴보면, 사전규제는 개념적으로 발생이 예상되거나 발생 가능성을 추측하여 규제 대상을 규제하는 것으로 그 편익과 비용을 계량적으로 측정하기 어렵다는 특징이 있다(American Consumer Institute, 2008). 다만, 기업 입장에서 사전규제는 일부 장점이 존재한다. 첫째, 기업은 더 이상 자신이 법적으로 할 수 있는 행위와 하지 못하는 행위가 명확하고 구체적으로 규정되어 고민하지 않아도 되기 때문에 비용절감 효과가 있을 수 있다(Kolstad et al., 1990: 888~891) 예를 들어, 진입규제의 경우, 기업이 준수해야 할 내용이 법규 형식으로 미리 확정되어 있고, 그 법률내용을 준수하지 못한 기업은 법 위반으로 처벌받을 수 있다.

둘째, 사전규제는 소송비용 등 법률 관련 비용이 사후규제보다 상대적으로 적다. 기업 등 경제주체 입장에서는 사전규제의 초기 규제순응 비용이 많이 들더라도, 사후규제 때문에 발생할 수 있는 법적 분쟁대처 비용을 고려하면, 사전규제에 따르는 편이 상대적으로 사후규제에 따른 법률 비용보다 저렴할 수 있다는 것이다(Stiglitz, 2008: 532).

그러나, 사전규제는 앞서 언급한 장점에도 불구하고 혁신 측면에서 결점이 있다. 사전규제는 결국 어떤 행위가 있기 전에 미리 규제하는 것으로 시장참여자가 추구할 수 있는 다양한 가능성을 사전에 제한하는 것(Schermer and Wagemans, 2010: 11)으로 볼 수 있다. 즉, 사전규제

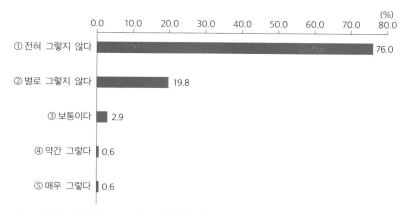

〈그림 7-3〉 정부규제 완화 통해 기업의 자율적 신산업 분야 개척 지원

자료: KDI (2019), 〈'3만 불 시대의 중장기 정책방향'에 관한 의견조사〉.

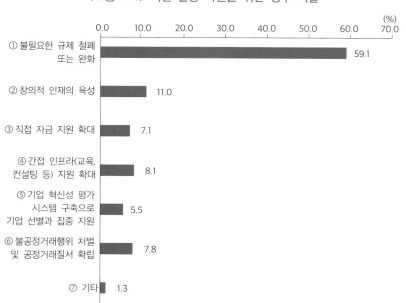

〈그림 7-4〉 혁신 활동 촉진을 위한 정부 역할

자료: KDI (2019), 〈'3만 불 시대의 중장기 정책방향'에 관한 의견조사〉.

는 기업 등 사경제주체私經濟主體가 시장의 수요와 변동에 반응해 대응하는 방식을 사전에 제한하여 그들의 능력을 제한하고 방해할 가능성이 매우 크다는 것이다(Boliek, 2011: 1681~1682). 또한, 사전규제는 본질적으로 영업의 자유 등 경제주체의 자유권을 억누르다 보니, 혁신을 방해하는 요소가 있을 수 있다. 예를 들어, 인터넷과 IT산업 등 첨단산업은 사전규제가 혁신을 방해할 수 있다(Schermer and Wagemans, 2010: 74~77).

규제 이론 측면에서, 규제 유형은 규제 권한을 가진 주체와 규제시기를 기준으로 구분해 볼 수 있다(〈표 7-5〉 참조). 규제 권한을 가진 주체를 기준으로 보면, 국가와 지방자치단체 등 정부기관에 의한 정부규제와 기업이나 직업단체 등 민간조직에 의한 자율규제로 구분할 수 있다. 또한, 그 적용 시기를 기준으로 보면, 사전규제와 사후규제로 나눌 수 있다. 사전규제는 앞서 언급했듯이 바람직하지 않은 행위를 미리 금지하거나 시장진입을 금지하는 것이고, 사후규제는 바람직하지 않은 결과가 발생한 후, 당해 결과를 재판 등을 통해 교정하는 것이다(Bhagwat, A., 1999: 1275~1281).

규제 권한을 가진 주체의 측면에서, 자율규제는 정부규제보다 규제 유연성이 높다는 장점을 가진다. 규제 권한을 시장참여자가 보유하기 때문에 산업의 요구에 빨리 대응하고 이를 수용할 수 있다. 즉, 기술발전이나 예상치 못한 상황이 발생하는 경우, 자율규제에 참여하는 경제주체에 의해서 규제 내용과 범위가 신속히 변화하여 적절한 결과를 담보할 수 있다는 것이다(김상택 외, 2016). 또한, 자율규제는 정부의 규제 비용을 절감할 수 있다. 예를 들어, 규제 기준을 마련하기 위해서 행정기관이 연구하고 시험하고 검증해야 하는 비용을 줄일 수 있으며, 법원이 사후규제에서 비롯된 분쟁해결에 쓰는 비용을 절감할 수 있다

<表 7-5> 규제권자와 적용 시기에 따른 규제 사례

	정부규제	자율규제
사전규제	시장진입금지항목, 인허가제도, 사전조사제도	직능 및 산업단체 회원가입 등
사후규제	민·형사상벌 및 행정벌	직능 및 산업단체별 징계 및 제명 등

자료: Bhagwat(1999), 1281p.

(Keen, 2011: 351~360).

하지만 규제 권한을 가진 경제주체가 바람직하지 않은 행동을 하거나 일반 국민 입장에서 필요한 사항을 과소 규제할 가능성이 있다. 즉, 이윤을 추구하기 위해서 기업이 필요한 규제를 외면하거나 규제의 도입을 지연시킬 수도 있다. 또한, 자율규제체제에서는 영향력이 큰 대기업이나 소수의 이익단체에 이익을 주지만 조직화하지 못한 일반인의 비용을 증가시키는 규제가 생기거나, 규제의 본래 취지가 왜곡될 여지가 있다.

규제의 적용 시기를 기준으로 구분된 사전규제와 사후규제는 이외에도 위반여부 증명 부담의 귀속주체와 위법심사 기간에 따라 차이가 존재한다. 우선, 사후규제는 행정기관이 법 위반자를 식별하고 행정처분을 내리거나, 소송의 결과로 법 위반자를 처벌하기 전까지 그 규제 대상은 어떤 행위도 자유롭게 할 수 있다. 즉, 사후규제는 위반사실 증명과 위반금지의 부담을 행정기관이 진다. 반대로 사전규제는 모든 경제적 위험을 경제주체가 진다는 특징이 있다. 만약 행정기관이 기업의 인·허가 신청을 거부하였다면, 기업은 소송을 제기해 구제를 신청할 수는 있지만, 승소판결이 있기 전까지 그 기업은 당초 예정한 행위를 할 수 없다(최철호 외, 2015).

3) 정부의 사회서비스 제공 역량 부족에 따른 삶의 질 정체(停滯)

우리나라 정부는 행정관리업무 중심의 관료체제 운영으로 인해 선진국 대비 사회보장, 보건 등 사회서비스 분야 역량이 상대적으로 부족한 편이다.

최근 OECD 자료를 기준으로 정부기능분류COFOG를 고려한 일반정부 기준의 분야별 공공부문 일자리 비중에 따르면, 우리나라는 공공행정, 교육, 국방, 경제활동 등에 비해 사회보장, 보건, 사회복지서비스 분야의 고용 규모가 작은 편임을 알 수 있다(OECD, 2019; 〈표 7-6〉 참조). 이는 과거 고도성장 시기에 정부가 중시하던 기능들이 여전히 상대적으로 중요한 위치를 차지하고 있는 것은 아닌지 생각하게 만드는 결과다. 특히 사회보장으로 대표되는 사회서비스 부문은 2.4%로 OECD 평균인 32.6%와 15배 이상 차이가 나고, 주요 선진국에 비해 담당공무원의 비중이 거의 1/20 수준인 것으로 조사되었다.

나아가, 사회서비스 전달체계 자체를 중앙정부가 하향식으로 관리하는 구조가 문제로 지적되고 있다. 구체적으로 사회서비스의 중앙집권적 구조는 분야별 공무원 비중과 새로운 공공서비스 수요 간의 부조화 문제를 증폭시키는 주요 원인으로 지적된다.

특히 복지서비스는 지역사회의 특성을 고려하는 것이 중요하다. 그러나 우리나라는 중앙정부에서 결정한 획일적 제도 운용 지침과 전달체계를 지방자치단체에 그대로 적용하는 경우가 많아, 다양한 복지요구에 적절하게 대응하는 서비스 제공체계가 확립되지 않고 있다는 것이 문제다(정홍원, 2014).

물론 2005년 사회복지 재정분권을 통해 중앙정부 사업이 지방정부로 일정 부분 이양되면서 기존에 제기된 문제를 해결할 수 있는 가능성이 커졌다. 그러나 중앙정부의 집행지침은 감소하지 않았으며, 여전히 지방자치단체의 재정 능력과 인식이 부족하여 지역 단위의 전달체계 구축이 미흡한 수준에 머무르고 있는 실정이다.

예를 들어, 조직 관리자가 복지업무를 제대로 이해하지 못하고 업무가 불합리하게 분담되면서, 복지일선기관이 전문적이고 통합적인 서비스를 제공하지 못하고 업무 수행에 과부하가 걸렸다는 점이 지적되었다 (정홍원, 2012). 복지일선기관의 사회복지담당 인력은 심각하게 부족한 상황이며, 별도의 인력 확충 없이 조직 개편과 인력 이동이 진행되면서 발생한 변화에 따른 피로감이 누적되고 있다. 정부의 복지서비스 업무 중 초기상담, 욕구사정, 통합사례관리 등의 업무는 전문성을 보유한 인

〈표 7-6〉 일반정부 기준 분야별 공공부문 일자리 비중

국가 분야	OECD 평균	독일	미국	영국	일본	프랑스	한국*
일반공공행정	13.19	13.52	13.81	10.6	10.44	11.04	32.0
국방	5.14	2.29	8.8	4.97	2.34	3.08	11.8
공공질서, 안전	4.3	3.56	5.39	4.67	3.21	2.87	9.7
경제활동	9.29	7.14	8.47	7.14	9.48	10.02	6.3
환경보호	1.27	1.38	0.27	1.84	2.93	1.76	0.7
주거 및 지역사회시설	1.38	0.87	1.4	1.13	1.74	1.88	0.1
보건	18.69	16.29	24.18	17.81	19.45	14.34	1.3
휴양, 문화, 종교	1.54	2.31	0.66	1.52	0.94	2.33	2.3
교육	12.59	9.55	16.23	11.95	8.72	9.59	33.4
사회보장	32.6	45.38	20.79	38.38	40.74	43.09	2.4

주석: 한국은 2019년 통계청에서 발표된 2017년 일반정부 기준 공공부문 일자리 비중임.
자료: OECD National Accounts Statistics (database), Eurostat Government Finance
Statistics(database).

력이 수행하는 것이 적절하지만 사회복지직 대신 일반행정관리직 등으로 인력이 충원되어 업무 부담의 편중 문제도 가중되고 있다.

빈곤층에게 급여를 지급하는 소극적 접근에서 자활 및 관련 서비스의 제공을 통한 탈脫빈곤을 강조하는 적극적 대응으로 전환하는 과정에 요구되는 복지서비스 제공 및 업무담당 인력의 전문성 확보도 시급한 상황이다. 인적 서비스의 효과성은 대상자의 요구를 정확하게 파악하고, 이에 적합한 서비스를 탄력적으로 제공하는 데 달렸다.

따라서 효과적인 서비스 제공을 위해 전문인력의 확보, 기존 인력의 전문성 제고, 담당자의 재량권 확대 등으로 서비스 제공 및 업무담당 인력의 전문성을 확보하는 것이 중요하다. 하지만 현재 복지담당 인력의 확보와 전문성 제고를 통한 역할 변화는 크게 진전되고 있지 않은 상태라고 할 수 있다.

나아가, 업무의 비정형화에 따라 복지제도의 집행체계와 전달체계도 변화해야 한다. 기존에는 현금급여 중심의 정형화된 업무가 중심이었다면, 앞으로는 욕구에 대응한 맞춤형 서비스 제공이라는 비정형화된 업무의 중요성과 비중이 증가하는 추세다. 하지만 특히 복지제도의 급격한 변화에도 불구하고 복지제도의 집행체계와 전달체계는 사후 현금급여 중심의 틀을 유지하는 등 제도 변화에 따른 체계 변화가 동반되지 않고 있다.

세계 주요 국가들과 삶의 질 수준을 비교해 보면, 대한민국은 현재 OECD 삶의 질 지수Bettter life Index 기준 30위 수준(공동체 지수를 제외하면 26위)으로 OECD 국가 대비 상당히 낮은 수준이다(〈그림 7-5〉 참조). 이에 국민의 삶의 질을 향상시켜 2050년에는 OECD 상위 10개국 이내 수준을 달성할 수 있도록 정부 역량을 강화해야 한다.

그런데, 〈그림 7-5〉를 보면, 국민 삶의 질 지표 중 '공동체' 지표가 다른 주요 국가에 비하여 매우 낮다. 바로 옆의 일본과 비교하더라도 매우 낮은 수준이다. 한편 '시민참여' 지표는 다른 국가들과 비슷하고, 일본보다 높다. 두 지표의 차이는 상당히 충격적이다. 국민이 공동체의 일원으로서 누리는 삶의 수준은 거의 0에 가까운데, 시민참여도는 매우 높다고 인식하는 현상을 어떻게 해석할 것인가? 시민사회가 발전하여 정부정책에 시민의 참여도가 높아졌다고 인식하지만, 주변에 내가 믿고 마음을 터놓고, 의지할 수 있는 사람이 없다는 것일까? 아니면, 다른 선진국가에 비하여, 우리나라 시민단체 조직의 영향력이 매우 큰 반면, 내가 속한 사회가 신뢰를 바탕으로 내게 공동체로서 역할을 못하고

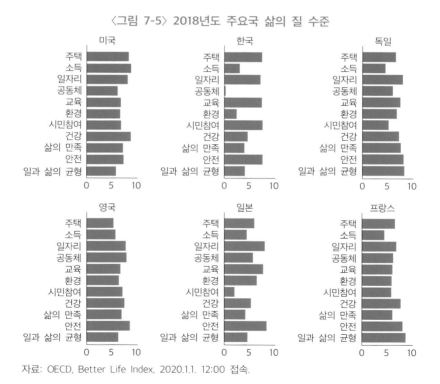

〈그림 7-5〉 2018년도 주요국 삶의 질 수준

자료: OECD, Better Life Index, 2020.1.1. 12:00 접속.

있다는 것인가?

기존에는 경제적 수준의 절대적 성장이 삶의 질을 향상시키리라는 믿음으로 온 국민이 달려 왔다. 양적인 면에서 우리나라 경제는 세계 10위권 근처에 이르렀다. 또한 K-팝, 한류 등 최근 우리나라의 경험과 문화가 글로벌하게 전파되고, 향유되고 있다. 그런 점에서 일정 부분 성공하였으나, 급하게 성장하다 보니 상대적 빈곤과 부의 양극화 문제, 세대 간 갈등 문제, 국민국가로서의 공동체의식 부재 등 다양한 이슈가 이제 삶의 질에 모두 크게 영향을 주는 상황이 되었다.

따라서 이제는 경제적 성장을 포함해서 환경, 안전, 사회안전망 등 다양한 삶의 질 측면을 통합적으로 고려하여 정부의 역할을 새롭게 조정해야 할 시점이라고 판단된다.

3. 지향점: 똑똑한 정부로 최고의 삶의 질 제공

미래 대한민국 정부의 지향점은 국민과 정부 간 신뢰를 바탕으로, 정책수행 시 사회적 비용을 최소화하는 동시에, 국민 삶의 질을 세계 최고 수준으로 높이는 똑똑한 정부여야 한다. 다만, 똑똑한 정부는 국가재정의 한계를 인식하고, 민간의 성장을 저해하지 않으면서, 공공부문의 역할을 수행해야 한다.

또한 똑똑한 정부는 사회문제를 효과적으로 해결하는 정부다. 정부는 다양한 이해관계의 조정 비용을 최소화할 수 있는 정책거버넌스를 구축하고 운영해야 한다. 사회문제 발생 시 여론에 밀려 급하게 졸속으로 설익은 정부 지원이나 사전규제를 남발하는 행태를 근절해야 한다.

이를 위해 사회문제 발생의 원인을 분석하고, 근본 문제를 해결하기 위한 다양한 정책 수단의 조합을 재설계해야 한다. 만약 새로운 사회문제에 대응해야 한다면, 규제의 영향을 면밀하게 분석하여 새로운 규제를 무분별하게 만들지 않도록 해야 한다.

똑똑한 정부는 민간의 혁신이 잘 일어나도록 지원하는 정부이다. 이제 빠르게 변화하는 환경 속에서 정부는 건전한 민간 혁신 활동이 지속적으로 일어날 수 있도록 판을 깔아 주는 플랫폼 역할을 수행해야 한다. 정부는 기존 개발시기의 부성애적 지원과 규제 역할이 아니라, 민간이 보다 창의적으로 혁신 활동을 활발히 할 수 있는 기반조성자 역할에 충실해야 한다. 특히 촘촘히 구축된 사전규제를 원점에서 검토하여, 규제 생성, 유지, 관리체계를 새롭게 정립하는 규제개혁을 단행해야 한다. 나아가 인구 감소에 대비하여 기존 관료주의를 극복할 수 있는 수준 높은 디지털정부 구현이 필요하다. 특히 새로운 기술을 도입하여 노후화된 기존의 전자정부를 고도화함으로써, 공공부문의 효율성을 높이는 방향이 장기적으로 바람직하다.

마지막으로, 똑똑한 정부는 공동체 재건, 일과 생활의 균형, 경제 양극화 해소 등 삶의 질 향상 및 지속가능한 발전을 목표로 해야 한다. 공동체 재건을 위해 이해관계의 조정과 갈등관리 기재에 대해 국민과 공감대를 형성하고, 일과 생활의 균형을 위해 근로에 대한 가치 부여 및 기업 활동의 합리화를 위해 노력해야 한다. 또한, 경제 양극화를 해소하기 위한 대기업-중소기업 상생, 노-사 문제 해소를 위한 적극적 대처가 필요하다. 나아가, 이렇게 수행한 사회적 가치구현 활동이 궁극적으로 국민의 삶의 질과 직결될 수 있도록 정책수행 역량을 개선할 필요가 있다.

4. 추진 전략

　똑똑한 정부가 추구해야 할 핵심 목표인 규제 축소와 정부 역량 재조정의 미래 방향은 이미 5만 달러 시대를 향해 가는 주요 선진국들의 방향을 참고할 수 있다. 이를 위해 정부규모 지표로 대표되는 일반정부 고용 규모 비중과 규제 수준 지표로 대표되는 정부의 시장개입 수준을 주요 5개 선진국(미국, 독일, 영국, 프랑스, 일본)과 비교하였다(〈그림 7-6〉 참조). 참고로 다른 국가는 1998년부터 조사된 반면, 대한민국 정부의 시장개입 수준은 2005년부터 조사되었다.

　OECD 평균을 기준으로 2018년 정부의 시장개입 수준을 보면, 1998년과 비교해서 주요 5개 선진국 모두 시장개입 수준이 낮아지고 있다. 대한민국도 2005년과 비교하여 2018년 정부의 시장개입 수준이 낮아진 것으로 나타났다. 한편, 대한민국은 아직 정부의 시장개입 수준이 OECD 평균보다 높다. 대한민국은 정부의 시장개입 수준을 OECD 평균 이하로 더 낮춰야 한다. 국가의 시장개입 수준이 낮을수록 민간의 창의적 혁신 활동을 촉진할 수 있기 때문이다. 이를 위해 기존 규제체계를 재설계해야 한다.

　또한 OECD 평균을 기준으로 2018년 일반정부 고용 규모 비중을 보면, 1998년에 비해 주요 5개 선진국 모두 그 비중을 줄이고 있다. 반면에, 대한민국KOR은 2005년과 비교하여 2018년 일반정부 기준 고용 규모가 증가하였다. 그런데, 대한민국은 아직 총 고용 규모 중 일반정부 고용 규모의 비중이 주요 5개 선진국과 OECD 평균보다 낮다. 그렇다고 공공부문의 고용을 무턱대고 늘리는 것은 바람직하지 않다. 공무원이나 공공기관의 인력은 한 번 늘리면 줄이기가 어렵다.

〈그림 7-6〉 일반정부 고용 규모 비중과 정부의 시장개입 수준 비교

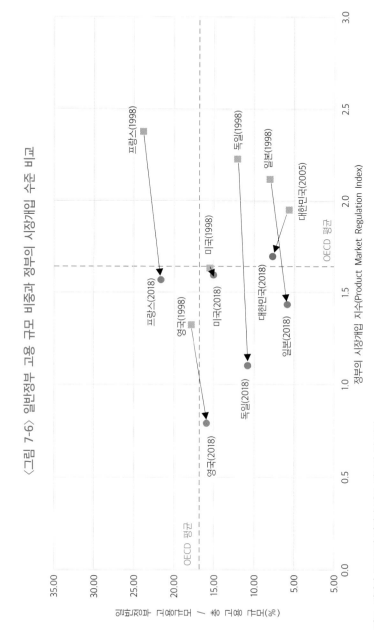

자료: 저자가 OECD의 다년간 자료 재구성 및 정리.

오히려, 일반정부 기준 공공부문의 고용 규모 비중을 현재 수준에서 유지하되, 기존 관료들과 공공기관 관리 인력들을 재교육하여 사회서비스 분야로 이동시키는 것이 바람직할 것이다. 공무원의 수가 늘어나면, 정부 예산의 경직성이 높아지고, 이는 장기적으로 재정의 건전성을 약화시킨다. 또한 공무원 수 증가는 새로운 정부사업에 필요한 조직 변화 시 역동성을 저해하거나, 조직운영 과정에서 관료주의화에 따른 폐해가 증가할 가능성이 높다. 따라서 미래 정부서비스 수요를 면밀히 분석하여 적정 공무원 수를 관리하는 것이 바람직하다. 나아가 온라인 무인-비대면 정부서비스 등 디지털정부 구현이 공무원 역량 재구성에 도움을 줄 수 있을 것이다.

1) 공공서비스 수요 대응 위한 정부 역량의 재구성

인구고령화, 경제양극화에 따라 발생할 복지 등 공공서비스 수요에 대응하기 위하여 정부는 현장 밀착형 전문성과 역량을 강화해야 할 것이다. 특히 사회서비스 분야를 강화하기 위하여 다양한 개선안을 고민해 볼 수 있다. 우리나라는 지난 20년간 복지, 환경, 안전 등 사회서비스 분야에 대한 정부 지출을 증가시켰다. 그럼에도 불구하고 앞서 살펴보았듯이 정부 내 사회서비스 제공 인력은 주요 5개 선진국과 비교하였을 때 상대적으로 부족한 것이 현실이다.

먼저, 기존 공무원이나 공공부문의 인력 일부에게 사회서비스 분야의 교육훈련을 받게 하고 그들을 사회서비스 분야로 재배치하는 방안이 있다. 이를 보다 효과적으로 추진하기 위하여 이직이나 전직에 인사상 인센티브를 부여할 수 있을 것이다. 앞 절에서 살펴보았듯이, 사회서비스 전문인력을 양성하고, 행정전담 인력은 최소한으로 유지하면서, 사회서비스를 직접 기획하고 제공할 수 있는 조직을 만들어야 할 것이다. 지금도 관리 인력은 충분하다.

현재 정부위탁사업의 형태로 이루어지는 사회서비스에는 예산을 충분히 지원하고, 해당 사업에 고용된 전문가 및 서비스 제공자에게 안정적인 사회안전망을 제공해야 한다. 이를 위해 9장에서도 언급한 바와 같이, 사회서비스 관련 제도 정비와 더불어 제공 규모의 증가에 상응하여 담당 전문인력을 확충하고 이 인력을 안정적으로 유지하려는 노력이 필요하다. 그 결과, 지역주민들의 복지서비스 체감만족도도 향상될 것으로 예측된다. 참고로 지금처럼 정부 지원사업이 몇 년에 한 번씩 바뀌고, 그에 따라 예산이 변경되어, 직업의 안정성이 떨어지면, 사회서비스의 수준과 품질을 보증하기가 쉽지 않다.

나아가, 복지사업을 현장에서 높은 수준으로 집행하기 위해, 중앙정부뿐 아니라 지방정부의 역량 강화가 필요하다. 이를 위해서는 지나치게 중앙정부가 하향식으로 사업을 기획·평가하고, 지방자치단체는 중앙정부가 지시한 업무를 단순히 집행하는 데 머무르면 안 된다. 지방정부는 현장의 상황을 정확히 파악하고 이를 체계적으로 분석해 중앙정부와 공유해야 한다. 이를 바탕으로 중앙정부가 지방정부와 협력하고, 사업을 지역별 맞춤형 사회서비스로 기획 및 집행할 수 있도록 지방정부가 적극적으로 나설 수 있는 역량을 배양해야 한다. 또한 지방자치단체 간 칸막이 행정을 해소하고 효율적 전달체계의 토대를 마련해야 한다.

2) 정부규제 재설계와 민간 자율규제 강화

앞서 살폈듯이 우리나라 정부의 사전규제 중심의 포지티브형 사전규제 방식은 신기술의 산업화 및 신제품·서비스 도입을 어렵게 하는 구조이며, 이에 따라 향후 민간의 혁신을 저해할 가능성이 높다고 판단된다. 이제는 규제체계를 근본적으로 재설계해야 할 시점에 이른 것이다.

이를 위해 기본법 위에 규제를 더 얹은 특별법과 같은 사전규제를 획기적으로 구조조정하고, 사전규제보다는 사후규제의 역량을 높이는 동시에, 포지티브 규제 방식보다 네거티브 규제 방식으로 재설계해야 한다. 특히 신산업 관련 경제적 규제 또는 신기술 관련 규제는 네거티브 사전규제로 획기적인 재설계가 필요하다. 이를 위해 규제를 순차적으로 모두 일몰(日沒)시키고, 새롭게 규제체계를 조정하는 등 특단의 조치도 생각해 볼 필요가 있다.

업계의 건의를 받아 개별 규제를 발굴·혁파하는 기존 방식은 시급하고 당면한 문제해결에는 효과적이었다. 하지만 신산업의 융복합적 성장생태계에 대한 고려가 미흡하고, 문제가 불거진 후 규제를 혁파하기 위한 법령정비까지 상당한 시간이 소요돼 선제적 대응이 어렵다는 한계가 존재한다.

사전규제 영향분석 및 선제적 규제혁파 로드맵은 기존의 규제혁신 방식이 지닌 한계를 극복하고 신산업의 특성을 고려하는 새로운 규제 접근법이다. 선제적 규제혁파 로드맵은 ① 신산업과 새로운 기술의 발전 방향을 예측하고, ② 향후 예상되는 규제 이슈를 발굴하고, ③ 규제가 더 문제 되기 전에 선제적으로 대응하는 것을 목표로 한다.

선제적 규제혁파 로드맵을 구축하기 위한 3대 핵심요소는 미래 예측, 융합 연구, 연동 계획이라고 할 수 있다. 우선, '미래 예측'을 통하여 신산업의 미래 발전양상 시나리오를 다양하게 도출하고 그에 따라 규제이슈를 발굴해야 한다. 그 과정에서, 성장하는 신산업의 특성을 융복합적으로 고려하여 분야 간·부처 간 '융합 연구'를 수행해 협업체계를 마련하는 것이 필요하다. 이렇게 마련된 로드맵을 '주기적으로 재설계_{Rolling Plan}'하여 미래 변화에 탄력적으로 대응할 수 있도록 계속되어야 한다.

마지막으로 징벌적 배상 등 사후규제를 획기적으로 강화하여 정부규제의 수용도를 높일 필요가 있다. 특히 환경, 안전, 성범죄 등 사회적 규제는 규제 위반에 대한 처벌이 공식화되어 있고, 이를 악용하는 피의자가 속출하고 있다.

3) 디지털정부 구현으로 서비스 효율성 제고 및 신뢰 강화

우리나라 정부는 90년대 본격적으로 국가정보화사업을 추진한 이후 지난 20년간 지속적으로 전자정부를 구현하기 위해 노력하여 행정서비스의 효율과 신뢰를 향상시켰다. 예를 들어, PC기반, 인터넷, 모바일 기반으로 기관별·분야별 대국민 온라인 서비스가 진화하였다. 다양한 민원 및 부처 간 연계 업무에 필요한 온나라(전자결재), 전자문서 유통, 행정정보 공동이용, d-Brain(회계) 등 기관 및 단위업무별 정보시스템을 대부분 완성하였고, 정부통합전산센터, 범정부EA 등 범정부 정보자원 통합관리를 이루었다. 그 결과, 2010·2012·2014 UN 전자정부 평가에서 3회 연속 1위에 올랐고, 전자정부 모델과 시스템을 해외에 수출까지 하고 있다(행정자치부, 2016).

그러나 최근 10년간 급격히 발전하는 디지털 기술에 발 빠르게 대응해 투자하지 못한 면이 있었고 이 때문에 2018년 전자정부평가 순위가 3위로 떨어졌다. 최근 주요 선진국은 IoT, 클라우드, 블록체인, 인공지능[AI] 등 신기술을 활용해 무인점포, 무인결재, 자율주행 등 다양하게 서비스를 개선하고 있다. 예를 들어, 2012년부터 블록체인을 도입한 에스토니아는 4차 산업혁명 선도국가로 인정받고 있다(김준래, 2018).

특히 모바일, 온·오프라인 채널 통합[O2O], 민·관 협업 등으로 부처 간 업무와 기능을 연계 및 통합하여 경계를 허무는 동시에 실시간 정보 공유를 포함한 단절 없는 통합 업무처리가 가능하도록 기반을 조성해야 한다. 예를 들어, 법인 인감증명서 발급 등 온라인 처리가 되지 않아 소관기관을 방문해야 하는 민원서비스를 모두 모바일 및 온라인화해야 할 것이다. 또 다른 예로 공공부문 서비스에 스마트계약[smart contract] 기반의 블록체인 기술을 도입하면, 기존에 공무원이나 공공기관이 처리하던 반복 업무를 처리할 수 있어, 서비스 효율화와 정부신뢰 제고에 바람직할 것이다(윤지웅, 2020).

향후 정부는 정부서비스 과정과 직무를 재설계하고, 이에 필요한 신기술을 적극적으로 도입하여, 똑똑한 정부, 삶의 질이 높은 국가 실현에 이바지해야 한다. 정부는 반복 업무를 관리하는 관료[bureaucrat]가 아니라, 적시에 적절한 정책을 기획하고 집행해 정책창도자[public entrepreneur]와 공공서비스를 효과적으로 제공하는 공무원[civil servant]으로 구성되어야 한다.

8장

거점형 · 분권형 지역 발전을 위한 행정체계 개편

이호준 한국개발연구원

고령화와 경제여건 변화가 급속히 진행되는 가운데 지속가능성을 확보하기 위한 행정체계 개편이 필요하다. 첫째, 인구 10만 이내 시 · 군을 통합하여 인구 50만 이상의 중도시권을 형성하는 거점형 지역발전을 제안한다. 이를 통해 소멸위기를 맞은 지역의 지속가능성을 높일 수 있다. 둘째, 지금의 광역자치단체를 통합하여 7개 광역권을 형성하고, 중앙정부가 가진 재정 · 규제 권한을 광역권에 대폭 이양하여 책임성을 부여하는 분권형 지역발전을 제안한다. 이를 통해 책임성을 담보한 권역별 자치를 확립할 수 있다.

1. 연구 배경과 문제점

지방정책은 그동안 지역균형발전 및 지방 분권 등의 어젠다를 중심으로 정립·추진되어 왔다. 수도권과 대도시 중심의 산업 발전, 그리고 중앙정부의 권력집중 등을 완화하고자 비수도권과 중소도시에 산업과 인구를 이동시키고 지방자치단체에 권력을 분할하자는 것이 주된 정책 방향이었다. 이에 따라 혁신도시를 지정하고 공공기관 및 산업의 이전을 추진했다. 또한 지방재정 분권을 위해 국세와 지방세의 비중을 조정하자는 주장이 꾸준히 제기되고 있다.

그럼에도 불구하고 수도권 중심의 경제구조, 중앙정부 중심의 권력구조는 획기적으로 변화되었다고 보기는 힘들다. 공공기관 이전을 중심으로 한 혁신도시 정책은 성과가 일부 있으나, 수도권 인구의 분산보다는 혁신도시가 주변지역의 인구와 자원을 흡수하는 또 다른 차원의 불균형을 야기하였다. 그리고 지방 이전에 따른 공공부문 업무효율성의 저하 역시 극복해야 할 과제로 계속해서 제기되고 있다.

또한 지방의 산업을 육성하기 위한 각종 정책들과 산업단지 개발 등역시 가시적인 성과를 보이는 데 어려움을 보이고 있다. 지방에 대한 재정분권 역시 획기적 변화가 일어나기에는 한계가 있었고, 그 근저에는 지자체의 책임성을 담보하기 어렵다는 현실적 한계가 있다. 이에 따라 수도권 경제집중의 완화, 지방분권의 강화 등은 성과가 일부 있음에도 불구하고 근본적으로 개선되었다는 평가는 받지 못하고 있다.

한편, 좀더 장기적인 관점에서 살펴보면, 중앙과 수도권의 자원을 지방과 비수도권에 분산하는 차원을 넘어서 보다 근본적인 개선 방안을 모색할 필요가 있다. 점차 가속화되는 인구구조의 변화와 고령화에 따라 지방은 생존하기 위한 근본적 고민을 해야 할 시점에 이르렀다. 따라서 지방정책의 방향 역시 자원 분배의 차원이 아니라 생존 전략의 차원에서 모색해야 할 필요가 있다.

우리나라의 인구구조 자체가 고령층 중심으로 변화하는 가운데 자생력이 강하지 않고 중앙에 의존적이며 산업기반이 취약한 지방 중소도시들은 그나마 있던 청년인구가 유출되고 고령인구만 남아 고령화가 더욱 빠르게 진행되고 있다. 그래서 상당수의 지방 중소도시가 존폐 위기에 빠질 시기가 머지않았다고 전망된다.

앞서 제7장에서 언급된 바와 같이 고령화 및 경제양극화에 따라 복지 등 공공서비스에 대한 수요 증가가 예상되고 이에 대한 정부의 대응 역량을 높일 필요가 있다. 공공서비스 역량을 높이기 위해서는 지방자치단체의 역량을 높이는 것이 매우 중요하다. 상당수의 공공서비스는 지방자치단체를 거쳐 국민에게 최종 전달되기 때문이다. 따라서 지방자치제도를 여건 변화에 걸맞게 적절히 개선하지 못한 채 중앙정부의 노력만으로는 공공서비스 역량을 획기적으로 강화할 수 없다.

그런 차원에서 이 장에서는 지방정책의 관점을 인구구조 변화와 연관지어 근본적 변화를 모색하고자 한다. 고령화가 진행되는 가운데 지속가능성을 확보하기 위해서 지방정책을 어떤 방향으로 수립해야 할지 고민한다. 그리고 경제여건 변화에 걸맞은 행정체계의 개편을 모색하고자 한다. 그래서 초고령화 사회에서 지속가능성을 확보한 지방자치체계의 비전을 제시하고자 한다.

〈표 8-1〉은 2010년 대비 2019년의 인구 변화를 지자체 규모별로 구분하여 보여 주고 있다. 인구가 50만이 넘는 기초지자체는 2010년 대비 2019년의 평균 인구가 약 2% 정도 증가하였다. 반면 인구가 10만에 미달하는 기초지자체는 2010년 대비 2019년의 평균 인구가 약 2.4% 감

인구수 구분	2010년 평균 인구 (명)	2019년 평균 인구 (명)	증감률 (%)
10만 미만	51,998	50,738	- 2.42
10만~30만	183,489	189,239	3.13
30만~50만	380,237	362,333	- 4.71
50만 이상	679,617	693,171	1.99

자료: 지방재정 365 홈페이지, 접속일: 2019년 12월 1일.

소한 것을 알 수 있다.

인구 10만 이하의 소규모 지자체는 인구가 감소하는 정도뿐 아니라 고령화 수준 역시 상대적으로 더욱 심하다. 〈표 8-2〉에서는 지자체 인구 규모별 노인인구 비율을 보여 주고 있다. 인구 10만 미만인 지자체 92개 가운데 노인인구 비율이 20% 이상인 곳이 75개로 81.5%에 이른다. 반면 인구 50만 이상 지자체 40개 가운데 노인인구 비율이 20% 이상인 곳은 1군데에 불과하다. 이처럼 노인인구 비율이 소규모 지자체일수록 압도적으로 높고 고령화가 훨씬 빨리 진행되고 있다는 사실을 알 수 있다.

인구 감소와 고령화에 따라 상당수 소규모 지자체는 중장기적으로 소멸을 막기 어려운 수준에 이르고 있다. 이상호(2019)에서는 65세 이상 인구 대비 20~39세 여성인구 비율로 소멸위험 지역을 구분하는데 이 기준에 따르면 2019년 11월 기준 228개의 시·군·구 가운데 소멸위험 지역은 97개로 약 42.5%를 차지한다.[1] 이 연구에 따르면 2013년 소멸위험지역이 75개였고 2018년에 89개로 증가하여 2019년 현재 97개에

---

1 이상호(2019)에서는 65세 이상 인구 대비 20~39세 여성인구 비율이 0.5 미만인 지역을 소멸위험지역으로 정의하였다.

<표 8-2> 지자체 인구 규모별 인구 고령화 수준

인구수 구분	노인인구 비율				
	20% 이상	14~20%	7~14%	7% 미만	계
10만 미만	75(81.5)	15(16.3)	2(2.2)	0(0.0)	92
10만~50만	14(12.6)	38(34.2)	58(52.3)	0(0.0)	111
50만 이상~100만	0(0.0)	0(0.0)	22(100.0)	0(0.0)	22
100만 이상	1(5.6)	7(38.9)	10(55.6)	0(0.0)	18

자료: 김종순 (2018).

이르러 2020년에는 100개를 초과할 것으로 예상된다. 이처럼 인구 감소 및 고령화는 이미 소규모 지자체에서 체감할 만큼 큰 위기로 다가오고 있다.

고령화로 인해 지자체 인구가 감소하는 직접적인 영향도 있지만, 고령화 및 인구 감소는 해당 지역의 경제 활력을 떨어뜨려 청년인구의 이탈을 야기해 고령화 및 인구 감소를 더욱 가속화한다. <표 8-3>의 인구 규모별 취업자 수 통계를 보면 인구 10만 미만 지자체는 2013년 취업자 수 대비 2019년 취업자 수가 2. 46% 증가한 반면, 인구 50만 이상 지자체는 같은 기간 취업자 수가 31. 15% 증가한 것을 알 수 있다.

지역의 인구 감소 및 경제활력 저하는 해당 지자체의 심각한 재정 부담을 야기해 지방의 지속가능성에 또 다른 위협이 된다. <표 8-4>에서는 인구 규모별 지자체의 지방세 수입을 보여 주고 있다. 인구 10만 미만 지자체의 경우 2010년 지방세 수입에 비하여 2019년 지방세 수입이 약 61% 증가하였다. 반면 인구 50만 이상 지자체는 같은 기간 지방세 수입이 약 88% 증가하였다. 이처럼 2010년 이후 10년이 안 되는 기간의 변화를 살펴보더라도 인구 규모, 취업자 수, 지방세 수입 등 다양한 측면에서 소규모 지자체들의 위기를 체감할 수 있다. 더 큰 문제는 앞으로는 이러한 추세가 더욱 심화될 것이라는 점이다.

국회예산정책처(2018)의 지방재정 장기전망 분석결과에 따르면, 전체 지방자치단체 재정은 2031년부터 세출이 세입을 초과할 것으로 예상되고, 기초지자체의 경우 인구 10만 이하의 재정전망이 가장 비관적으로 예상된다. 〈표 8-5〉에서는 인구 규모별 기초지자체 세계수지歲計收支를 보여 주는데 이에 따르면 인구 10만 미만 지자체는 2037년 약 1조 원의 적자를 기록한 후 적자폭이 점차 증가하여 2040년에는 약 9조 7천억 원의 적자를 기록할 것으로 예상된다. 이처럼 인구 규모가 작고 고령인구 비율이 높은 지역이 장기적으로 세입 측면에서 취약하고 최근 세출이 증가하는 속도를 감안하면 지자체의 세계수지는 빠른 속도로 악

〈표 8-3〉 지자체 인구 규모별 취업자 수 변화

인구수 구분	2013년 취업자 수(천 명)	2019년 취업자 수(천 명)	증감률
10만 미만	26.2	26.9	2.46%
10만~30만	85.4	93.6	9.60%
30만~50만	169.5	205.5	21.27%
50만 이상	303.6	398.1	31.15%

자료: 지방재정 365 홈페이지, 접속일: 2019년 12월 1일.

〈표 8-4〉 지자체 인구 규모별 지방세 수입액 변화 (2010년 대비 2019년)

인구수 구분	2010년 평균 지방세 수입 (백만 원)	2019년 평균 지방세 수입 (백만 원)	증감률
10만 미만	16,286	26,226	61.03%
10만~30만	53,706	102,729	91.28%
30만~50만	81,883	146,132	78.47%
50만 이상	233,242	437,763	87.69%

자료: 지방재정 365 홈페이지, 접속일: 2019년 12월 1일.

단위: 억 원

구분	100만 이상 (3개)	50~100만 미만 (21개)	10~50만 미만 (111개)	10만 미만 (91개)	합계 (226개)	
					금액	세입 대비 비중
2016	10,769	46,677	136,777	92,918	287,141	0.2028
2017p	10,867	46,603	129,829	90,891	278,190	0.1865
2018p	11,411	47,735	130,542	91,203	280,890	0.1774
2019p	11,828	48,422	130,754	91,228	282,232	0.1682
2020p	12,244	49,347	130,216	90,851	282,658	0.1589
2021p	12,780	50,560	129,495	89,092	281,927	0.1497
2022p	13,403	51,949	129,208	87,172	281,732	0.1413
2023p	14,116	53,625	129,332	84,989	282,062	0.1335
2024p	14,917	55,591	129,852	82,507	282,868	0.1263
2025p	15,828	57,902	130,975	79,721	284,426	0.1198
2026p	16,860	60,608	132,830	76,588	286,886	0.1139
2027p	17,984	63,616	135,185	72,983	289,768	0.1085
2028p	19,232	67,039	138,316	68,885	293,473	0.1035
2029p	20,587	70,820	142,099	64,178	297,686	0.0989
2030p	22,061	75,002	146,643	58,784	302,491	0.0946
2031p	23,608	79,331	150,489	50,631	304,059	0.0896
2032p	25,276	84,061	155,038	41,399	305,774	0.0849
2033p	27,023	89,046	159,940	30,860	306,868	0.0802
2034p	28,881	94,390	165,446	18,903	307,620	0.0757
2035p	30,834	100,026	171,394	5,304	307,558	0.0712
2036p	32,841	105,811	177,442	- 10,219	305,876	0.0665
2037p	34,915	111,769	183,641	- 27,889	302,436	0.0618
2038p	37,024	117,777	189,693	- 48,031	296,463	0.0569
2039p	39,129	123,672	195,200	- 71,024	286,976	0.0518
2040p	41,209	129,364	199,934	- 97,241	273,265	0.0463

자료: 국회예산정책처 (2018).

화될 것으로 예상된다.

또한 지자체의 복지예산 비중은 증가하고 있으며, 고령화에 따라 지자체별 예산 부담은 가중될 것으로 판단된다. 〈그림 8-1〉에 나타나듯 지방자치단체 세출예산 중 사회복지예산의 비중은 2014년 24.5%에서 2019년 28.6%로 증가하였다. 우리 사회의 복지 수요가 차츰 늘어난 동시에 고령인구가 증가했기 때문으로 보인다. 향후 사회복지 수준에 대한 기대치가 더욱 높아지고, 고령화가 급속히 진행된다는 점을 감안하면 지자체의 재정 부담은 더욱 커질 것으로 판단된다.

앞서 살펴본 지방의 위기를 극복하는 데 지금까지의 지역균형발전 정책은 한계가 명백하다고 볼 수 있다. 기존의 지역균형발전 정책은 '분산형 전략'이기 때문에 인구가 감소하고 지역의 매력도가 떨어지는 상황에서 지속하기 어렵다고 볼 수 있다. 소규모 지자체의 인구 감소, 경제력 쇠퇴에 대응하기에 한계가 있어 근본 대책이 필요하다.

특히 기존의 혁신도시 정책은 당초 목표인 수도권 인구분산을 달성하는 데 뚜렷한 한계가 존재한다고 볼 수 있다. 이상호(2018)에 따르면, 2013년~2017년 기간 동안 혁신도시로 약 12만 3천 명의 인구 순유입이 발생하였으나, 상당 부분 동일 시·군·구 내부에서 일어난 이동(약 45.3%)이고, 수도권에서 유입된 인구는 19.3%에 그친 것으로 나타났다. 즉, 혁신도시 개발이 주변지역의 인구유출을 가속화시킴으로써 또 다른 차원의 지역 위기를 초래하고 있다고 볼 수 있다.

한편, 현재 논의되는 세원 이전을 통한 국세와 지방세 비율 조정은 지역불균형 문제를 더욱 악화시킬 것으로 예상된다. 마강래(2018)의 시뮬레이션에 따르면 현재 논의되는 바와 같이 국세-지방세 비율을 조정할 경우 소득 수준과 부동산 가치가 높은 지역일수록 세원 이전의 혜택이 상대적으로 더 커진다. 이는 결국 상대적으로 소규모 지자체의 매

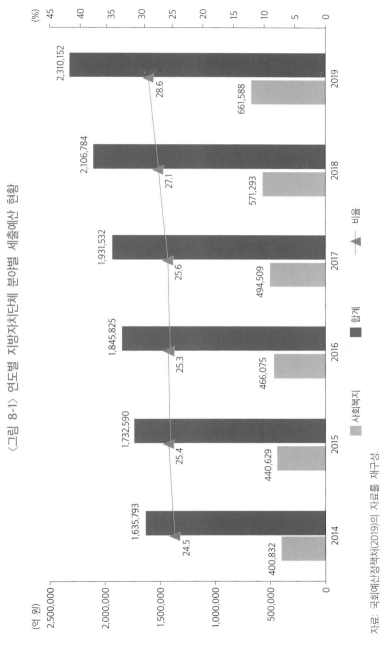

〈그림 8-1〉 연도별 지방자치단체 분야별 세출예산 현황

자료: 국회예산정책처(2019)의 자료를 재구성.

력을 감소시킬 수 있어 해당 지역의 위기를 재촉할 수 있다.

지금까지 살펴본 각종 문제가 발생한 주요한 원인 중 하나로 시대 변화에 유기적으로 대응하기 어려운 행정구역체계를 들 수 있다. 큰 틀에서는 갑오개혁과 일제 강점기에 기반을 갖춘 현행 행정구역체계는 앞으로 인구 변화나 경제여건 변화에 적극적으로 대응하는 데 한계가 있다. 그리고 급격한 인구 변화에 대응하기 취약한 행정구역체계를 기반으로 한 공공서비스나 그를 뒷받침하는 지방재정은 근본적 한계를 가질 수밖에 없다. 따라서 이하 절에서는 인구 변화와 경제여건 변화에 대응하기 위한 방안을 행정 개편에 중심을 두고 논의하고자 한다. 그리고 공간적 단위의 개편을 의미하는 행정체계 개편을 단행해 궁극적으로는 분권형 지역 발전을 이루어나가는 비전을 제시하고자 한다.

2. 지향점

앞서 논의한 문제점들을 고려하였을 때 향후 인구 변화를 감안한 지방정책은 근본적 변화가 필요할 것으로 판단된다. 이 연구에서는 압축compact과 연계network를 바탕으로 한 거점형 지역 발전을 이루고, 더 나아가 분권형 지역 발전을 달성하는 것을 지향점으로 제시하고자 한다. 보다 구체적으로 이 절에서는 향후 지속가능한 지역 발전을 도모하기 위해서 지방정책의 두 가지 지향점을 제시하고자 한다.

첫 번째로 지자체의 지속가능성을 높이고 공공서비스의 전달체계를 재편하기 위해 소규모 지자체들을 통합하여 인구 50만 명 이상의 중규모 지자체로 재구성할 필요가 있다. 단기적으로는 행정 통합 이전 소규모 지자체 간 공동의 지역 전략을 수립 및 시행하여 통합에 따른 부작용을 최소화하고, 중장기적으로는 하나의 행정구역으로 통합하는 방안을 제시하고자 한다. 이로써 인구구조 변화 속 효율적인 공공서비스 전달 체계를 마련하고 통합된 중규모 지자체가 새로운 환경에 걸맞게 종합적인 인구·산업·인프라 정책을 추진할 수 있는 여건을 마련해야 한다.

두 번째로, 실질적 지방분권을 이루기 위해 기초 단위의 분권보다는 인구 500만 명 이상 수준의 광역 단위로 과감한 분권을 이루고 재정 및 행정에 뒤따르는 책임성을 강화해야 한다. 강원권과 제주권을 제외한 나머지 지역은 기존의 광역지자체를 통합해 수도권, 대전·충청·세종권, 호남권, 대구·경북권, 부산·경남·울산권 등 5개의 광역권으로 구성한다. 각 광역권에는 실질적 분권이 가능하도록 행정·재정 권한을 대대적으로 이임하고 이에 상응하는 정치적 책임성을 부여하는 구조를 마련할 필요가 있다. 그리고 강원권과 제주권은 현재 제주특별자치도와 유사한 수준의 자치권을 부여하는 것을 고려할 수 있다.

1) 중도시 중심의 거점형 지역 발전

먼저 첫 번째 지향점을 좀더 살펴보자. 첫 번째 지향점의 핵심은 소규모 기초지자체들을 하나의 거점을 중심으로 묶어서 통합된 공공서비스체계를 마련하고 공동의 발전 전략을 수립 및 시행하는 것이다. 2

---

2 거점형 지역 발전은 크게 다음의 세 가지 층위에서 구현될 수 있다. ① 국토 전반의 압축과 연계(대도시권 정책), ② 지역 단위의 압축과 연계(예: 일본의 연계중추도시권 혹은 광역적 입지적 정화계획), ③ 소규모 도·시·군 단위의 압축과 연계 등이다. ①→②→③으로 갈수록 '산업적 영역'(신산업의 집적을 통한 경제적 효율성 제고)에서 '행정적 영역'(생활서비스 집적을 통한 행정적 효율성 제고)의 성격이 강해진다.

인구 감소 및 고령화 추세를 고려하였을 때 모든 지역에 고르게 인구를 유지하는 것은 불가능하다. 그래서 모든 지역에 대한 일률적인 투자 역시 불필요할뿐더러 불가능하다. 따라서 의료시설이나 문화시설 등 일정한 인구를 전제로 하는 시설과 행정시설 등 공공서비스 인프라를 거점지역에 집중함으로써 지역민의 생활거점이 될 수 있도록 유도할 필요가 있다. 인구를 각 거점지역에 집중시킴으로써 인프라 공급에 대한 규모의 경제를 달성할 수 있고 지역의 매력도를 배가할 수 있을 것이다. 이로써 청년층 등 인구의 순유입을 유도할 것으로 기대된다.

또한 거점지역을 중심으로 연합체 내 공동생활권을 형성하면 대규모 산업체를 유치하는 데 긍정적 영향을 줄 수 있다. 산업체가 신규로 입지를 정할 때 종사자에게 제공되는 사회적·문화적 인프라의 수준이 과거에 비해 매우 중요해지고 있다. 그리고 산업체의 유치는 다시 청년층의 지역 유입을 유도하는 선순환 구조를 마련할 수 있으므로 거점지역 육성의 필요성은 더욱 커진다.

한편, 거점지역이 거점으로써 제 기능을 다하기 위해서는 거점지역과 비거점지역 간의 연계 교통망을 확충해야 한다. 그래서 각 거점지역에 지역민이 거주하면서 비거점지역에 있는 농지나 산업체에 출근하는 식의 구조를 계획할 수 있다. 또한 비거점지역에 거주하는 주민도 거점지역으로 쉽게 이동할 수 있어야 한다. 비거점지역 거주민이더라도 거점지역의 공공서비스와 일자리 효과를 일부분 공유할 수 있도록 할 필요가 있다. 이를 통해 지역의 지속가능성을 높일 수 있다.

한편, 문헌들을 살펴보았을 때 거점 중심으로 형성하는 공동생활권의 규모는 인구 50만 명 이상이 적합할 것으로 판단된다. 마강래(2019)와 같이 도시계획 관련 문헌에서는 종합병원, 대형상가, 문화시설 등 지역의 매력도와 직접적 연관이 많은 시설을 유치할 수 있는 최소한의 수준으로 인구 50만 명을 제시하고 있다.

또한 최영출(2005)에서는 인구 규모 변화에 따른 1인당 세출 수준을 모형을 활용해 예측하였는데 그 결과 〈표 8-6〉에 나타난 바와 같이 대

〈표 8-6〉 163개 시·군별 예산항목별 최저 비용 인구 규모

구 분		규모의 경제 인구 규모
총괄 결산 분야(6개)	1인당 경상예산 전체	58만
	1인당 인건비	55만
	1인당 경상적 경비	55만
	1인당 사업예산	60만
	1인당 보조사업비	60만
	1인당 자체사업비	58만
기능별 예산 분야(15개)	1인당 일반행정비 전체	58만
	1인당 입법및선거관계비	58만
	1인당 일반행정비	60만
	1인당 사회개발비	58만
	1인당 교육및문화비	58만
	1인당 보건및생활환경개선비	58만
	1인당 사회보장비	60만
	1인당 주택및지역사회개발비	55만
	1인당 경제개발비 전체	55만
	1인당 농수산개발비	60만
	1인당 지역경제개발비	55만
	1인당 국토자원보존개발비	58만
	1인당 교통관리비	50만
	1인당 민방위비 전체	60만
	1인당 민방위관리비	60만

자료: 최영출 (2005).

부분의 예산 분야에서 인구 규모 50~60만 명일 때 1인당 세출 수준이 가장 작다는 것을 알 수 있다. 또한 국회예산정책처(2019)에 따르면 〈그림 8-2〉에 제시된 바와 같이 인구 10만 이하 지역보다 인구 30~50만 지역의 지방세 수입이 가장 안정적이다. 이처럼 도시계획적인 측면이나 예산효율성의 측면을 고려하였을 때 거점 중심의 공동생활권 규모는 약 50만 명 수준이 적정하다고 볼 수 있다.

이상의 내용을 종합하였을 때, 효과적이고 효율적인 공공서비스 제

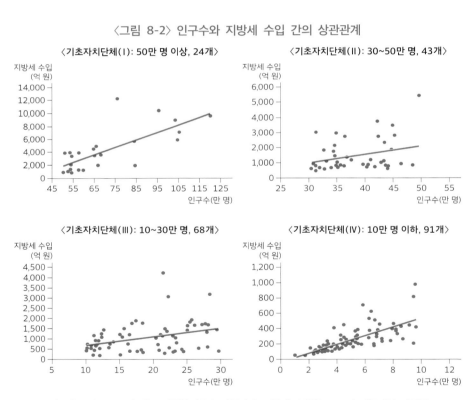

〈그림 8-2〉 인구수와 지방세 수입 간의 상관관계

주석: 인구수는 2018년 말 주민등록인구수 기준이며, 지방세 수입은 2019년 당초예산 기준임.
자료: 국회예산정책처(2019).

공 및 일자리 확보 등을 통해 지방의 지속가능성을 높이기 위해서는 거점지역을 중심으로 한 인구 50만 명 이상의 중규모의 공동생활권의 형성을 유도할 필요가 있다. 그렇기 때문에 첫 번째 지향점으로 소규모 지자체 통합을 통한 중규모의 행정 단위 재구성을 제시했다.

2) 광역권 중심의 분권형 지역 발전

이제 두 번째 지향점을 살펴보자. 두 번째 지향점은 기존의 광역자치단체를 넘어서는 인구 500만 명 이상의 광역권 단위로 실질적 분권을 실시하자는 것이다. 현 제도로는 자치단체로의 실질적 분권을 실현하기에 한계가 있으며, 재정적으로도 서울을 제외한 대부분의 단체가 중앙의존성이 강하다. 그렇다 보니 재정집행에 책임성을 담보하기에 한계가 존재한다. 현재의 교부세 제도하에서 지자체의 재정 책임성을 부여하기 위한 장치를 일부 마련하고는 있으나 이것이 근본 해결책이라고 보기 어렵다.

마강래(2018) 등에서는 500만 명 이상의 광역 단위일 때 비로소 실질적 분권이 가능하다고 제시한다. 도시계획학 등의 관점에서 보면 500만 명 이상의 규모일 때 국가 수준의 행정·재정이 가능한 규모로 판단한다는 것이다. 인구 규모가 500만 명보다 작은 경우, 종합적 개발계획 추진이 어렵고, 지자체 간 편차가 커서 실질적 분권이 어려워 중앙에 의존하게 된다. 따라서 책임성을 담보한 분권을 실현하기 위한 방안으로 500만 명 이상의 광역권 단위의 분권을 이 장에서 제시하고자 한다.

먼저 광역권역은 기존의 광역지자체 등을 지역별로 통합하여 제시하였다. 서울·인천·경기는 수도권으로, 대전·충남·충북은 충청권으로, 광주·전남·전북은 호남권으로, 대구·경북은 대경권으로, 부산

·울산·경남은 부울경권으로 구분하였다. 〈표 8-7〉에서는 강원권과 제주권을 포함하여 총 7개 권역의 주요 지표 추이를 보여 주고 있다. 각 권역의 인구와 취업자 수 그리고 지방세 수입액의 규모를 2010년 대비 2019년 기준으로 각각 비교하였다.

인구의 경우 비수도권의 광역권에서는 세종시 출범 등의 영향으로 충청권의 인구가 대폭 증가한 반면, 비수도권인 대경권, 부울경권, 호남권은 약 1% 내외로 감소한 것을 알 수 있다. 그리고 취업자 수도 충청권의 증가율이 타 권역에 비해 높은 반면 대경권, 부울경권, 호남권 등의 비수도권 광역권은 한 자리 수 증가율을 보인다. 마지막으로 지방세 수입액은 충청권을 제외한 비수도권 광역권에서는 공통적으로 약 70% 내외 증가율을 보인다.

이처럼 광역권 단위에서 살펴보면 소규모 기초지자체들이 인구소멸 위기에 처한 상황과는 달리 인구가 안정적으로 유지된다는 것을 알 수 있다. 그리고 취업자 수나 지방세 수입액을 보더라도 광역권 단위에서 안정된 모습을 보이고 있다. 특히, 주목할 점은 세종시 출범으로 인구가 대폭 유입된 충청권을 제외한 나머지 비수도권 광역권 세 군데가 지표상 상당히 유사한 모습을 보인다는 점이다. 이처럼 각 광역권의 인구와 경제여건이 일정 수준 이상이고, 균일한 상태라는 점은 분권을 실시하기에 유리한 환경임을 의미한다. 만약 광역권별로 차이가 크다면 일괄적 분권은 이루기 어려울 것이다.

따라서 지방분권을 실질적으로 달성하려면 인구 500만 이상 규모의 광역권에 세원을 대폭 이양하고 예산 권한을 확대하여 실질적 재정분권을 실현할 필요가 있다. 또한 광역권별로 규제 권한을 대폭 강화해 지역 발전 전략에 맞는 규제 개편을 가능토록 해야 한다. 이 같은 분권을 실시하는 동시에 각 광역권에 책임성을 강화할 필요가 있다. 예를 들어

	인구 (천 명)			취업자 수 (천 명)			지방세 수입액 (십억 원)		
	2010년	2019년	증가율 (%)	2010년	2019년	증가율 (%)	2010년	2019년	증가율 (%)
전 국	50,517	51,850	2.64%	24,033	27,123	12.86%	47,633	83,039	74.33%
수도권	22,099	22,969	3.94%	10,615	12,038	13.41%	27,838	47,224	69.64%
충청권	5,129	5,539	8.00%	2,466	3,016	22.30%	3,975	7,999	101.25%
대경권	5,202	5,104	- 1.88%	2,533	2,649	4.58%	3,883	6,825	75.77%
부울경권	7,985	7,924	- 0.76%	3,686	3,996	8.41%	6,911	11,570	67.42%
호남권	5,242	5,144	- 1.87%	2,431	2,652	9.09%	3,383	6,020	77.94%
강원권	1,530	1,542	0.76%	683	811	18.74%	1,171	1,963	67.72%
제주권	571	671	17.46%	284	382	34.51%	473	1,437	203.85%

자료: 지방재정 365 홈페이지, 접속일: 2019년 12월 1일.

광역권 내 일부 지역의 인구 감소에 따른 소멸 위기나 재정 위기 등은 광역권 내에서 예산과 정책을 통해 해결하고 중앙 정부는 가급적 개입하지 않는 방식으로 책임성을 부여할 필요가 있다. 그래서 광역권을 중심으로 재정 및 행정의 독립성을 부여하고 그 결과는 정치적으로나 재정적으로 책임질 수 있는 구조의 정립을 두 번째 지향점으로 제시한다.

한편, 전국의 5개 광역권에 분권을 진행하는 동시에 강원권 및 제주권은 현재 제주특별자치도와 유사한 수준의 분권을 고려할 수 있다. 〈표 8-8〉과 〈표 8-9〉에는 제주특별자치도에 대한 권한 이관과 재정특례의 주요 사항이 제시되었다. 제주특별자치도는 2006년 〈제주특별자치도 설치 및 국제자유도시 조성을 위한 특별법〉 제정 이래 본격적으로 자치권을 부여했다. 〈표 8-7〉에서 볼 수 있듯이 제주권의 경우 2010년 이래 인구 및 취업자가 급증하였고, 이에 따라 지방세 수입도 급증하였다. 이 같은 결과가 모두 분권 때문이라고 볼 수는 없지만, 규제 완화 및 재량을 바탕으로 한 적극적 투자유치가 주요한 원인으로 보인다. 한편, KDI에서 실시한 의견조사 결과도 두 가지 지향점과 어느 정도 일관성이 있다고 볼 수 있다. 〈그림 8-3〉에 나타난 바와 같이 지역균형발전의 주안점으로 수도권-비수도권 격차를 해소해야 한다는 응답이 비수도권 거주자뿐 아니라 수도권 거주자에게서도 가장 높게 나타났다. 또한 지역균형발전을 도모하기 위해 선택과 집중을 통해 지역별 거점도시

〈표 8-8〉 제도개선 및 권한이관 단계별 내용

	의결 일시	이관 건수	주요내용
1단계	2006. 2. 9.	1,062건	• 재정 · 조직 · 인사 등 자치분권 확대 → 행정 내부 효율성 증대 • 특별행정기관 이관, 자치경찰 · 감사위원회 등 신설 → 보다 종합적인 행정시스템 구축
2단계	2007. 7. 3.	278건	• '4+1 핵심산업'에 대한 차별화 확대 → 외국 교육 · 의료 기관 설립 · 운영 규제 대폭 완화 • 항공자유화 등 국제자유도시 여건 조성 확대
3단계	2009. 3. 3.	365건	• 제도개선 방식의 전환 → 분야 · 기능별 일괄 이양으로 전환 *관광 3법(〈관광진흥법〉 등 3개 법률) 일괄 이양 • 교육 · 의료 산업 특구를 지향한 규제 완화 → 제주영어교육도시 내 국제학교(영어전용 초 · 중 · 고등학교)에 대한 전반적 자율성 확보 → 외국 의료기관 설립 · 운영 자율성 확대 및 규제 완화
4단계	2011. 4. 29.	2,134건	• 해군기지 주변지역 지원근거 마련, 국제학교의 내국인 저학년 과정 확대, 국무총리실 제주지원위원회 사무기구(사무처) 존속기한 연장, 관광객 부가가치세 환급제 도입
5단계	2015. 7. 6.	698건	• 자치경찰의 음주측정 · 통행금지 권한 등 사무범위, 역량 확대
6단계	2019. 11. 13.	123건	• 도내 보세판매장 특허수수료 50%를 제주관광진흥기금에 전출, 관광발전 재투자 재원으로 활용 등

자료: 제주특별자치도(2017)의 내용을 재정리.

를 육성해야 한다는 응답이 수도권 25.3%, 비수도권 21.0%로 상당히 높게 나타났다. 설문결과를 보면 다수의 응답자가 수도권-비수도권 간의 격차를 해소할 필요성은 인식하되, 그 방법으로써 모든 지역의 격차를 해소하기보다는 비수도권 지역의 거점을 집중 육성하는 것을 선호한다는 사실을 알 수 있다.

한편, 현행 행정체계가 변화하는 환경에 적합하지 않다는 의견은 그간 많이 제기되었다. 〈그림 8-4〉에 나타난 바와 같이 금번 의견조사 결

〈표 8-9〉 제주특별자치도의 주요 재정특례 현황

	재정특례 및 도입 내용
국세 이양	• 국세의 세목 이양 • 제주특별자치도에서 징수된 국세의 이양
지방세	• 제주특별자치도세 신설 → 도세와 시·군세 통합(16개) • 과세면제 등에 관한 특례: 조례에 의한 감면 확대 → 재산세율 인하: 선박, 항공기 등 → 지역개발세율 인상: 음용수 등 • 세율범위 및 세목 확대 → 탄력세율제도의 확대 → 세율범위 및 세목 확대
지방 교부세	• 보통교부세의 법 정률화 → 보통교부세 총액의 3% 반영
보조금	• 국가균형발전특별회계의 제주계정 설치
지방채	• 지방채 등의 발행 특례 → 지방채 발행의 한도액 범위 초과 시에도 도의회 의결로 가능 → 도교육감이 도의회 의결로 교육 및 학예와 관련된 사업은 지방채 　　발행 가능 등
교육재정	• 교육비특별회계: 자치도세 중 조례가 정하는 비율(현재 5%) • 지방교육재정 보통교부금: 보통교부금 총액의 1.57%로 법정률화

자료: 제주특별자치도(2017)의 내용을 재정리.

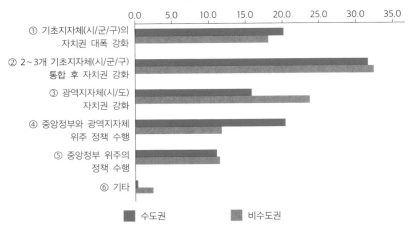

〈그림 8-3〉 지역균형발전 정책의 주안점

0.0
5.0
10.0
15.0
20.0
25.0
30.0
35.0
① 기초지자체(시/군/구)의 자치권 대폭 강화
② 2~3개 기초지자체(시/군/구) 통합 후 자치권 강화
③ 광역지자체(시/도) 자치권 강화
④ 중앙정부와 광역지자체 위주 정책 수행
⑤ 중앙정부 위주의 정책 수행
⑥ 기타
수도권
비수도권

자료: KDI (2019), 〈'3만 불 시대의 중장기 정책방향'에 관한 의견조사〉.

〈그림 8-4〉 현 지방자치제도 개편 필요 여부

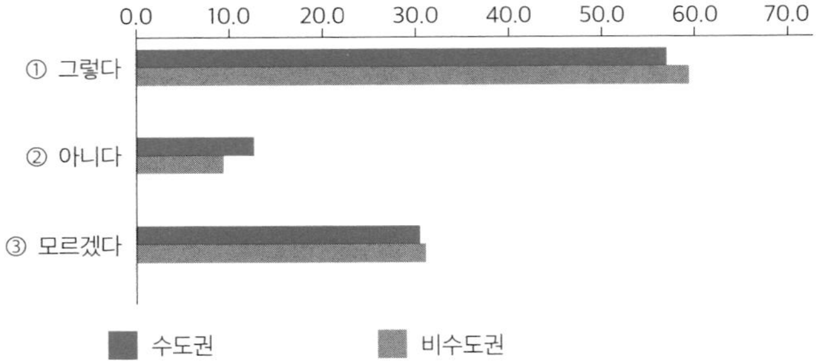

0.0
10.0
20.0
30.0
40.0
50.0
60.0
70.0
① 그렇다
② 아니다
③ 모르겠다
수도권
비수도권

자료: KDI (2019), 〈'3만 불 시대의 중장기 정책방향'에 관한 의견조사〉.

과에서도 수도권 주민과 비수도권 주민 공히 현 지방자치제도에 변화가 필요하다는 응답이 다수를 차지했다. 수도권 응답자의 56.7%, 비수도권 응답자의 59.4%가 현행 지방행정체계 개편이 필요하다고 응답한 반면, 수도권 응답자의 12.6%, 비수도권 응답자의 9.3%가 현행 체계를 개편할 필요가 없다고 응답하였다.

그리고 〈그림 8-5〉에 나타난 바와 같이 지자체 제도개선 방향으로 수도권 거주민과 비수도권 거주민 모두 2~3개 기초지자체 통합 후 자치권을 강화하는 것을 가장 많이 선택하였다. 또한 현행 기초지자체의 자치권을 강화해야 한다는 응답은 전체 응답자의 18.9%를 차지한 반면, 통합된 지자체나 광역지자체에 자치권을 강화해야 한다는 응답은 68.3%를 차지하였다. 그래서 대체로 현행 기초지자체의 자치권을 강화하기보다는 기초지자체를 통합하여 자치권을 강화하거나 광역 단위의 자치권을 강화하는 방향을 선호한다는 것을 알 수 있었다.

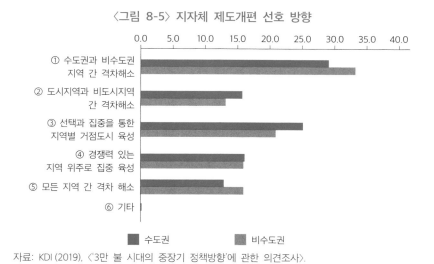

〈그림 8-5〉 지자체 제도개편 선호 방향

자료: KDI (2019), 〈'3만 불 시대의 중장기 정책방향'에 관한 의견조사〉.

3. 단계적 추진 방안

1) 인구 50만 수준의 지역 연합체 결성

앞서 제시한 두 가지 지향점과 관련하여 단기적으로는 먼저 인구 30만 내외 중도시 중심으로 인구 50만 수준의 지역 연합체 결성을 유도할 필요가 있다. 그래서 행정체계는 지금과 같이 유지하며, 연합체 내 의사결정체계를 개편할 필요가 있다. 그리고 연합체 내 공동사업을 적극 발굴 및 추진하고 기업, 문화시설, 의료시설 등의 공동 유치를 지원해야 한다. 소규모 지자체가 서로 협력하여 공동으로 개발계획을 수립, 진행하는 것은 일본과 독일의 사례를 참고할 수 있다.

일본에서는 인구 고령화 및 지방경제의 쇠퇴에 대응하기 위하여 〈표 8-10〉에 제시된 바와 같이 소규모 지방도시와 중심이 되는 도시를 연계하는 연계중추도시권 구상을 추진하고 있다. 일정 규모가 되는 도시를 중심도시로 지정하고 이를 거점 삼아 주변의 시市・정町・촌村과의 연계를 강화하는 방안이다. 재정적으로도 중심이 되는 연계중추도시와 근린 시・정・촌에 보통교부세 및 특별교부세를 지원토록 하고 있다. 그리고 지역 내 교통망 확충, 대형 공공의료기관 확충 등 거점지역 개발을 지원하며, 일정 수준 이상의 연합지역에는 광역시 수준의 자치권을 부여하고 있다.

그리고 연합체의 인구 규모에 따라 상위 지자체에 자치권을 부여한다는 것이 특징이다. 이를 통해 권역 전체의 경제성장을 견인하고 도시기능을 집적 및 강화하며 권역 전체의 생활 관련 서비스를 향상하는 것을 주요 방향으로 삼고 있다.

이는 거점지역에 도시기능을 집적하여 인구 및 경제의 중심기능을 부여하고 주변지역 간의 교류를 활성화해 권역 전체의 성장을 이끄는 첫 번째 지향점과 일맥상통한다고 볼 수 있다. 또한, 그간의 경험에 비추어 지역 간의 결합 및 연계는 규모가 유사한 지역 간의 결합보다는 중심 지역과 주변지역 간의 결합이 정치적인 면을 고려했을 때 훨씬 용이했다는 점 역시 우리의 지향점에 힘을 실어 준다고 할 수 있다.

한편, 독일도 소도시와 주변지역 간의 연계를 강화함으로써 고령화와 농촌지역 인구 감소에 대응하고 있다. 〈표 8-11〉에 소개된 작은 도시 및 게마인데Gemeinde 프로그램은 도시와 주변지역이 협력하여 공동의 인프라 개발을 추진하고 지역별 특성에 맞는 도시계획을 추진하는 것을

〈표 8-10〉 일본의 연계중추도시권의 주요 내용

구분	주요 내용
근거	연계중추도시권 구상 추진요강
중심도시요건	〈연계중추도시〉 지정도시 또는 중핵시 등 주야간 인구 비율 1 이상
수속	① 연계중추도시 제언 ② 연계협약의 체결(지방자치법 제252조 2 제1항) ③ 연계중추도시권 공생비전의 책정
연계대책	가. 권역전체의 경제성장 견인 나. 고차 도시기능의 집적 및 강화 다. 권역 전체의 생활 관련 기능 서비스 향상

재정조치	〈연계중추도시〉
	• 보통교부세 조치(상기 가. 및 나.)
	• 특별교부세 조치(상기 다.)
	  연간 1.2억 엔 상한
	〈근린 시·정·촌〉
	• 특별교부세 조치(상기 가~다)
	  1,500만 엔 상한

자료: 정수경 (2018).

주요 내용으로 한다. 그리고 관련된 개발 프로그램에 연방정부, 주 정부, 지방자치단체가 각각 1/3씩 재원을 분담한다. 이를 통해 소도시와 주변지역을 연계하는 데 필요한 재정적 인센티브를 제공하는 동시에 지자체 차원에서 책임성을 가질 수 있도록 하고 있다.

인구 감소와 고령화에 따른 공공인프라의 수요와 공급은 거점지역과 비거점지역 간의 종합적 관계를 고려하여 검토해야 한다. 독일에서는 소도시와 주변지역 간의 관계 및 개발 방향을 명확히 설정함으로써, 각 지역의 개발 및 재개발의 콘셉트를 개별 지역의 관점뿐 아니라 주변지

〈표 8-11〉 독일의 소도시 및 게마인데 프로그램 현황 및 주요 내용

구 분	내 용
배 경	• 인구 감소와 고령화로 농촌 지역의 소도시와 게마인데는 현재 형태로 공공인프라 유지가 불가 → 출산율 저하, 교육 및 고용부족에 따른 젊은 인구의 이동, 고령화 등으로 농촌지역의 인구밀도 감소
주요 내용	• (공통의 개발계획 수립) 도시와 주변지역이 협력하여 인프라 수요를 조사하고 공공시설 및 민간시설의 수요 충족 가능성을 고려하여 인프라 공급 및 개발에 대한 구체적 조치 합의 → 인프라 완전 가동 및 수요의 양적·질적 개발 평가, 재고조사, 관련 지방자치단체 시설의 조정 필요성을 파악하기 위한 수요분석 → 인프라 시설의 조정을 위한 도시재개발 콘셉트를 설정하고 미래의 수요에 대하여 장기적으로 시행 가능한 조치에 대한 제안을 포함 → 초지역적인 협력을 지원하기 위한 공공담론을 통한 의사결정 및 콘셉트 개발 • (지역별 도시계획 투자) 각 지자체는 총괄계획 범위에서 도시계획적 결함 제거, 인프라 조정, 지역 간 공동 이용을 위한 인프라 재개발 → 참여 지자체 간 공동의 효율적 이용 위한 인프라 조정 및 재개발 → 건물의 재개발 및 수요 중심 개축 및 도심 재개발 등
프로그램 현황	• 해당 프로그램에 대한 규모는 매년 증가 → 재정 지원은 연방정부, 주 정부, 지방자치단체가 각각 1/3씩 부담 → 연방정부의 재정 지원 규모는 약 1,800만 유로(2010년)에서 약 7천만 유로(2019년)로 증가

자료: BBSR (2019)·BBSR (2018)·BBSR (2014)의 내용을 재정리.

역의 개발계획까지 아우르도록 유도한다. 공공시설과 민간시설은 공동으로 수요와 공급을 파악하여 도시 기능의 재배치를 포함한 신규 개발계획을 수립하여 투자한다.

이처럼 인구 감소 및 고령화에 대응하기 위하여 거점지역을 육성하는 동시에 비거점지역 간의 연계를 강화하여 공공서비스체계 개선 및 경제활성화를 도모하는 것은 독일 및 일본 등 선진국에서도 일반적인 방향이라고 할 수 있다. 우리나라에서도 단기적으로 먼저 거점지역을 선정하고 주변지역과의 관계를 재정립하여 단일한 공동경제권을 형성할 수 있도록 유도할 필요가 있다. 그래서 지역 간 연합의 효과를 지역주민이 체감할 수 있는 환경을 만들고, 이를 바탕으로 중장기적으로는 행정구역의 통합을 추진하여 지역별 중규모 거점화를 완성할 필요가 있다.

2) 기초 및 광역 행정구역 통합

그동안 행정구역 통합의 필요성이 여러 차례 제기되었고, 이를 실제로 추진하는 경우도 많이 있었다. 현재에도 지방분권법에 따라 시·군·구 통합 절차를 마련하고 있으나 상당수의 경우 한계에 부딪치고 있다. 지자체 행정구역 통합은 지역 간 다양한 이해관계가 얽혀 있어 갈등을 종종 유발한다. 그리고 통합의 혜택을 주민들이 정확하게 인식하지 못해 지역 공무원 및 정치인들의 이해관계에 따라 통합이 실패하는 경우가 많다.

또한 〈표 8-12〉에서 보듯 행정구역이 통합된 이후에 통합 청주시와 같이 큰 갈등이 없는 경우가 있는 반면, 통합 창원시와 같이 지속적으로 갈등이 생기는 경우도 있다. 이양재(2013)에서는 두 사례를 비교해 통합과 관련하여 사전에 주민들과의 충분한 공감대 형성이 갈등을 방지하기 위해 필수적이라고 제시하고 있다. 이 점을 고려하였을 때 중장기적으로 인구 50만 이상의 중규모 단일 행정구역으로 통합하기에 앞서 지역 연합체를 결성함으로써 공동 개발 및 정책 추진을 선행하여 지역민들의 공감대를 형성할 필요가 있다.

중규모의 단일 행정구역들이 정립된 후 마지막으로 기존의 광역자치단체를 인구 500만 이상 규모의 광역권으로 통합해 지역의 중도시들을 아우르는 구도의 지방자치제도를 확립해야 한다. 그리고 광역권에는 세원 및 행정 권한을 대폭 이양함으로써 실질적인 자치권을 부여해야 할 필요가 있다. 이를 위해 먼저 지방소비세 및 지방소득세의 비율을 조정하고, 각 광역권별 맞춤형 규제를 도입하는 것을 고려할 수 있다.

〈표 8-12〉 통합창원시 및 통합청주시 비교

구분	통합 창원시 (창원 · 마산 · 진해)	통합 청주시 (청주 · 청원)
주요 행위자 / 통합 주체	• 창원시장, 마산시장, 진해시장, 시의원, 국회의원	• 청주시장, 청원군수, 행정안전부, 지역주민, 주민 중심의 통합기구
주요 갈등 쟁점	• 3개 지역에 대한 재정 지원금 배분, 통합 시 명칭, 청사 위치, 야구장 입지선정 등	• 통합 과정 및 통합 시 발생할 갈등 사항 → 청원군 지역으로의 혐오시설 이전 및 청원 농촌지역 발전 저해 등
통합 전략	• 지방의회 의견(잠정적 합의)	• 주민 주도형 상생 발전 방안 합의 (주민투표)
특징	• 소수 정치행위자들의 이해관계를 중심으로 한 잠정적 합의에 의해 추진 • 시민투표와 상생 방안 마련이 없는 정치 · 행정적 통합 • 국회 · 시의원의 압력 및 공정하지 못한 의결	• 주민과 정치권의 통합 공감대 형성 • 주민 중심의 통합추진기구 설립 • 3차례 실패로 인한 학습효과 이후 추진 • 님비시설 이전시 청원군주민 동의 • 갈등 요인 39개 항목 75개 세부사항 협의 • 상생 발전 방안 수립

자료: 이양재(2013).

이 연구에서는 과제의 특성상 구체적인 행정구역 개편안을 제시하기보다는 전반적인 그림을 제시하고자 한다. 이를 위해서 가상으로 중규모의 단일 행정구역으로 재편하였을 때 인구 규모별 그리고 각 광역별 중규모 행정구역 수를 산정해 보았다.

먼저 〈표 8-13〉에 제시한 1안에 따라 먼저 인구 30만 이상으로 중규모 행정구역을 통합하면 총행정구역의 수는 현재 229개인 기초자치단체 109개로 줄어든다. 또한 2안에 따라 인구 50만 이상의 중규모 행정구역으로 통합하면 그 수가 75개로 줄어든다. 이를 광역권별로 분류하면 〈표 8-14〉와 같이 나타난다. 통합 2안만을 보면 수도권을 제외한 각 광역권에는 8~13개의 중규모 행정구역이 속하게 된다.

다만, 〈표 8-13〉과 〈표 8-14〉에 제시한 행정구역의 수는 현재의 인구 규모를 기준으로 한 것이다. 그런데 우리나라의 인구는 중장기적으로 감소할 것이 예상된다. 따라서 향후 각 지자체의 실제 인구 규모에 맞게 세부 통합안을 마련할 필요가 있다. 세부 통합안은 현재 제시된 수와 차이가 있더라도 중도시 중심의 거점형 발전, 그리고 광역권 단위의 분권이라는 방향은 유지함으로써 지역의 지속가능성을 확보할 수 있을 것이다.

또한 행정구역의 통합 이후 행정구역을 반드시 동일하게 유지할 필요는 없다. 통합 이후 인구 변화에 따라 광역권 내에서 각 중도시의 범위를 유기적으로 조정하는 것 역시 필요하다. 그럼으로써 지속적으로 인구와 경제여건의 변화에 능동적으로 대처할 수 있을 것이다.

이러한 체계 속에서 각 광역권은 재정과 행정에 대한 독립성을 가지고 자체적인 발전 방향을 정립해야 한다. 또한 각 광역권은 독립성을 가진 만큼 책임성 역시 함께 부과되어야 한다. 그래서 독립적인 재정운용과 행정의 결과에 대해서는 광역권의 단체장이 정치적 책임을 질 수 있는 구도가 정립되어야 한다. 예를 들어 광역권 내의 한 중도시가 재정난을 겪어 중도시 차원에서 극복이 불가능한 경우는 광역권에서 해결을 모색하는 것을 원칙으로 삼을 수 있다. 현재의 중앙정부와 지방정부 간의 관계와 유사하게 광역권 정부와 중도시 정부 간의 관계를 설정할 수 있다.

결론적으로 향후 인구구조 변화 및 지방산업의 쇠퇴로 인한 지방의

〈표 8-13〉 통합 후 인구 규모별 중규모 행정구역의 수

			2019년 현재	통합 1안	통합 2안
기초 단위 행정구역	개수		229	109	75
	평균		226,419명	475,687명	691,331명
	인구 규모별 개수	10만 이하	91	-	-
		10만~30만	69	-	-
		30만~50만	44	75	-
		50만 이상	25	34	75

자료: 저자 계산.

〈표 8-14〉 통합 후 광역권별 중규모 행정구역의 수

			2019년 현재	통합 1안	통합 2안
기초 단위 행정구역	개수		229	109	75
	광역권별	수도권	55	49	33
		충청권	32	12	8
		호남권	41	13	8
		대구 · 경북권	31	12	9
		부산 · 울산 · 경남권	39	18	13
		제주 및 강원	20	5	4

자료: 저자 계산.

위기를 극복하고, 진정한 의미의 분권을 이루기 위해 이 장에서 제시하는 바는 크게 두 가지이다. 첫째, 각 지방의 거점을 중심으로 기초지자체들을 통합하여 인구 50만 명 이상의 중규모 단일 행정구역을 만들고, 행정구역 통합에 따른 부작용을 줄이기 위해 먼저 지역연합체 결성을 통한 공동 개발 및 행정을 추진해야 한다. 둘째, 기존의 광역자치단체를 통합하여 중규모 행정구역이 10개 내외로 모인 인구 500만 이상의 광역권 정부를 만들어야 한다. 그리고 재정 및 행정 권한을 대폭적으로 광역권 정부에 이양하는 동시에 책임성을 부여하여 실질적 분권이 이루어질 수 있는 토대를 마련해야 한다는 것이다. 이 두 가지의 지향점을 중심으로 지방인구 감소 및 산업 쇠퇴를 해결하기 위한 중장기적인 세부 정책을 모색해야 할 것이다.

한편, 향후 이 장의 내용을 바탕으로 추가 연구 및 논의가 필요할 것으로 판단된다. 전반적인 방향을 제시하는 이 연구의 특성상 자세하게 다루지 못한 사항들이 있다. 특히 거점형 분권과 관련한 구체적 정치형태(선거구제, 주민참여 방식 등), 그리고 행정구역 통합 후 거점지역과 비거점지역 간의 상생 전략 등을 추가적으로 논의해야 한다고 판단된다. 앞으로 이 장에서의 논의를 바탕으로 정책입안자, 연구자들이 다양한 연구 및 토론을 통해 바람직한 지방정책을 수립해 나갈 수 있기를 기대해 본다.

9 장

함께 만들어 가는 안전하고 행복한 복지사회

이태석 한국개발연구원

인구 및 기술변화 등으로 인해 사회적 위험이 증가하고 있어 효율적이고 충분하며 지속가능한 복지제도를 마련해 안전하고 행복한 복지사회를 구현한다. 복지제도의 개혁과 혁신을 통해 체감할 수 있는 복지서비스를 제공하며, 복지혜택에 상응하는 비용 부담을 통해 충분한 재원을 마련한다. 이를 바탕으로 다층적 사회안전망을 구축하여 사회적 위험을 완화하며, 환경변화에 대응해 끊임없이 제도를 개편함으로써 지속가능한 복지제도를 마련한다.

1. 환경 변화: 사회적 불확실성의 증가

급속한 경제성장을 경험한 우리나라를 비롯해 아시아 여러 나라에서 사람들이 좀더 오래 살고 아이를 더 적게 낳는 경향이 점차 심화되고 있다. 그 결과 전체 인구에서 65세 이상의 고령인구가 차지하는 비중이 급속히 증가하고 있다.

2019년 UN인구전망(〈그림 9-1〉 참고)에 따르면 고령인구 비중의 증가 추세는 전 세계적인 현상이나, 새로운 시장이자 성장동력으로 주목

〈그림 9-1〉 기대여명, 합계출산율, 노인부양률 추이 및 전망 (1955~2095)

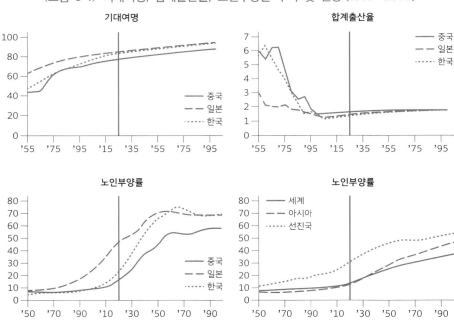

자료: UN 인구전망 (2019).

받는 아시아 지역에서 특히 빠르게 나타날 것으로 예상된다.

아시아 지역 중에서도 우리나라, 일본, 중국 등 동아시아 지역의 고령화 추세가 빠르게 전개되는 가운데, 우리나라는 주변국인 중국, 일본에 비해서도 고령화의 진행속도와 향후 균형 수준이 높을 것으로 예상된다. 더욱이 우리나라의 합계출산율은 2019년 0.92명으로 최근 지속적으로 하락하는 추세를 보여, 선진국 균형 합계출산율 수준으로의 회귀를 예상한 UN인구전망의 전망치를 상당 기간 밑돌 것으로 보인다. 따라서 최근 UN인구전망에 비해서도 고령화의 속도는 더욱 빨라질 가능성이 높다.

인구의 수와 연령별 구조는 개인의 출산 및 사망, 그리고 국제 이동에 의해 결정되며, 개인 행태, 가족 구성, 경제·사회구조 등을 변화시키는 주요 동인이 된다. 〈표 9-1〉에서 보는 바와 같이 고령인구의 비중이 다른 국가들에 비해 빠르게 변화할 것으로 예상되지만 사회경제적 제도 차원의 대응을 준비할 시간이 상대적으로 부족한 상황이다.

고령인구의 증가는 개인 간의 이질성 증가, 전통적 가족기능의 약화, 사회적 불평등도의 증가, 생산연령인구 축소에 따른 경제성장 둔화, 이에 대응한 세계화와 기술혁신의 가속화, 그리고 서비스산업 비중 증가를 야기할 것으로 예상된다.

한편 기후변화와 세계화의 심화에 따라 자연재해, 전염병, 경제위기 등 단기적 충격이 지속적으로 발생하리라 예상되는 가운데, 비중이 늘어 가는 고령인구는 최근 코로나19 사태에서 알 수 있듯이 이러한 재난에 대응하는 데 특히 취약하다는 특성을 보인다.

인구구조, 가족구성, 생산 및 분배구조, 기술혁신, 국제관계 및 자연환경의 변화가 가속화하고 이에 따른 대내외 불확실성의 증가는 개인이 감당하기 어려운 경제·사회적 위험을 증가시킬 것으로 예상된다.

참고 1 우리나라 인구구조 변화의 특징 및 인구정책 방향

우리나라의 인구는 조선시대 건국 초 555만 명 수준에서 최근까지 9배 이상 증가한 것으로 추정된다. 조선시대의 인구는 1% 이하의 낮은 성장률을 보이다가 해방 이후 해외거주인구 유입, 한국전쟁 이후 북한인구 유입과 전후 베이비 붐baby boom으로 해방 이후 1970년대까지 2~6%의 빠른 인구 증가를 보였다.

정치적 안정과 빠른 경제성장에 힘입어 도시인구를 중심으로 인구가 폭증하여 인구 증가로 인한 경제·사회적 문제가 심화하자, 1970년대 이후 1가구 2자녀 이하를, 1980년대는 1자녀를 유도하는 가족계획 정책을 통해 출산율을 정책적으로 낮추었다. 가족계획 정책의 효과와 급속한 경제발전에 따른 출산 및 양육의 기회비용 증가는 출산율 급감을 가져와서 2019년 출산율은 0.92명으로, 2020년대 중반부터 총인구가 감소하여 2060년대에는 3,400만 명 수준으로 축소할 것으로 보인다.

한편, 현재 우리나라의 인구밀도는 km²당 500명을 초과해 세계 평균인 50명 수준의 10배가 넘고, 2060년대에도 세계 평균의 6배를 넘을 것으로 예상된다. 환경오염과 자원고갈 등 인구 증가에 따른 문제도 고려할 때, 지속가능한 발전 관점에서 지속적 인구 증가도 또 다른 문제를 야기하기도 한다.

〈표 9-1〉 주요국 고령화 속도 비교

국가	고령화사회 도달연도	고령화사회 도달 시 인구 (천 명)	고령사회 도달연도	고령사회 도달 시 인구 (천 명)	소요기간 (년)
프랑스	1864	37,860	1979	54,836	115
미국	1942	135,386	2015	322,074	73
독일	1932	65,716	1972	78,717	40
일본	1970	104,345	1994	125,217	24
한국	2000	47,008	2018	51,607	18

주석: 고령화사회, 고령사회는 65세 이상 인구의 비중이 각각 7% 이상, 14% 이상의 사회를 의미.
자료: 통계청(2006)·통계청(2019), Maddison Project Database(2018).

인구 증가와 감소의 장단점이 존재하는 상황에서 인구 규모의 인위적 조절보다는 급속한 인구구조의 변화가 야기하는 사회적 비용을 관리하기 위하여 인구구조 변화의 속도 조절과 인구구조 변화에 대응한 제도 변화를 모색하는 정책적 노력이 요구된다. 특히 주요국에 비해 빠르게 고령화가 진행되고 있어 정책적 대응의 중요성이 더욱 높다. 우리나라는 2000년에 65세 이상 인구의 비중이 7%를 넘어서 고령화사회로 진입한 이후 18년 만에 고령인구 비중이 2배가 되어 고령사회가 되었다.

이에 따라 증가하고 있는 다양한 위험들이 초래할 수 있는 실업, 빈곤, 사회적 배제의 경제·사회적 비용을 사회적으로 분담하기 위한 복지제도의 정책적 중요성은 향후 지속적으로 증가할 것으로 예상된다. 특히 고령인구 증가에 따라 건강과 노후 소득보장을 위한 보건·연금 지출, 여성의 경제활동 참여 증가에 따른 자녀 및 노인 돌봄 수요, 기술 변화와 국내외 산업구조 변화에 따른 일자리 창출 및 실업대응 수요, 그리고 자연재난 및 사회재난 대응을 위한 긴급복지 수요가 빠르게 증가할 것으로 예상됨에 따라 이들 분야의 혁신적 변화가 요구된다.

〈그림 9-2〉 사회적 위험 증가와 복지 수요의 증가

자료: 저자 작성.

2. 문제점: 복지제도의 구조적 개혁과 혁신의 필요성

인구구조 변화에 따른 고령인구의 증가와 생산연령인구의 감소는 복지 수요의 증가와 함께 노동 공급의 둔화에 따른 생산 능력의 축소를 동시에 가져온다. 이에 따라 복지제도 운영을 위한 수입과 지출 사이의 간격이 지속적으로 확대될 가능성에 관한 우려가 높아지고 있다.

〈그림 9-3〉, 〈그림 9-4〉에 보이는 바와 같이, 우리나라의 생산연령인구 구성비는 2012년 73.4%로 정점을 이룬 이후 계속해서 감소하는 추세를 보이며, 2067년에는 45%로 약 28%p 가량 축소될 것으로 전망된다. 우리나라의 총인구도 2028년 5,200만 명으로 정점을 이룬 이후 지속적으로 감소하여 2067년에는 현재 인구의 약 65% 수준인 3,400만 명 수준이 되리라 예상된다. 이에 따라 2050년대 실질성장률과 총수입 증가율은 1% 이하로 둔화될 전망된다.

반면, 고령인구 비율 증가는 관련 복지지출 수요의 급증을 가져올 것으로 예상된다. 우리나라의 65세 이상 고령인구 구성비는 2019년 15%에서 2067년 47%로 32%p나 증가할 것으로 예상된다. 이에 따라 GDP 대비 복지 분야 의무지출 비율은 2019년에는 6% 수준이나, 2050년에는 10% 이상으로 증가할 것이라 예상된다. 특히, 복지 분야 의무지출 중 고령인구 관련 지출인 연금급여 및 건강보험 재정지원 지출이 80% 이상을 차지할 것으로 보인다.

2019년 국회예산처 전망에 따르면 2050년 GDP 대비 총수입 비율은 약 2%p 감소하는 반면, 총지출 비율은 약 4%p 증가하여 통합재정수지는 7% 수준으로 확대될 것으로 전망된다. 특히, 현재의 직역연금 및 국민연금제도는 재정적으로 지속가능하지 않아 향후 정부재정에 상당

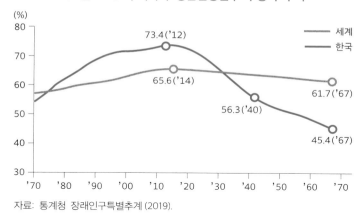

〈그림 9-3〉 우리나라 생산연령인구 구성비 추이

자료: 통계청 장래인구특별추계 (2019).

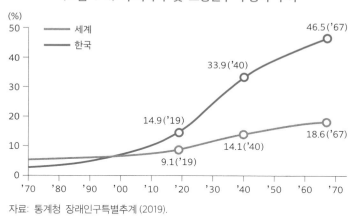

〈그림 9-4〉 우리나라 및 고령인구 구성비 추이

자료: 통계청 장래인구특별추계 (2019).

한 부담으로 작용할 것으로 예상된다. 2019년 공무원연금과 군인연금은 각각 2.2조 원과 1.6조 원 적자를 보였으며, 국민연금기금은 2042년부터 수지적자가 시작되어, 2057년에는 적립기금이 소진될 것으로 전망된다.

향후 복지재정의 지속가능성에 대한 우려와 함께 현재 복지제도의 복지만족도에 관한 우려도 존재한다. 〈그림 9-5〉에 보이는 바와 같이 우리나라의 사회보호 관련 지출 비중은 주요국에 비해 상대적으로 낮다. 제한된 복지재원을 활용하여 취약계층의 빈곤문제를 사후적으로 대응하는 데 집중함에 따라 전반적 복지서비스 만족도가 낮고, 개인이 당면한 불확실성 증가에 따라 불안감이 심화되고 있다. 기대수명 연장으로 비롯된 은퇴기간 연장, 전통적 가족기능 약화, 기술변화와 산업구조조정에 따른 일자리 불안정성, 자연 및 사회재난 발생빈도와 피해 규모 증가 등 개인이 당면한 경제·사회적 불확실성은 높아지고 있으나 이에 대응하는 사회안전망이 부족한 상황이다. 또한 우리나라의 사회보호 지출 비중이 상대적으로 낮은 상태에서 수요자의 신청에 기반을 둔 선별적 복지서비스가 수요자의 복지 수요를 충분히 충족시키지 못하여 복지서비스 체감도가 낮으며, 보육, 노인 돌봄 등 복지서비스의 질적 수준에 관한 만족도가 낮다.

최근 정책적 노력의 결과로 소득 및 자산 격차가 다소 개선되는 추세를 보이고 있으나, 이질성이 높은 고령인구의 비중이 증가함에 따라 소득 및 자산의 격차가 점차 확대될 가능성이 높다. 이로 인해 사회적 갈등이 확대될 위험이 있으며 이에 대응한 정책적 노력이 요구된다. 청년층의 경우 상대적으로 비슷한 건강상태와 노동생산성을 지니고 있으나, 고령층의 경우 건강상태와 노동생산성의 이질성이 높아진다. 고령층 증가에 따라 소득 및 자산격차 확대가 예상되고 있지만 국민부담

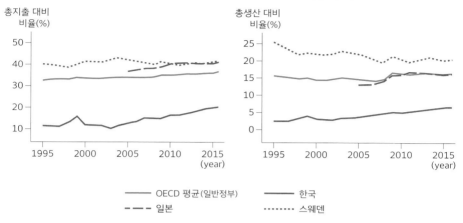

〈그림 9-5〉 우리나라의 사회보호 지출 비중 추이

자료: WDI, OECD 통계자료를 바탕으로 저자 작성.

의 규모와 정부재정 규모가 주요국에 비해 상대적으로 작기 때문에 재정의 소득재분배 기능이 낮은 수준이다. 고령인구 비중이 높아지면서 연령별, 소득별 복지서비스 수요와 부담 능력의 이질성이 증가하여 재원 부담 및 복지서비스 편익에 관한 공정성 문제가 부각되고, 사회갈등이 확대될 우려가 높아진다. 이러한 사회갈등의 확대는 정신건강 악화, 강력범죄 증가 등 다양한 사회문제를 야기할 수 있어 사회구성원의 삶의 만족도가 전반적으로 낮아질 수 있다.

이와 같이 복지제도가 현재와 장래의 사회적 위험에 효과적으로 대응하지 못하여 사회구성원들의 불안감이 높아지는 가운데, 제한된 재원과 비효율적 전달체계 탓에 요구하는 복지서비스를 충분하게 제공받지 못함에 따라 복지제도에 관한 불만이 높아질 수 있다. 한편 사회적 이질성이 증가하여 복지재원 마련의 부담과 제공받는 복지서비스 편익의 공정성에 관한 불신이 높아질 경우, 사회갈등이 확대되어 사회구성원 모두가 불행해질 수 있다. 따라서 개인이 감당하기 어려운 다양한 위험

<그림 9-6> 사회적 위험 대응에 효과적이지 않은 복지제도의 문제점

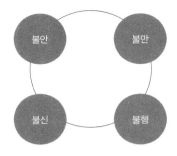

자료: 저자 작성.

에 대해 사회적으로 연대하여 대응하기 위해서는 복지제도의 구조개혁과 혁신을 통해 국민이 체감할 수 있는 효과적인 복지제도를 신속히 마련할 필요가 있다.

3. 지향점: 국민행복 증진을 위한 복지제도 마련

향후의 복지제도는 수요자가 원하는 복지서비스를 효율적이고 충분하게 제공하여 체감할 수 있는 복지서비스를 제공하고, 민간과 공공부문의 협력을 통해 지속가능한 다층적 사회안전망을 마련하여 사회적 연대의식을 공유함으로써, 국민들이 안정적이고 행복한 삶을 영위하도록 지원해야 한다. 인구구조와 기술변화에 대응하여 복지개혁과 복지혁신을 통해 국민행복을 지원하는 복지제도를 마련함으로써 불안-불만-불신-불행으로 연결되는 악순환을 고리를 만족-신뢰-안전-행복으로 연결되는 선순환의 고리로 전환해야 한다.

우선 수요에 대응한 효율적 복지서비스 제공을 통해 복지만족도를 제고한다. 사업 설계와 전달 방식, 재원 마련 방식을 조정하여 공급자 중심의 기존 전달체계에서 수요자 중심의 전달체계로 전환한다. 선제적 복지서비스를 보편적으로 제공하는 한편, 기술혁신 및 복지서비스를 산업화하여 제한된 복지재원 안에서 공급 가능한 복지서비스의 수요자 만족도를 개선한다.

다음으로 투명하고 공정하게 재원을 분담하고 이에 상응하는 혜택을 제공해 사회적 신뢰와 사회연대감을 형성한다. 기술혁신을 통해 공공의 목적을 위해 축적한 개인정보를 효율적으로 활용하여 복지서비스 혜택 및 비용 부담의 투명성을 제고하고, 합리적 기준에 따라 혜택과 비용을 공정하게 분배한다. 복지서비스 수준 및 비용 부담에 관해 지속적으로 논의하고 관련 제도를 개선하고자 노력하여 복지서비스의 충분성과 지속가능성을 확보하고, 이로써 사회적 연대감과 신뢰를 형성한다.

이러한 신뢰를 바탕으로 사회구성원의 불안감을 해소하기 위하여 효율적 운영체계를 확립하는 동시에 충분하고 지속가능한 재원을 확보해 적정하고 지속가능한 사회안전망을 구축한다. 인구구조 및 경제환경 변화에 대응해 급여 및 사회 보험료를 자동 조정하여 지속가능한 사회보험제도를 마련하는 한편 보험료 부담과 급여 적정성을 조화시키기 위하여 민간과 정부가 협력해 다층적 안전망을 갖춘다. 또한 사회보험의 사각지대를 없애고 제한된 접근성을 보완하기 위하여 일반재정을 활용해 기본적 복지 수요를 충족할 수 있도록 기초안전망 마련을 병행한다.

안정적 사회 안에서 국민 개개인이 잠재 능력을 발휘하면서 자아실현을 도모하여 행복한 삶을 영위하는 가운데 사회통합을 이루어 사회전체의 질적 수준을 제고한다. 복지제도는 국민 개개인의 주관적 만족도 향상을 정책목표로 설정하여 지속적으로 제도개선을 추구한다. 또한 사회에서 소외될 우려가 있는 사람들에게 충분한 사회적 지원을 제공하고

〈그림 9-7〉 사회적 위험에 대응한 효과적인 복지제도의 지향점

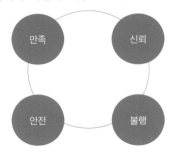

자료: 저자 작성.

사회적 갈등을 선제적으로 완화해 사회통합을 유지함으로써, 사회적 안정성을 확보한다. 국민들은 이를 바탕으로 장기적 안목을 갖고 인적 자본 축적과 기술혁신을 도모해 사회적 생산 능력의 지속적 향상에 기여한다.

이처럼 복지제도를 선순환 고리로 전환하기 위해서는 복지만족도의 제고가 전제되어야 한다. 이를 위해서는 수요자가 요구하는 복지서비스를 효율적인 방식으로 충분한 수준에서 지속가능하게 제공하여 수요자가 처한 사회적 위험에 효과적으로 대응할 필요가 있다.

복지지출의 효율성 제고를 위해서는 비용을 축소하고 편익을 확대한다. 제한된 재원으로 복지지출의 편익을 확대하려면 수요자의 요구를 정확하게 파악하기 위한 정보체계를 갖추고 각 수요자에게 개별적으로 접근해야 한다. 수요자가 맞춤형 복지서비스의 실질적 선택권을 갖도록 경쟁체제 또한 확립해야 한다. 아울러 동태적 관점에서 생애초기투자와 사회안전망 제공을 위한 선제적 복지투자를 통해 복지서비스 제공에 소요되는 총비용을 축소하기 위한 정책적 노력을 병행한다.

효율적 복지지출은 비용 절감과 편익 확대를 가져올 수 있으나, 재원이 충분하지 못할 경우 수요자 만족도는 크게 변하지 않을 수 있다. 체

감할 수 있는 복지서비스를 제공하기 위해서는 충분한 복지재원 마련이 전제되어야 한다. 공공복지지출의 수혜자 선정과 비용 부담 기준을 합리적으로 마련하고, 선정 기준을 투명하게 공개하여 복지지출의 책임성을 확보하는 한편, 선거에 반영된 복지제도의 혜택과 부담에 관한 국민들의 합의를 바탕으로 충분한 공공재원을 마련하기 위한 공공신뢰를 구축한다. 한편 공공재원의 한계를 보완하기 위하여 복지서비스 민간 공급자와 민간시장을 육성하며, 질 관리와 공공성 및 안정성 유지를 위하여 적절한 규제와 지원을 병행한다.

충분하고 효율적인 복지서비스를 지속적으로 제공하기 위해서는 우선 민간의 생산 능력이 지속적으로 향상되어야 한다. 이를 뒷받침하기 위하여 정부는 인적 자본 축적과 기술개발을 다양한 방식으로 지원한다. 한편 복지재원에 비해 과도한 복지지출은 중장기적으로 지속가능하지 않으므로, 복지지출과 수입의 균형을 중장기적으로 유지하기 위하여 일시적인 적자 규모를 관리하고, 이를 위한 재정 준칙을 마련하여 정치적 책임성을 확보한다.

또한 갑작스러운 경제·사회적 충격에 유연하게 대응하기 위하여 수지균형 규칙의 예외사항을 구체적으로 명시하고, 재정여력을 충분히 확보하기 위하여 충당기금을 적립한다. 한편 일시적 충격 부담을 중장기적으로 해소하기 위해 부채를 투명하게 관리하여 추가적 부채발행을 감당할 수 있도록 대비한다.

지속가능한 복지지출을 담보하기 위해서는 향후 급증할 것으로 예상되는 주요한 사회적 위험들을 중심으로 지출 우선순위를 설정하고 다양한 복지 수요에 대응하기 위한 다층적 사업구성이 요구된다. 우선 인구구조, 가족구성, 경제환경, 그리고 자연환경의 변화가 가져오는 사회적 위험 증가에 따른 복지 수요에 충분히 대응하기 위해 선별적, 선제

〈그림 9-8〉 복지만족도 제고 방향

자료: 저자 작성.

적 정책개입이 필요하다. 또한 추가적으로 발생하는 이질적 복지 수요를 충족하기 위해 민관이 협력하여 다층적 복지제도를 마련해야 한다.

고령인구의 기본적 노후생활보장과 의료서비스 수요는 생애기간의 사회적 기여를 전제로 한 보편적 복지서비스를 제공하는 한편, 이질적 수요에 충분히 대응하고자 사적 연금 및 민간 의료보험시장을 육성하고 적정한 규제를 정해 공공성과 안정성을 확보한다.

1인가구와 경제활동에 참여하는 여성이 증가하여 전통적 가족기능이 약해지면서 자녀와 노인 돌봄의 수요가 늘어났다. 국가는 기본적인 돌봄서비스를 보편적 혹은 선별적으로 제공하는 한편, 품질 기준 마련과 투명한 질 평가, 공정한 사업허가, 그리고 충분한 관련 인력 교육 및 훈련 제공으로 돌봄산업화를 모색한다. 이러한 과정을 거쳐 돌봄서비스의 질과 부가가치를 제고하여 새로운 서비스 고용을 창출한다.

전 세계적 생산 능력 둔화에 대응한 국제분업구조 변화, 디지털 기술 혁신, 산업구조조정은 이에 적응하지 못한 사람들의 실업 증가와 전반적 일자리 감소를 가져올 위험이 있다. 국가는 국민들이 기초적인 생활

〈그림 9-9〉 사회적 위험 증가에 대응한 기본적 수요충족과
다층적 제도 마련 병행

| 기본연금/기본의료 | 기본돌봄 |
| 기초생계보장 | 긴급구호 |

| 고령화 | 가족구성 변화 |
| 디지털 / 세계화 | 환경오염/기후변화 |

| 다층 기여 연금 제도 | 돌봄 산업화 |
| 노동유연화 / ALMP | 금융시장 육성, 규제 |

기본 수요 충족

사회적 위험 증가

이질적 수요 대응

자료: 저자 작성.

을 유지할 수 있도록 보장하는 한편, 민간과 협력하여 다양한 형태의
일자리를 마련하고 적극적인 노동시장 정책을 시행하여 취업률 제고를
위한 정책적 노력을 강화한다.

마지막으로 기후변화, 전염병 등 자연 및 사회재난으로 피해가 광범
위하게 발생할 경우, 긴급하고 기본적인 재난구호와 피해구조는 국가
및 지방자치단체가 담당한다. 아울러 충분한 재난 대응을 위하여 재난
책임보험, 재해보험 등의 가입 의무를 부여하고 보험료를 지원해 관련
민간 금융시장을 육성하고 공공성과 안정성을 담보하기 위한 적절한 규
제를 병행하여 민간의 자율적 재난 대응기능을 제고한다.

다음 절에서는 이상의 지향점을 구현하기 위한 사업 설계, 전달 방
식, 정책 우선순위, 공급 능력, 수요 대응, 재정운용 측면의 구체적 추
진 전략을 살펴본다.

4. 추진 전략: 복지혁신과 복지개혁의 지속적 추진

1) 정책목표, 성과지표, 사업구조의 체계적 설계

복지정책의 최종 목표는 안정적 공동체 안에서 국민이 자신의 잠재능력을 발휘하여 자아를 실현하면서 행복한 삶을 누리게 하는 것이라 할 수 있다.

이를 위해 건강, 일자리, 적정 소득보장, 복지서비스 만족도 등의 개인 차원의 중간목표를 추구한다. 개인이 감당하기 어려운 사회적 위험들이 증가하는 환경 속에서 개인의 행복을 안정적으로 추구할 수 있는 공동체 마련을 위하여 개인이 속한 사회의 가치 상승 및 사회연대감 형성이라는 공동체 차원의 중간목표도 고려한다.

이러한 중간목표들을 달성하기 위하여 건강 기대수명, 취업률, 빈곤율, 복지만족도, 사회신뢰도, 국민부담률 등의 성과지표를 지속적으로 관리하고 이를 바탕으로 정책의 목표를 달성하기 위한 구체적 복지사업 구조의 개선을 모색한다.

제한된 자원하에서도 복지제도의 규모, 구조, 사업 설계, 전달 방식에 따라 복지제도가 추구하는 정책목표 달성도, 즉 효과성이 달라질 수 있다. 정책목표와 성과를 비교해 분야별 지출구조를 조정하여 목표와 현실의 격차가 큰 분야의 지출 규모를 우선적으로 확대하고 사업 설계 및 전달 방식의 개선 방향을 점검해 효과성을 제고한다.

특히, 한정된 재원 안에서 급여의 지급대상 범위, 충분성, 지급기간의 선택에 따라 정책목표의 달성도가 달라질 수 있다. 사회연대감을 지속적으로 제고하고 복지제도의 정치적 지지를 확보하기 위해서는 복지서비스와 급여의 지급대상 규모를 늘리는 것이 효과적이나, 재원이 불충분한 상황에서 시행할 경우 중장기적으로 급여의 충분성과 지급기간이 축소되어 정책실효성이 제한될 우려가 있다. 따라서 사업별 정책목표의 특성, 목표와 성과지표의 격차 추이를 점검하여 충분한 예산을 지속가능하게 배정하고 재원이 허용하는 범위 안에서 효율적이고 투명하게 사업을 설계하여 정책의 목표를 달성할 수 있는 방법을 체계적으로 모색한다.

예를 들어 전염병 통제와 이에 따른 소득충격 완화와 같은 광범위한 일시적 충격에 신속하게 대응해야 할 경우 지급대상 규모를 확대할 수 있다. 취약계층 생계보장과 같은 필수적 복지 수요를 충족하려는 경우 충분한 규모의 지원을 생각해 볼 수 있다. 장기 실업자나 취약계층의 고용촉진과 같은 지속적이고 단계적 지원 및 관리가 필요할 경우 적정 지급기간의 설정뿐만 아니라 지원기간과 행태 변화를 고려한 지원 규모의 조정 방식을 우선적으로 고려한다.

2) 선별적 지원과 보편적 지원의 기준 마련

복지제도는 사회투자, 사회보호 그리고 경제안정화 기능을 통해 장기적으로 지속가능한 생산 능력을 확보하여 사회구성원의 안정적인 삶의 질 제고를 추구한다.

한정된 재원으로 효과적이고 효율적인 복지제도를 지속가능하게 유지하기 위해서는 사회보호와 경제안정화를 위한 복지지출은 가능한 선별적이고 한시적으로 운영하는 것이 바람직하다. 이러한 목적의 지출은 원칙적으로는 사회통합이나 인적 자본의 형성 등 적정한 정책목표에 기여하도록 소득기준 혹은 참여기준 등 일정 선별조건conditionality을 만

족시킬 경우로 한정한다. 일정한 성과를 달성하거나 효과성이 제한적
일 경우 철회 방안 exit strategy 을 명시하여 복지지출이 가장 필요한 시기에
가장 필요한 국민에게 집중되도록 지출구조를 조준한다.

지원 조건과 지원 규모를 한정하는 것은 재원의 제약에 따른 불가피
한 선택이지만, 사회갈등과 개인의 불만으로 이어질 가능성이 존재한
다. 선별 조건 및 철회 방안을 불투명하거나 자의적으로 설정할 경우
사회갈등을 심화시킬 수 있다. 따라서 이해관계가 첨예하게 대립하기
이전에 투명하고 합리적인 선별 기준과 철회 방안을 마련하고 이에 관
한 명시적·사회적 합의를 도출해 사회갈등을 방지할 필요가 있다. 또
한 복지지출 전달체계를 개선하기 위한 복지 인프라와 관련 정보체계를
마련해 선별 과정에 소요되는 행정 비용과 순응 비용을 최소화한다.

그러나 경제주체의 현재와 미래의 생산 능력을 제고하기 위한 사회투
자서비스와 사회통합을 도모하기 위하여 사회적으로 합의된 지출은 보
편적으로 제공되는 것이 바람직하다. 예를 들어 현재 일반재정에 따라
보편적으로 영유아·청소년에게 제공하는 기본적인 보건·교육서비스
는 사회투자 관점에서 서비스 제공 범위를 확대하고 서비스의 내실화를
지속적으로 추진한다.

생애초기에는 개인의 책임 능력이 제한되며, 복지 수요도 상당히 동
질적이기 때문에 보편적 지원의 타당성이 높으며 특히 이들의 사회적
기여가 향후 사회통합의 기반이 됨을 고려할 때 동태적 관점에서 지출
증가가 요구된다. 생애후기에는 갈수록 개인적 이질성과 책임성이 증
가하기 때문에 사회보험을 활용하여 기여비례 복지서비스를 제공하는
것이 바람직하다. 생애말기의 기초적 노후생활보장은 청장년기의 보편
적 기여를 바탕으로 보편적 제공가능성을 점진적으로 모색하여 세대 간
연대를 통한 사회통합을 도모한다.

3) 생산적 복지구조 마련을 통한 인적 자본 고도화

　전통적으로 복지와 성장은 일정한 상충관계가 있다고 알려져 왔다. 지나친 복지 제공이 취약계층의 자립의지를 낮추고 조세 부담을 높여 노동의욕과 인적 투자유인을 저해하여 성장을 둔화시킬 수 있다는 우려이다. 그러나 1990년대 후반 이후 서유럽 국가들이 저성장, 고령화, 복지제도 성숙 등으로 비롯된 복지예산 압박에 대응하는 과정에서 전통적 복지서비스 축소와 함께 취약계층의 노동시장 참여를 지원하는 적극적 사회정책을 강화하였다. 사민주의 복지국가social democratic welfare state는 적극적 사회정책active social policy을 표방하여 소득보장 중심의 복지서비스에서 공공서비스 투자확대, 적극적 노동정책을 추구하였다. 복지지출 축소, 경제자유화 조치로 대변되던 영국과 미국 등 신자유주의 국가와 노동 공급 축소, 실업급여 적용 확대를 추진한 독일 등 유럽 국가들에서도 가계 구성원 전체의 노동시장 참여를 촉진하는 방향으로 정책 전환이 이루어지고 있다.

　전통적 복지제도는 사후적 사회보호 및 일시적 경기침체에 대응한 경제안정화 기능에 초점을 맞추었다면, 앞으로의 복지제도는 경제·사회적 위험의 증가에 사전적으로 대응할 수 있는 사회구성원의 적응 능력을 제고하기 위한 사회투자 기능을 강화하고, 사회보호와 경제안정화 기능을 보완적으로 추구하여 복지제도의 효율성을 제고한다. 인구구조의 변화와 기술변화의 속도가 특히 빠른 우리나라는 경제·사회의 구조조정 과정에서 많은 사람이 일시적 혹은 구조적으로 생산 능력을 상실할 위험이 높다. 예전의 취약계층 지원이 소수에게 한정된 정책과제일 수 있으나 향후에는 많은 사람에게 적용될 가능성이 높기 때문에 이들이 다시 정상적으로 경제·사회 활동을 할 수 있도록 지원하기 위한 사회투자 중심의 생산적 복지구조를 마련해야 한다.

사회투자는 고용기회를 확대하고 노동소득 창출 능력을 선제적으로 높여 사회적 위험으로 인한 피해가 발생했을 때 정부가 사후에 구제하기보다는 민간이 사전에 대비하여 이를 극복할 수 있도록 하는 것을 목적으로 한다. 생애초기 건강 및 교육 지원 강화, 직업 능력 개발과 일자리 탐색 비용을 최소화하여 취업가능성을 제고하는 등 선제적 사회투자를 확대하여 인적 자본 고도화를 모색한다. 특히 아동에게 필요한 기본적 수요충족과 함께 잠재능력 발휘를 위한 사회적·인지적·감정적 능력을 개발할 수 있도록 충분한 교육을 제공함으로써 생애초기 인적 자본을 축적하는 기반을 마련한다. 또한 수요자 중심 평생교육, 직업훈련 시스템을 갖추어 기술발전에 뒤처지지 않도록 지원한다.

4) 복지서비스 공급 능력 제고를 위한 복지혁신

사회투자를 중심으로 사회구성원의 생산 능력 제고를 도모하는 동시에 새로운 복지서비스 전달체계 및 재원 마련 방식을 마련해 복지제도의 복지서비스 공급 능력 제고를 위한 복지혁신, 사회혁신 방안을 지속적으로 모색한다. 기술혁신과 사회적 기업가 정신을 활용해 복지서비스 전달체계를 개선함으로써 복지서비스 제공 비용을 절감하고, 조세, 사회보험 기여금, 세외수입 등 전통적 수입원 이외에 추가 재원을 마련하여 충분한 복지서비스를 공급할 수 있는 여력을 확보한다.

정보통신 기술ICT을 활용해 복지서비스 제공 비용을 절감하여 제한된 재원으로 가능한 서비스 제공범위 확대를 도모한다. 예를 들어, 급증할 것으로 예상되는 노인의료, 요양서비스 수요에 효과적으로 대응하기 위하여 원격의료 및 재택 돌봄서비스를 활용한다.[3] ICT를 효과적으로

〈그림 9-10〉 복지혁신과 복지개혁 방향

자료: 저자 작성.

활용하면 비용을 절감할 뿐만 아니라 정책효과의 실시간 측정, 수요자의 필요와 만족도 파악, 복지지출과 재원의 투명성 및 책임성을 확보하는 기반도 마련할 수 있다.

한편 ICT 활용에 따른 디지털 소외 가능성을 고려하여 ICT 역량이 부족한 취약계층에게 정보화 교육을 강화하고 인공지능AI 기술을 활용하여 디지털 취약계층에게 적합한 방식으로 복지서비스를 충분히 제공하기 위한 노력도 기울인다. 또한 개인 의료 및 복지정보의 남용을 방지하기 위해 블록체인 등을 활용하여 정보보호를 강화하고, 기술 및 환경 변화에 대응하여 법·규제제도도 지속적으로 보완, 개편한다.4

ICT 활용과 함께 민간부문, 시민사회 등과 협력관계를 조성하여 복지서비스를 효과적으로 전달하기 위하여 노력을 기울인다. 특히 사회적 목적을 추구하는 사회적 기업Social Enterprise과 협력관계를 맺어 혁신적 아이디어와 정책 사례를 수렴하고 확산시킨다. 취약계층의 안정적

---

3 스코틀랜드는 2006년 원격요양개발사업(National telecare development program)을 시작하여 2011년까지 910억 유로의 요양비용을 절감하였다. 덴마크는 Ulcer care via tele-medicine이라는 모바일 앱을 통해 원격의료서비스를 제공하고 있으며, 재활보조복지기술사업(Assistive welfare solutions)을 통해 고령자 및 장애인의 재활을 돕는 기술을 확산시키고 있다.

4 스웨덴은 eHealth 2025 계획을 통해 통일된 의료정보체계를 준비하고, 개인정보 관리 관련 법체계와 규제를 마련하며, 안전한 정보공유를 위한 정보시스템을 준비하고 있다.

삶을 지원하기 위해 소득보전보다는 이들이 취업할 수 있는 일자리를 창출하는 것이 효율적이고 지속가능한 접근 방법이라 할 수 있다. 사회적 목적을 추구하는 혁신적 기업들이 취약계층에게 일자리를 마련하고 취약지역의 경제를 활성화하며 혁신적 방식으로 사회문제 해결에 기여함으로써 전통적 정부의 복지서비스를 보완할 수 있다.

한편 사회적 기업의 재원을 마련하기 위한 방안으로 활용되는 사회성과연계 채권Social Impact Bond: SIB이나 크라우드 펀딩Crowd funding을 활용한 새로운 방식으로 재원을 확충하여 공공목적을 위한 전통적 재원 마련 방식의 한계를 완화한다. SIB는 사전에 약정한 성과목표 달성 시 정부가 원금과 이자를 보상하는 구조이기에 엄밀한 의미의 추가적 재원확충은 아니라 할 수 있다. 다만 일정한 정책성과 달성을 위한 재원의 절감분을 추가적 정책성과 달성에 재투입할 수 있음을 고려할 때 동태적 측면에서 재원을 마련하기 위한 정책 수단이라 할 수 있다.

크라우드 펀딩은 상품개발이나 투자 등의 목적으로 다수의 개인에게서 소액 자금을 조달하는 방식으로, 사회적 목적으로 활용할 경우 복지서비스 공급 역량을 추가적으로 높일 수 있다.

이러한 정보통신 기술을 활용한 전달체계 개선, 사회적 기업과의 협력관계, 혁신적 자원조달 등의 사회혁신은 복지서비스 공급 능력을 제고할 뿐만 아니라 새로운 수요자 요구에 대응하기 위한 복지제도의 구조적 개혁을 뒷받침한다.

5) 복지서비스 수요 대응 능력 제고를 위한 복지개혁

개인이 감당하기 어려운 사회적 위험이 다각도로 증가하고 있다. 또한 인구 및 기술변화에 따라 사회구성원의 이질성이 증가하며, 연령별·계층별·개인별 특성에 따라 요구하는 복지 수요가 다양해지고 있다. 이에 따라 빈곤을 해결하는 데 초점을 맞추었던 공급자 중심의 기존 복지제도를 전반적으로 개선해 복지 수혜자의 다양한 복지 수요에 적극적으로 대응할 필요가 있다. 서비스 전달 방식 또한 단일 기관이 복지서비스를 공급하기보다는 개별적 수요를 파악할 수 있는 복수의 기관이 협력하여 가장 적합한 방식을 선택하는 것이 바람직하다.

따라서 복지 수혜자의 요구에 긴밀하게 대응할 수 있는 지방자치단체, 준정부기관 등 공공기관, 민간 위탁기관의 기능과 역할을 강화해야 하고 이 기관들 사이의 경쟁과 협조가 필요하다. 한편 복수의 기관이 제공하는 복지서비스의 이질성도 커졌기 때문에 복지서비스 제공 방식의 유연성, 자율성과 함께 합리적 차별성을 판단하는 데 필요한 투명성과 책임성을 확보하기 위해 통합적 복지정보 제공체제를 갖춰야 한다. 또한 수요자 요구에 적절히 대응할 수 있도록 지방자치단체와 민간 위탁기관들의 행정 역량을 키우기 위해 중앙정부 차원의 지원과 교육훈련 기능을 강화하는 동시에 수요 대응을 위한 유기적 정보체계 및 유인기제를 마련해야 한다.

지방자치단체 및 공공기관의 기본적 복지서비스와 함께 시장기능을 활용한 복지서비스를 충분하고 효율적으로 제공하기 위하여 정부는 시장 조성자market maker로서 복지서비스시장을 육성한다. 보육, 교육, 훈련, 고용서비스, 돌봄, 의료, 연금 등 향후 수요가 증가할 것으로 예상되는 민간시장을 조성하기 위하여 지원과 규제를 병행한다. 세제稅制 지원과 바우처 제공 등을 활용해 초기 유효 수요를 창출하고, 수요자 특성 및 공급 서비스의 질에 관한 정보를 투명하게 제공할 수 있는 체계를 갖추며, 관련 종사자들의 교육훈련과 초기 일자리 창출 및 일정 기간의 고용유지를 위한 지원책을 마련하여 관련 시장을 육성한다.

한편, 이러한 시장 지원에 대응한 공공목적의 규제를 병행한다. 복지서비스의 최소기준을 마련하고, 주기적으로 시장의 공급서비스 현황과 비교하여, 최소기준에 미치지 못할 경우 이를 공개하여 자율적으로 시정하도록 유도한다. 지속적으로 기준에 미달할 경우 시장에서 퇴출할 수 있는 절차를 마련하여 시장 자생력을 강화한다.

민간과 공공기관이 다양한 복지서비스를 병렬적으로 제공하지만 복지 수혜자 입장에서는 통합적으로 제공될 필요가 있다. '개별화되고 통합적인 단일 창구 서비스'를 제공하고, 업무처리 방식과 사업 프로그램의 구조를 수요자 입장에서 단순화해 수요자가 원하는 복지서비스를 합리적으로 선택할 수 있게 한다. 이를 위해서 복지 수혜자의 동의를 바탕으로 개인별·생애주기별 종합복지 이력자료를 축적하고 이를 기타 행정자료 및 경제·사회 자료와 통합 분석하여 사업구성과 전달체계를 지속적으로 개선한다. 이로써 선별적 복지서비스 제공에 따른 순응 비용과 행정 비용을 비약적으로 절감한다. 5

---

5 보편적 기본소득(Universal Basic Income: UBI)과 같은 보편적 사회보호 강화방안은 현재 사회보호서비스 제공의 순응 비용과 행정 비용을 고려하면 일견 타당성이 있으나 장래의 기술변화를 활용한 선별적 사회보호서비스 제공의 관련 비용 축소가능성을 고려할 경우 지나치게 보수적 접근이라 할 수 있다.

6) 공정한 복지재원 마련과 지속가능한 안정적 재정운용체계

복지서비스 제공 수준은 사회적 합의사항으로 생애초기 사회투자정도, 복지제도에 관한 신뢰, 그리고 사회연대의식에 비례하여 확대될 것으로 예상된다. 충분한 복지서비스를 지속적으로 제공하기 위해서는 복지재원을 공정한 기준에 따라 마련할 필요가 있으며, 이렇게 마련된 재원을 투명하고 안정적으로 운용하여 사회적 신뢰를 형성해야 한다.

우선 지속적으로 제공할 수 있는 복지서비스 수준이 높아질수록 조세 및 사회보험료 부담 수준도 비례하여 증가한다는 사실을 국민과 공유하여 사회적으로 감당이 가능한 총부담 수준과 총부담의 공정한 분배 원칙에 관한 사회적 합의를 도출한다. 이를 위해서는 사회구성원들이 생애초기의 입장으로 돌아가 사회적 불확실성에 대응하기 위한 위험관리 제도의 필요성을 인지하여 생애주기의 사전적 편익 수준을 결정하고 이에 상응한 부담 수준에 관해 합의를 이끌어 내야 한다.

국민부담 증가에 따른 자원배분의 비효율성 증가는 불가피하나 이렇게 조달된 복지재원이 효과적으로 사용되면 국민 개개인 및 사회가 감당할 위험요인이 줄어들 수 있다. 그렇기 때문에 사회적 위험이 증가하는 만큼 사회적 위험 완화를 위한 국민부담도 커지지만 이를 어느 정도 감수할 필요가 있다.

충분한 복지서비스 제공을 위하여 점진적이고 유연하며 투명한 부담 증가 계획을 마련해 국민부담이 증가하는 과정에서 발생할 수 있는 비효율적 자원배분 및 정치적 갈등을 최소화하려는 노력이 요구된다. 신뢰성 있는 중장기 재정전망을 통해 중장기 재정소요를 투명하게 제시하여 요구되는 국민부담 수준을 명확히 파악하고 지속가능한 재원 마련을 위해 연금 개혁 등 재정개혁을 점진적이지만 지속적으로 추진하여 복지

박스 2 국민연금 및 직역연금 개혁 방안

선제적 연금 개혁을 통해 지속가능하고 효율적이고 충분한 연금제도를 마련하기 위하여 다음의 단계적 개혁 방안을 고려한다.

1단계: 직역연금의 퇴직연금 부분과 국민연금 부분의 분리(투명화)
군인, 공무원, 사학연금의 퇴직연금 부문과 국민연금 부문을 분리 운영하여 직역연금의 퇴직연금 성격의 재정상황을 명확히 하여 사회적 이해관계를 투명하게 한다.

2단계: 직역연금 국민연금 부분과 국민연금 부분 통합(단순화)
직역연금의 국민연금 부문과 국민연금을 부분 통합 운영해 국민연금을 확충하고, 취약계층 가입 유인 부여와 함께 가입 의무 강화를 통해 국민연금 사각지대를 최소화하여 향후 일반재정 투입의 타당성을 마련한다.

3단계: 기초연금과 국민연금 재분배 요소의 통합(재정투입)
기존 연금부채와 재분배 부담을 다양한 세원을 활용하여 국가적 차원에서 부담하기 위하여 국민연금급여의 재분배적 요소에 해당하는 전체가입자의 평균소득에 의존한 급여와 기초연금을 통합하여 재분배 재원을 일반재정으로 단일화한다.

4단계: 국민연금 및 퇴직연금 기여비례 부분의 적정화(급여축소)
국민연금 급여의 기여비례 부분과 직역연금 퇴직급여 부분은 기대수명 증가 추세에 연동하여 수지균형 수준으로 점진적으로 하향 조정하여 기여에 상응한 급여구조를 마련한다.

5단계: 사적연금시장 육성 및 규제(급여보완)
공적연금 급여의 점진적 축소에 따른 급여의 불충분성을 개선하기 위하여 세제 지원과 수수료 할인 등을 통해 사적 연금시장 활성화를 지원하는 한편, 투자자 보호를 위해 투명하고 안정적 운용을 위한 정보공시 강화 등의 규제를 병행한다.

혜택에 상응하는 국민부담 수준을 조정한다.

국민부담의 급증에 따른 경제적 충격을 완화하기 위해 일정한 국가채무의 증가를 용인하나 증가속도를 제한하는 재정 준칙을 마련하여 충분한 재정여력을 유지한다. 일시적 경제충격은 주기적으로 발생할 수 있는 만큼, 단기적 경제충격에 관한 명확한 기준을 만들어 피해 규모에 상응한 재정 준칙 예외를 인정하나 점진적 재정 준칙 이행을 담보하는 조정 원칙을 세운다.

10 장

북한경제 정상화와 남북경협의 미래

정승호 인천대학교

남북경협의 비전은 북한경제, 남북의 경제통합, 한국경제의 3가지 측면에서 제시할 수 있다. 우선 북한의 경제제도가 국제적 시장질서에 편입될 수 있도록 경제적 체제전환을 이루어 내는 것이 중요하다. 제도화된 북한경제, 즉 북한경제의 정상화는 남북경협의 발전에도 중요한 토대가 되기 때문이다. 심화한 남북경협은 남북의 경제통합으로 이어진다. 남북 FTA가 체결되고, 상품뿐만 아니라, 서비스와 자본의 이동이 활발히 이루어지는 미래를 상상해 볼 수 있다. 마지막으로 한국경제의 편익은 남북의 경제통합을 기초로 남북한이 함께 세계시장의 글로벌 가치사슬(GVC: Global Value Chain)에 성공적으로 편입됨으로써 발생할 수 있을 것이다.

1. 연구의 배경과 문제점

2018년 이후 남북, 북미 간 정상회담이 거듭 개최되면서 북한 비핵화가 진전되고 이에 따라 남북경협經協이 재개되리란 기대감이 높아진 바있다. 현재 회담이 교착상태에 빠지긴 했지만, 상황이 개선되리란 기대는 여전히 상존하고 있다.

남북경협에 대한 여론은 북미 간 핵협상이 전개되는 상황에 따라 부침을 나타내지만, 최근에는 이전과는 다른 중요한 특징이 발견된다. 바로 일반 국민, 기업 모두에서 남북경협이 경제에 끼칠 영향에 관한 관심이 이전에 비해 매우 높아졌다는 것이다. 과거의 남북경협은 한국경제에서 차지하는 비중이 매우 미미하였기 때문에, 남북관계의 관리, 한반도 평화의 증진, 남북 간의 이질감 해소, 통일여건 조성 등 비경제적 외부효과를 더욱 강조하는 경향이 있었다(이석, 2018).

KDI(2019)에서도 남북경협의 '경제적 효과'를 기대하는 심리가 뚜렷하게 나타났다. 남북경협에 찬성하는 이유를 묻는 질문에 전 연령대에서 '향후 한국경제의 성장 동력을 확보하기 위해'라는 응답이 가장 높은 비중(53.2%)으로 나타났다. 특히 20, 30대의 젊은 연령대에서 그 비중이 높았다.

흥미롭게도 '남북경협에 반대하는 이유' 역시 경제적 측면이 중요하게 나타났다. '경제적 이익은 적은 반면, 막대한 비용이 소요되기 때문'이라는 응답과, '경제협력의 수익이 핵, 미사일 개발에 쓰일 우려가 있기 때문'이라는 응답 비중이 비슷하게 조사되었다. 그러나 여기서도 20, 30대는 경제적 이유(막대한 비용소요)를 안보적 이유(핵, 미사일 개발에 사용)보다 중요하게 생각하는 것으로 나타났다.

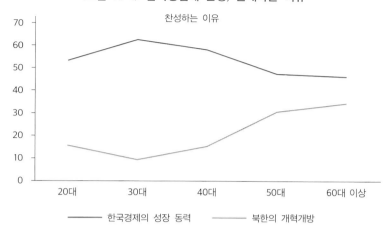

〈그림 10-1〉 남북경협에 찬성, 반대하는 이유

찬성하는 이유

─── 한국경제의 성장 동력　　─── 북한의 개혁개방

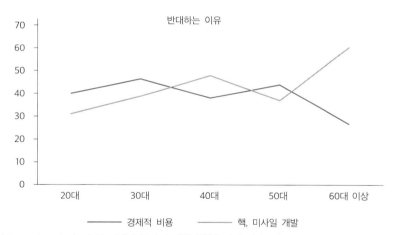

반대하는 이유

─── 경제적 비용　　─── 핵, 미사일 개발

자료: KDI (2019), 〈'3만 불 시대의 중장기 정책방향'에 관한 의견조사〉.

남북경협을 미래 한국경제의 성장동력으로 보는 견해가 많아진 것은 남북경협이 저출산과 고령화, 높은 청년실업률, 저성장 등 우리 경제가 현재 직면한 문제를 해결하는 하나의 돌파구가 될 수 있다는 기대가 높아졌기 때문으로 보인다.

최근의 기업조사 결과 역시 남북경협에 거는 경제적 기대를 반영한다. 한국무역협회 국제무역연구원이 1,176개 기업대상으로 실시한 설문조사에 따르면, 80.0%의 기업이 남북 교역이 재개될 경우 대북사업에 참여할 의향이 있다고 응답하였다. 참여 이유로는 '새로운 사업기회 모색'(36.1%)을 가장 먼저 꼽았다.

그렇다면 만일 북미 간 비핵화 협상이 순조롭게 이루어져서 북한에 가한 경제제재가 상당 부분 완화 또는 해제되는 상황을 전제한다면, 위와 같이 남북경협에 거는 기대는 얼마만큼 실현될 수 있을까?

이 질문이 이 장에서 다루고자 하는 주요 주제이다. 이하 절에서는 남북경협이 기대만큼 이루어지기 어렵다면, 제약 요인은 무엇이고, 그러한 문제들이 해결된 이후 경협의 미래상은 어떠해야 하며, 이에 도달하기 위한 구체적 방안은 어떤 것인가? 등을 논의하도록 한다.

우선 구체적 논의에 들어가기 전에, 장의 제목에 포함된 '북한경제 정상화'의 의미를 명확히 할 필요가 있다.[6] 이는 국제사회와 미국의 대북제재가 완화·해제되는 것을 전제로, 북한경제가 현재 고립된 상태에서 벗어나 국제경제에 적극적으로 편입되는 것을 의미한다. 즉, 북한

---

6 이석 외(2019)에서는 경제적 정상 국가(Economically-normal nation)는 '다른 국가 원조를 받거나 다른 국가의 권리를 침해하지 않고 국제적으로 받아들여지는 경제활동으로 최저 생계 수준을 넘어서는 국민의 후생을 일관되게 보장할 수 있는 국가'로 정의하였다. 저자는 사회주의 경제체제는 지속가능성에서 문제가 있으므로, 경제적 정상국가가 되기 어렵다고 설명하였다.

이 기존에 한국, 중국 등 제한된 국가들과 영위해 오던 경제협력 관계는 다양화되며, IMF, World Bank 등의 국제금융기구에도 가입할 수 있게 된다는 것이다. 이는 남북경협의 환경에 다음 두 가지 변화를 가져오게 될 것이다.

첫째, 기존의 민족적 특수관계에 기반한 배타적 경제관계는 지속되

〈그림 10-2〉 대북경협 참여의향 및 의향에 대한 이유

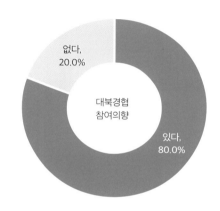

자료: 한국무역협회 (2018), 〈남북교역에 대한 무역업계의 인식조사〉.

기 어려울 것이다. 국내외의 수많은 행위자가 출현하여 행위자 간 '경쟁과 협력' 가운데서 이루어질 가능성이 크다. 두 번째는 국제적으로 다양한 행위자들이 대북경협에 참여함에 따라 남북경협에 적용되는 규범 또한 북한 상황의 특수성이 고려되기보다는 국제적 시장규범이 적용될 가능성이 높아질 것이다(이석, 2018; 양문수, 2018; 장형수 외, 2018).

따라서 앞으로 남북경협의 방향은 이러한 '북한경제 정상화'를 전제하는 동시에 그것을 목적으로 하여 설계될 필요가 있다. 그럼 현재의 남북경협이 안고 있는 문제를 북한경제, 경제통합, 한국경제 등 세 측면에서 우선 살펴보도록 한다.

1) 북한경제 측면에서의 문제

남북경협 확대의 가장 큰 장애 요인으로 지적되어 온 것은 북한경제의 낮은 제도화 수준이다. 북한은 2002년 '7·1 경제개선조치', 2011년 김정은 집권 이후 '우리식 경제관리방법' 등 사회주의 제도 내에서 경제개혁을 추진한 바 있다. 그러나 이러한 북한의 개혁조치는 구사회주의권 국가들의 체제 내 경제개혁정책과 비교했을 때도 그 개혁 정도가 낮은 것으로 평가되고 있다(민준규·정승호, 2014[7]). 더욱 중요한 것은 형식적으로 제도가 마련되었더라도 법치보다는 당의 방침, 지도자의 발언이 우선시됨으로써, 법제가 실질적으로 적용되지 못한다는 점이다(정구진, 2020).

---

7 민준규·정승호(2014)는 김정은 집권 이후 경제정책의 개혁 정도를 분배제도, 금융제도, 기업 의사결정권, 가격자유화, 가격자유화 소유제도 등 5개 영역에서 중국, 소련 등 구사회주의 국가들의 체제 내 개혁과 비교하였다. 대부분의 영역에서 소련의 1965년 '코시킨 개혁'이나 중국의 1970년 후반 '1단계' 개혁 수준이거나, 그보다 못한 것으로 분석하였다.

중국의 대북거래기업 대상으로 이루어진 설문조사에서는 이러한 북한의 사업환경의 문제점이 잘 드러난다. '사업에 영향을 줄 수 있는 북한의 법과 제도에 대한 예측 가능성'을 묻는 설문에서, 무역기업의 73%, 투자기업의 57%가 '예측 불가능하다'고 응답하였다. 또한 북한과의 거래 시 가장 큰 위험요인으로 '북한 국내정책의 잦은 변화'로 조사되었다 (김병연·정승호, 2015; 〈표 10-1〉 참조). 이러한 제도적 문제 탓에, 강력한 경제제재가 실행되기 이전에도 대규모 대북투자를 감행한 외국 기업 중 성공한 사례는 찾아보기 어렵다(사례 1 참조).

북한의 시장 관련 제도화 수준이 낮은 이유는 북한 정권의 경제개혁 의지가 다른 체제전환국에 비해 상대적으로 부족한 데서 찾을 수 있다. 북한에서는 아직도 '경제개혁', '개방'이란 용어의 사용이 금기시되고 있는데, 이러한 용어가 이전 시기의 통치를 부정하는 것으로 받아들여지기 때문이다. 중국에서는 마오쩌둥의 사망 이후 덩샤오핑이 1978년

〈표 10-1〉 중국 기업의 북한 사업환경 평가

무역기업 장애 요인	비율	투자기업 장애 요인	비율
북한 국내정책의 잦은 변화	**29%**	**북한 국내정책의 잦은 변화**	**35%**
납기 불이행	18%	주변국의 정책영향	15%
주변국의 정책영향	15%	기타	13%
통신, 통행의 어려움	15%	통신의 어려움	10%
품질하자	12%	투자보장 제도미비	7%
관리기관의 부패	8%	전기부족	7%
클레임 해결수단 부재	2%	관리기관의 부패	7%
기타	1%	물류의 어려움	6%
합계	100%	합계	100%

자료: 김병연·정승호 (2015).

권력을 잡고 기존 정권의 기조와 반대되는 실용주의 노선을 채택하며 개혁 개방을 시작했다. 베트남에서도 1980년 경제위기 발생한 상황에서 보수파 서기장 레주언 사망 이후 1986년 개혁파 응우옌 반 린이 서기장이 되며 포괄적 체제전환 정책인 '도이모이 정책'을 선언한 바 있다.

이처럼 중국, 베트남의 경제개혁이 최고 권력자의 교체에서 시작되었던 점을 고려할 때, 3대 세습을 이어온 북한이 이전 지도자를 재평가

사례 1 **대북투자 분쟁, 실패 사례**

① **이집트 오라스콤 사례**
오라스콤은 북한 휴대전화 사업으로 얻은 수익금을 본국에 외화로 송금하려 하였으나, 북한 측과의 갈등으로 현재까지 이루어지지 못함. 북한당국은 수익금을 평양 현대화에 재투자하도록 요구하였고, 불가피하게 송금 시에는 비공식환율(시장환율)을 적용하라고 강요하고 있는 것으로 알려짐(참고로 공식과 시장환율 차이는 80배)

② **중국 시양그룹 사례 (2006년)**
북한의 '령봉연합회사'와 합영계약을 맺고 옹진철광에 2.4억 위안을 투자하였던 시양그룹은 북한의 무리한 요구사항으로 인해 갈등을 빚으면서 생산을 시작한 지 1년도 채 되지 않아 강제추방 당함.

③ **일본의 조총련과 남한 기업의 대북 합영투자 (1980~1990년대)**
1980~1990년대 일본의 조총련과 남한의 합영투자 역시 대부분 실패함. 사업 초기에는 북한 기업과 공동으로 경영에 참여하는 합영형태로 시작하였으나, 이후 경영권을 북한에 빼앗기고 지분만 참여하는 합작기업으로 전락함.

→ 이러한 대북투자 실패 사례는 북한 내 시장 관련 제도의 불안전성이 경제제재와 더불어 대북투자의 주요 제약요인이라는 것을 보여 줌.

하고, 이에 근거하여 체제전환 수준의 경제개혁을 추진하기는 상대적으로 어려울 수 있다.

한편 최근 북한경제에 시장화가 확산되면서, 특히 김정은 위원장 집권 이후 시장을 용인하고 활용하려는 정책을 지속하는 것은 사실이다. 또한, 일부에서 평가하듯이 젊은 지도자로서 김정은 위원장이 경제개발의 의지가 선대에 비해 강할 수 있다. 그러나 이러한 점이 북한이 향후 전면적 개혁을 추진할 수 있음을 의미하지는 않는다.

개혁·개방정책은 시장 및 외부세계와의 접촉을 확대시키는 반면, 지도자의 절대 권력을 약화시킬 수 있어 북한당국 입장에서 선택하기 쉽지 않기 때문이다. 김정은 집권 이후 추진되었던 경제조치들이 제도적 측면에서 중국의 초기 개혁·개방에 비해 소극적이며, 핵심적 요소인 집단농장 해체 및 가족농 제도 도입, 비국유기업 허용(사적 소유권 인정) 등 근본적인 개혁까지 나아가지 못한 이유 중 하나는 이러한 조치들이 정권안정에 도움을 줄지에 대한 확신이 부족하기 때문일 것이다.

2) 경제통합적 측면에서의 문제

KDI(2019)의 조사내용 중 '남북경협의 최종목표'에 대한 설문결과는 남북의 경제통합과 관련해서 시사하는 바가 크다. 전반적으로 '각각의 정치체제를 유지한 상태에서 경제통합'이라는 응답 비중이 33.7%로 가장 높게 나왔지만, 그 이외의 문항도 응답 비중이 고르게 분포하는 것으로 나타났기 때문이다. 즉, '정치, 경제적 완전한 통일'이라는 통일 당위론적 시각에서 남북경협을 보는 견해가 29.8%인 데 반해, 남북경협 그 자체를 최종목적으로 보는 견해인 '높은 수준의 경제교류가 이루어지는 상태'의 응답도 22.0%로 적지 않은 비중을 차지하였다.

<표 10-2> 남북경협의 최종목표에 대한 견해

단위: %

	정치, 경제적으로 완전한 통일	각각의 정치체제를 유지한 상태에서의 경제통합	높은 수준의 경제교류가 이루어지는 상태	현 상황 하에서 금강산 관광, 개성공단 등의 남북경제협력 사업이 재개된 상태	기타
전체	29.8	33.7	22.0	11.4	3.1
20대	29.2	24.2	29.8	9.3	7.5
30대	28.7	34.1	23.2	13.4	0.6
40대	32.5	32.0	23.9	10.2	1.5
50대	32.7	34.7	19.8	9.9	3.0
60대 이상	26.8	39.5	17.0	13.4	3.3

자료: KDI (2019), 〈'3만 불 시대의 중장기 정책방향'에 관한 의견조사〉.

이러한 남북경협에 최종목표를 바라보는 시각 차이는 남북경제통합의 최종 지향점(목표) 등에 대한 남한 내의 사회적 합의가 어려울 수 있으며, 이로 인한 소모적 논쟁이나 사회적 비용이 발생할 가능성이 크다는 것을 시사한다.

한편 북한의 입장에서도 경제적으로 부유한 남한과의 경제통합에 부정적이거나 소극적 입장을 취할 여지가 있다. 이는 EU와의 경제통합에 적극성을 보이며 개혁을 추진했던 중동부 유럽 국가들과는 대조를 보인다. 이들은 1980년대 후반 정세변화와 함께 민주화와 경제발전을 원했고, 서방에서는 1991년 유럽부흥개발은행EBRD을 설립해 시장경제로의 전환을 지원했다.[8] EU는 이 국가들의 EU가입 협상과 관련해 1994년

---

8 EBRD 협정문 제1조에서는 "중동부 유럽 국가의 개방적 시장경제체제로의 전환을 촉진하고 민간 및 기업가의 창의성을 증진함으로써 이들 국가의 경제발전과 부흥에 기여하는 데 있다"고 밝히고 있다(한국은행·국제금융기구, 2018).

시장경제 활성화를 포함한 코펜하겐 기준Copenhagen Criteria을 제시했다.[9]

2004년 헝가리, 체코슬로바키아, 폴란드, 발틱 3국 등이 EU에 가입했다. 이어서 2007~2015년에는 보다 까다로운 중앙은행의 독립성, 물가안정, 건전재정, 장기금리의 수렴 등의 법적·경제적 수렴조건convergence criteria[10]을 충족한 슬로바키아(체코와 분리), 슬로베니아, 발틱 3국 등이 유로존에 가입하였다.

동유럽 국가들은 EU 가입을 정치적·경제적 목표로 설정하였기 때문에 경제개혁에 대한 인센티브가 높았으며, EU에서도 다양한 프로그램을 마련하여 신규 가입국의 가입 및 시장경제체제로의 이행을 지원하였다. 하지만 북한은 남한과의 경제통합 또는 경제통합을 위한 남한정부의 지원을 경제개혁을 위한 인센티브로 간주하기보다는 오히려 체제위협 요인으로 간주하고 소극적인 태도를 보일 가능성이 있다.

3) 한국경제 측면에서의 문제

한국경제 측면에서 현재 남북경협의 근본적 한계는 남북 간 경제적 격차에서 비롯된다. 즉, 남북 간 경제력의 차이가 너무 크기 때문에 경협을 통해 한국경제가 얻을 수 있는 경제적 이익이 크지 않다는 점이다.

---

9   코펜하겐 기준은 ① 민주주의를 보장하는 제도적 안정성, 법의 지배, 인권 존중, 소수자의 권리보호와 존중, ② 시장경제의 활성화, 유럽연합 내 경쟁의 압력과 시장의 힘에 대응할 수 있는 능력의 확보, ③ 정치, 경제, 통화동맹의 목표에 대한 준수를 포함한 회원국으로서의 의무를 실행할 수 있는 역량의 확보 등임(강원택·조홍식, 2009).

10 경제적 수렴기준으로는 물가상승률(HICP)에서는 가장 양호한 3개국 평균보다 1.5% 이상 높지 않을 것, 재정적자와 정부채무가 각각 GDP의 3%, 60%를 넘지 않을 것, 환율 면에서는 ERM제도에 2년 이상 참여해 있을 것, 금리 면에서는 10년물 국채금리가 물가상승률이 가장 낮은 3개국의 동 금리보다 2.0% 이상 높지 않을 것 등이 있다(ECB, *The Monetary Policy of the ECB*).

한국은행 통계기준으로 2019년 북한의 1인당 GNI는 남한의 3.8%에 불과하고, 총 명목 GNI의 규모는 54.4배나 차이가 난다. 이처럼 경제적 격차가 큰 국가 간 경제협력에서 경제력이 큰 국가가 많은 이익을 얻기는 어렵다. 현재 규모의 남북경협(개성공단 규모)이 한국경제에 미치는 효과를 추정한 대부분 연구에서도 그 효과가 크지 않은 것으로 추정되었다.11 따라서 남북경협에서 발생하는 한국경제의 편익은 경협이 양적·질적 규모가 확대되어 경제통합의 심화로 이어질 때만 분명히 실현될 수 있을 것이다.12

반면, 남북경협을 남북경제통합의 발전 정도를 넘어서 북한 인프라 개발 위주로 성급하게 추진한다면, 막대한 비용이 발생하여 한국경제에 오히려 부담이 될 가능성이 있다. 북한 도로, 철도의 현대화 사업만 하더라도 수십조 원의 비용이 소요될 것으로 예상되며, 이외 전력, 통신, 항만 등의 인프라 개발사업에 필요한 재원까지 고려하면 자칫 한국경제가 감당할 수준을 넘어설 수 있다. 이와 관련하여 국회예산정책처(2019)는 향후 30년 간 북한의 9개 분야(도로, 철도, 항만, 공항, 통신, 발전설비, 산업단지, 농업, 보건)의 인프라 개발에 필요한 투자액을 324조 원으로 추산한 바 있다.

앞서 KDI(2019)에서 남북경협을 반대하는 이유로 '경제적 이익은 적은 반면, 막대한 비용이 소요되기 때문'이란 응답이 가장 많았던 이유

---

11 신석하·김영주(2018)는 개성공단 규모의 남북경협이 추가로 시행될 경우 남한 GDP가 0.02% 증가하는 효과가 있다고 추정했으며, 김병연(2015)는 이와 유사하게 산업연관분석을 이용해 개성공단이 남한경제 GNI에 미치는 효과를 0.012~0.043%로 추정하였다.
12 최장호·김범환(2017)은 7대 경협 사업의 부가가치가 30년 동안 1,500억 달러(170조 원)라고 추정한 바 있다. 그러나 이 연구는 남북경협만의 효과라기보다는 사실상 남북경제통합의 효과를 추정한 것으로, 연구의 제목도 '남북한 경제통합 분석모형 구축과 성장효과 분석'이다.

〈그림 10-3〉 북한 인프라 분야별 투자액 추계

단위: 조 원

약 324조 원

교통
(도로, 철도,
항만, 공항)

110

통신

72

발전설비

47

산업단지

27

농업

39

보건

27

주석: 2017년 불변가격 기준.
자료: 국회예산정책처.

도 남북경협의 막대한 비용 소요에 대한 국민의 우려가 크기 때문이다. 같은 조사에서 '경협 투입자금의 종류'를 묻는 설문에 경협에 반대하는 견해를 가진 그룹에서는 '해외 투자자금' 비중이 높았고, 경협을 찬성하는 견해를 가진 그룹에서는 '민간자금'의 비중이 높았다. 양측 모두에서 '재정 등 공적 자금'이 우선적으로 투입될 자금이어야 한다는 의견은 가장 높은 비중을 차지하지 못했다. 이는 정부 주도의 대규모 경협자금 투입에 대해서는 경협 찬반 의견과는 별개로 부정적 인식이 크다는 것을 의미한다.

따라서 남북경협에 대한 국민적 지지를 지속적으로 확보하기 위해서는 장단기에 걸친 경협의 비용대비 편익에 대한 구체적인 청사진을 제시하고, 국제협력 등을 통해 경협 추진에 필요한 소요자금을 다양화함으로써 과도한 재정투입에 대한 우려를 해소하는 것이 중요하다.

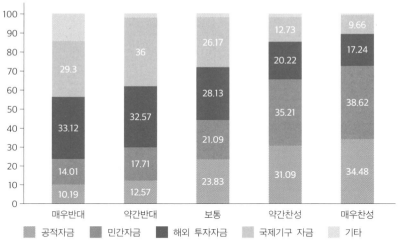

〈그림 10-4〉 경협 찬반 견해에 따른 투입자금 종류

	매우반대	약간반대	보통	약간찬성	매우찬성
기타	29.3	36	26.17	12.73	9.66
국제기구 자금				20.22	17.24
해외 투자자금	33.12	32.57	28.13	35.21	38.62
민간자금	14.01	17.71	21.09	31.09	34.48
공적자금	10.19	12.57	23.83		

자료: KDI (2019), 〈'3만 불 시대의 중장기 정책방향'에 관한 의견조사〉.

2. 지향점

지금까지 현재 시점에서 남북경협이 가진 문제점 또는 제약요인들을 살펴보았다. 이 절에서는 논의의 반대편 끝점의 모습을 그려보고자 한다. 즉, 경협과 관련된 상기 문제들이 해결된 것으로 가정하고, 20~30년 이후 정상적 남북경협의 지향점(미래상)을 제시하고자 한다.

위에서 문제점을 논의한 순서와 동일하게 북한경제, 경제통합, 한국경제의 3가지 측면에서 가능한 최선의 미래상을 그려 보되, 객관성을 확보하기 위해서 중국, 베트남 등의 주요 체제 전환국의 본격적인 경제개혁 추진 이후 20~30년 경과한 상황 등을 근거로 제시하고자 한다.

1) 북한경제 측면의 지향점

북한경제 측면의 지향점은 앞서 북한경제의 가장 큰 문제로 지적하였던 낮은 제도화 수준이 WTO 가입에 만족하는 수준까지 도달하는 것으로 설정하였다.

WTO 가입은 신청국이 다자·양자협상을 통해 회원국의 3분의 2 이상의 동의를 얻어야만 가입할 수 있어 가입 장벽이 상당히 높은 편이다. 협상과정에서 신청국에 요구되는 구체적 기준이 제시되어 있진 않지만, 신청국의 경제체제가 시장경제체제로 분류될 수 있는지 여부가 주요한 판단 기준으로 작용한다. 실제 WTO 가입 협상과정에서는 상품무역 부문뿐만 아니라 경제 전반에 대한 개혁이 요구되는 것이다. 중국, 베트남 등 체제전환국의 WTO 가입 시에도 ① 내국민대우(수출입·법인세법 개정, 이중가격 및 가격통제 폐지, 수출입 권한 자동부여, 각종 보조금 폐지 등), ② 국영기업 개혁 문제, ③ 통관 제도의 투명성 및 예측가능성, ④ 무역왜곡 여부(관세율 할당제TRQ: Tariff Rate Quota), ⑤ 지식재산권 IPR 보호 문제 등이 가입 과정에서 주요 이슈로 등장하였다(최장호·최유정, 2018; 사례 2 참고).

북한 역시 WTO 가입을 실제 추진하게 된다면 현재의 계획경제체제가 가지고 있는 이중가격, 이중환율(시장, 국정 가격 및 환율) 문제, 이른바 '와쿠'13라고 불리는 수출입 독점권 문제, 소유제 개혁을 포함한 국영기업 개혁 문제, 외국 투자기업에 대한 차별 및 보호 등의 문제가

---

13 무역단위(무역회사)가 대외무역을 할 수 있는 독점적 권한(license)을 가리키는 용어로, 1980년대 말 일본과의 무역이 활발하던 시기에 일본에서 북한으로 넘어간 용어로 보인다. 일본에서는 허가받은 배당량을 枠(わく, 와쿠)라고 하는데 북한에서도 허가받은 배당량이라는 개념으로 이를 차용한 것으로 보인다(이해림·양문수, 2018).

사례 2 **중국, 베트남의 WTO 가입 과정 및 가입 이후
무역, 투자액의 변화**

◎ 가입 과정
• 체제전환국의 경우 가입을 위한 다자 · 양자협상을 진행하는 동시에 WTO
  가 요구하는 대내외 경제개혁을 수행해야 하므로 일반적으로 오랜 가입
  기간이 소요됨
    → 가입 절차는 당사국의 가입 신청에서 시작해, 작업반 설치, 양해각서
      제출, 작업반 회의, 다자 · 양자협상, 가입 승인 등의 단계를 거침
    → 이러한 높은 가입 장벽으로 인해 WTO 가입 신청 후 완료까지 중국은
      15년, 베트남의 경우 12년이 소요되었음

〈표 10-3〉 중국, 베트남 WTO 가입 과정

구분	중국		베트남	
	날짜	기간/횟수	날짜	기간/횟수
가입 신청	1986.7.10	-	1995.4.1	-
작업반 설치	1987.3.4. 1995.12.7	-	1995.1.31	-
양해각서 제출	1987.2.18	-	1996.9.24	-
작업반 회의	1996~2000	18회	1998~2006	14회
다자 협상	1987~2000	13년	1998~2006	6년
양자 협상	1996~2001	5년, 37개국	2002~2006	5년, 26개국
가입 승인	2001.12.11	총 15년	2007.1.11	총 12년

자료: 최장호 · 최유정(2018).

◎ 무역, 투자액의 변화
• 중국, 베트남 모두 WTO 가입과 연계하여 무역, 투자 관련 제도가 개선되
  면서, 수출액과 해외직접투자 유입액이 큰 폭으로 증가하였음

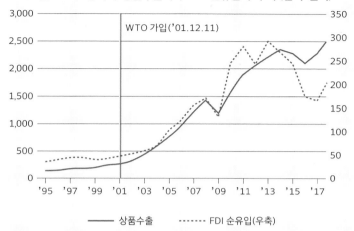

〈그림 10-5〉 중국의 상품수출액과 FDI 순유입액 추이 (십억 달러)

WTO 가입('01.12.11)

상품수출 ……… FDI 순유입(우축)

자료: world bank.

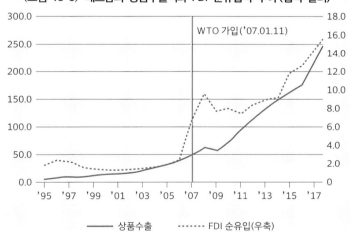

〈그림 10-6〉 베트남의 상품수출액과 FDI 순유입액 추이 (십억 달러)

WTO 가입('07.01.11)

상품수출 ……… FDI 순유입(우축)

자료: world bank.

쟁점으로 대두될 것이며, 이를 적절하게 개혁해야만 회원국 자격을 획득할 수 있을 것이다. 따라서 북한이 WTO 가입 조건을 만족한다는 것은 북한의 경제제도가 WTO 협정문과 합치되어 국제시장 질서에 편입될 수 있을 정도로 경제적 체제전환을 이루었다는 의미가 된다.

2) 경제통합 측면의 지향점

경제통합의 측면에서 남북경협의 지향점은 남북 상호 간 경제적 연계성이 강화되어, 상품, 서비스, 자본의 이동이 활발히 이루어지는 경제통합 단계에 이르는 것으로 설정하였다. 국회예산정책처(2019)는 해외 주요국의 경제통합 사례를 시장통합, 생산요소 이동, 제도·정책 통합의 세 기준으로 구분하여 제시한 바 있다.

독일은 일거에 모든 분야가 통합되었지만, 유로존의 통합은 1957년의 로마조약을 시작으로 1999년 통화통합이 이루어지기까지 상당히 오랜 기간에 걸쳐 단계적으로 진행되었다. 향후 재정·정치통합 여부는 아직 미지수이다. 중국과 홍콩은 상호 정치적 통일이 이루어진 상황에서 상품·서비스 통합이 단계적으로 추진되는 상황이다.

이 기준으로 남북경제통합의 지향점을 구분한다면, 통합이 단계적으로 시행될 수 있다는 전제하에 2003년 경제협력강화협정Closer Economic Partnership Agreement: CEPA 체결 이후의 중국-홍콩 경제통합유형(부분통합 II)에 가깝다고 하겠다. 중국-홍콩 유형은 상품, 서비스, 자본시장의 통합은 상당 수준 진행되었으나, 노동시장은 분리된 정도의 경제통합을 의미한다(사례 3 참고). 현재까지 진행된 중국-홍콩 CEPA 보충협정에서도 EU와 비슷한 수준으로 노동시장을 통합하자는 논의는 이루어지지 않고 있다. 참고로 EU는 역내에서 노동의 자유로운 이동을 EU

<표 10-4> 주요 경제통합 유형과 사례

통합유형	사례	시장통합		생산요소 이동		제도, 정책 통합		
		상품	서비스	자본	노동	화폐	사회보장	재정
완전통합	통일독일	○	○	○	○	○	○	○
부분통합(I)	유로존	○	○	○	○	○	X	X
부분통합(II)	중국-홍콩	○	○	○	X	X	X	X
본 보고서의 지향점		○	○	○	X	X	X	X

자료: 국회예산정책처 (2019), 저자 수정.

조약에 기본권으로 명시하고, 1980년대 중반 이후 역내 단일 시장의 추진과정에서 역내 노동 이동을 지원하기 위한 다양한 법규들이 제정되고 있다(강유덕 외, 2015).

　노동시장통합을 유보하는 경제통합 방식을 지향점으로 설정한 데에는, 앞서 여론조사 결과에서 설명하였듯이 완전한 경제통합에 부정적인 의견의 비중이 높기 때문이다. 이러한 상황에서 정치적·사회적으로 민감할 수 있는 '남북 간 노동력의 자유로운 이동'을 포함한 경제통합 유형은 국민적 지지를 받기 어려울 수 있다. 이는 북한에도 동일하게 적용된다. 북한 역시 자국 노동력이 남한 내 기업에 취업하도록 허용하는 것은 내부의 체제 특성상 상당 기간 실현되기 어려울 것이다.

　다만, 중국-홍콩 사례와 같이 서비스시장을 폭넓게 개방함으로써 남한의 금융, 의료, IT 분야의 전문인력과 기업 등이 북한에 진출하는 것을 허용할 수는 있다. 한편 북한 인력도 교육, 연수 등을 목적으로 한 남한 체류는 예외적으로 허용될 수 있을 것이다.

중국-홍콩 간 CEPA 체결을 통한 통합 사례

• 중국-홍콩은 2003년 6월 '경제협력강화협정'CEPA: Closer Economic Part-
  nership Agreement을 처음 체결한 이후 매년 보충협정을 통해 점진적으로
  상품 및 서비스시장의 통합을 추진하고 있음.
  → 양측은 CEPA 3조에 따라 매년 1회의 보충약정을 체결함으로써 개방
    수준을 점진적으로 확대함.
  → 상품무역은 2016년 기준으로 총 14만 5,406개의 제품이 CEPA 원산
    지 증명서를 발급받아 중국으로 무관세로 수출되고 있으며, 서비스무
    역은 2015년까지 10차 보충협정을 통해 금융, 회계, 법률, 의료, 부동
    산, 관광 등 50개 서비스 분야에 대해 개방 조치가 이루어짐(KOTRA,
    2016).
  → 중국-홍콩 CEPA 협정의 중요한 특징은 홍콩과 인접한 광둥성 지역에
    우선적 개방 조치를 시험하는 선행시험 조치를 포함하고 있다는 것임.

〈표 10-5〉 **중국-홍콩 CEPA 단계별 협상진행 과정**

	체결 시기	약정 및 보충약정	비고
1	2003.6.29	CEPA 체결 (CEPA I)	-
2	2004.10.27	Supplement I (CEPA II)	-
3	2005.10.18	Supplement II (CEPA III)	2006년부터 상품 관세 완전철폐
4	2006.6.27	supplement III (CEPA IV)	
5	2007.6.29	Supplement IV (CEPA V)	-
6	2008.7.29	Supplement V (CEPA VI)	광둥 선행 시범조치 개시
7	2009.5.27	Supplement VI (CEPA VII)	
8	2010.5.27	Supplement VII (CEPA VIII)	-
9	2011.12.13	Supplement VIII (CEPA IX)	
10	2012.6.29	Supplement IX (CEPA X)	-
11	2013.8.29	Supplement X (CEPA XI)	-

자료: 임수호 외 (2016).

3) 한국경제 측면의 지향점

한국경제 측면의 지향점은 남북경협이 남북경제의 통합으로 이어져 한국경제의 성장에 지속적으로 긍정적 효과를 줄 수 있는 수준에 이르는 것으로 설정하였다. 김병연(2014)은 남북의 경제통합이 한국경제의 성장에 미치는 효과가 시장의 확대와 통합, 자원의 생산적 이용, 군 병력감축을 통한 노동력 증가 등 3가지 요인이 결합하면서 나타날 것으로 전망했다. 구체적으로 경제통합은 역내 거래의 거래비용transaction cost을 감소시켜서 거래량을 증가시키는 한편, 확대된 시장을 통한 규모의 경제economies of scale 달성을 용이하게 한다. 또한, 국방 및 북한과의 대립에 따른 기회비용이 감소시켜, 이에 사용되었던 자원을 보다 생산적인 영역에 활용함으로써 성장에 기여하게 된다는 것이다.

한국경제의 편익은 위에서 제시한 남북경제통합의 긍정적 효과에 기초하여 남북한이 경쟁력 있는 분업구조를 구축하고 글로벌 가치사슬GVC에 성공적으로 편입함으로써 더욱 분명히 나타날 것으로 예상된다. 한국-베트남 경제협력의 사례는 이와 관련되어 참고할 만한 좋은 모델이다. 〈표 10-6〉에서 보는 바와 같이, 2000년대 초반만 하더라도 베트남은 한국의 해외투자와 수출에서 1% 정도의 미미한 비중을 차지하였으나, 불과 20년 만인 2019년에는 한국 해외직접투자의 7.2%, 수출의 8.9%를 차지하는 주요 경제협력 대상으로 변모하였다. 이는 한국의 투자 상대국으로는 4위, 수출 상대국으로는 3위에 해당한다.[14]

---

14 2019년 기준 한국의 수출 상위국가는 중국, 미국, 베트남, 홍콩 순이고, 투자 상위국가는 미국, 케이만군도, 중국, 베트남, 싱가포르 순이다.

<표 10-6> 한국의 대베트남 해외직접투자와 수출 추이

단위: 백만 달러, %

구분	해외직접투자 (FDI)			수출		
	대對세계	대베트남	비중	대세계	대베트남	비중
2000	5,409	72	1.3	172,268	1,686	1.0
2001	6,080	62	1.0	150,439	1,732	1.2
2002	4,117	162	3.9	162,471	2,240	1.4
2003	4,917	174	3.5	193,817	2,561	1.3
2004	6,917	184	2.7	253,845	3,256	1.3
2005	7,437	345	4.6	284,419	3,432	1.2
2006	12,001	602	5.0	325,465	3,927	1.2
2007	23,132	1,317	5.7	371,489	5,760	1.6
2008	24,308	1,396	5.7	422,007	7,805	1.8
2009	20,961	629	3.0	363,534	7,149	2.0
2010	25,598	884	3.5	466,384	9,652	2.1
2011	29,536	1,056	3.6	555,214	13,465	2.4
2012	29,628	988	3.3	547,870	15,946	2.9
2013	31,161	1,157	3.7	559,632	21,088	3.8
2014	28,593	1,668	5.8	572,665	22,352	3.9
2015	30,374	1,614	5.3	526,757	27,771	5.3
2016	39,791	2,386	6.0	495,426	32,630	6.6
2017	44,719	1,985	4.4	573,694	47,754	8.3
2018	51,099	3,323	6.5	604,860	48,622	8.0
2019	61,847	4,471	7.2	542,233	48,178	8.9

자료: 산업은행.

이처럼 양국의 경제협력이 단기간에 빠르게 양적 성장을 이룬 이유는 질적 발전이 동시에 이루어졌기 때문이다. 즉, 무역과 직접투자가 함께 활발히 이루어지면서 글로벌 가치사슬에 편입할 수 있는 경쟁력 있는 분업구조를 구축한 것이다. 그 구조는 한국의 대對베트남 수출은 중간재가, 베트남의 대對한국 및 제3국 수출은 최종재가 주를 이루는 상호보완 형태다(〈그림 10-7〉, 〈그림 10-8〉 참조). 베트남 수출의 대부분은 한국 기업의 현지투자 공장에 자본재와 중간재를 공급하는 것이고, 수입은 휴대폰을 포함한 전자제품, 의류, 신발 등 최종재를 국내에 들여오는 구조이다.

남북 간에도 베트남과의 경협과 같이 경쟁력 있는 분업체계를 구축할 수 있다면, 남북경협을 통해 한국경제가 얻게 될 이익은 매우 클 것이다. 여기서 한 가지 더 주목해야 할 부분은 기업의 역할이다. 2019년 기준으로 한국의 주요 진출기업 4개(삼성, LG, 효성, POSCO)가 베트남의 전체 수출 실적에서 차지하는 비중은 약 25% 이상인 것으로 나타났다. 즉, 베트남 수출의 4분의 1 가량은 현지 한국 기업을 통해 이루어진 것이다.[15] 남북경협도 대기업의 적극적 투자를 통해 단순 임가공무역에서 고부가가치 가공무역으로 경협구조가 발전할 때 양적·질적 성장을 기대할 수 있다. 물론 베트남은 노동력 규모 면에서 북한보다 월등하다는 장점이 있지만, 북한은 언어, 지리적 인접성, 임금 수준 면에서 강점이 있으므로 이를 잘 활용한다면 남북경협을 현재 베트남 수준과 같은 협력단계로 발전시킬 가능성이 충분히 있다고 볼 수 있다.

---

15 IHS PIERS Database

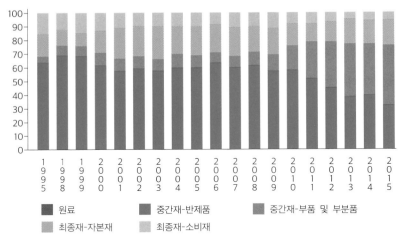

〈그림 10-7〉 한국의 대베트남 생산공정별 수출추이

■ 원료   ■ 중간재-반제품   ■ 중간재-부품 및 부분품

■ 최종재-자본재   ■ 최종재-소비재

자료: 곽성일 · 김재국 (2017).

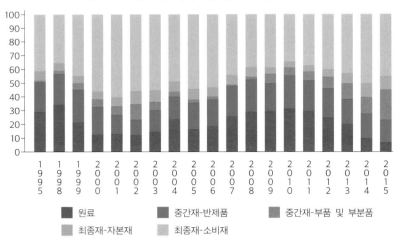

〈그림 10-8〉 한국의 대베트남 생산공정별 수입추이

■ 원료   ■ 중간재-반제품   ■ 중간재-부품 및 부분품

■ 최종재-자본재   ■ 최종재-소비재

자료: 곽성일 · 김재국 (2017).

3. 추진 전략

제 1절에서 제시한 남북경협의 현재 문제점과 제 2절에서 제시한 남
북경협의 미래 지향점 사이에 커다란 간극이 존재하기 때문에, 이를 메
우기 위한 전략은 다양한 차원에서의 연구가 필요하다. 따라서 이 절에
서 새로운 전략을 제시하기보다 북한경제 연구자들이 기존 연구에서 제
안했던 방안 중에 이 연구에서 꼽은 남북경협 지향점의 실현과 잘 조화
될 방안을 정리하여 제시하였다. 주요하게는 북한의 제도 인프라 개선
과 인력 양성에 초점을 맞추었다.

1) 국제협력을 통한 제도 변화의 유도

앞서 논의하였듯이 북한 정권이 자발적으로 전면적인 경제개혁을 통
해 시장경제제도를 도입할 가능성은 현재로서 매우 낮다고 볼 수 있다.
또한 과거 남북경협의 사례에서 알 수 있듯이 한국과의 배타적 교류는
정치·군사적 이유로 여러 차례 중단된 경험이 있으며, 남북 특수관계
를 이유로 국제적 규범에서 벗어난 관행들 탓에 북한경제의 제도화 수
준을 개선하는 데에도 일정한 한계가 있었다. 따라서 북한의 제도 변화
를 촉진하기 위해서 향후의 남북협력은 국제협력의 틀 안에서 추진되어
야 바람직할 것이다.

국제협력의 방안은 현재 경제제재 등을 고려하였을 때 제재하에서도
추진할 수 있는 단기적 방안과 제재가 어느 정도 해제된 상황을 가정한
장기적 방안으로 나누어 살펴볼 수 있다. 우선 단기적으로는 현재 정부
와 민간 차원에서 추진 중인 보건, 의료협력, 지식(학술) 교류사업 등

의 사업을 남한 단독이 아닌 국제협력의 방식으로 추진하는 것이다. UN 안전보장이사회 결의의 대북 관련 제재에서도 일관되게 국제기구 및 국제 NGO의 인도적 지원 활동은 허용하고 있다. 그러므로 현 제재가 유지되는 상황에서도 우리 정부가 남북협력기금 등을 이용하여 국제기구 및 민간지원단체를 지원하고 협력하는 것은 가능하다.

또한, 정부는 미국 정부, UN 안보리 제재위원회와 협의하여 국제기구와의 협력사업이 원활히 추진될 수 있도록 외교적 지원을 제공할 수 있다(홍제환 외, 2018). 구체적 사업으로는 보건·의료협력의 경우, 우리 정부와 WHO, UNICEF 등 인도주의 지원과 관련된 국제기구들이 공동으로 추진하는 방안을 고려해 볼 수 있다.

한편 국제기구, 해외 NGO를 통한 북한 지식공유사업을 간접적으로 지원하는 것도 고려할 수 있다. 참고로 UN 아시아·태평양 경제사회이사회UNESCAP는 북한 관료, 기술자 대상으로 경제·기술인력 교육사업을 진행하고 있으며, 그 밖의 국제기구 및 NGOs 등도 다양한 교육사업을 진행 중이라고 알려져 있다.

OECD 등과 통계 분야에서 협력하는 방안도 생각해 볼 수 있다. 북한은 1990년대 이후 국제사회의 지원을 받는 데 필요한 기초통계를 국제기구 등에 제공한 바 있다. 당시 GDP, 무역규모 등 북한 공식통계는 시계열이 짧고, 구체적인 추계방법이 불확실하다는 문제점이 있었다. 따라서 국민소득통계, 산업연관표 등 국민계정 기초통계 작성에 관한 협력 프로젝트들을 한국은행과 OECD 등이 공동으로 추진할 필요가 있다. 이러한 통계 분야의 협력은 제재 해제 이후 북한의 국제금융기구 가입을 준비하는 데도 도움이 될 수 있다. 국제금융기구 가입을 위해 주요 통계가 반드시 필요한 것은 아니지만, 국제금융기구 가입 후 자금 수혜를 위해서는 통계를 제시해 경제현황을 설명할 수 있어야 하기 때문이다.

장기적이고 더욱 직접적으로 북한의 제도 변화를 유도하는 방안은 북한이 IMF, 세계은행, ADB 등 국제금융기구에 가입하도록 지원하는 것이다. 국제금융기구 중 IMF 가입이 가장 중요한데, IMF에 가입할 경우 세계은행, AIIB 등 대부분의 국제금융기구 가입자격이 충족되기 때문이다. 북한의 국제기구 가입으로 북한 개발에 필요한 자금을 확보하는 한편, 다음 두 가지 측면에서 북한의 제도 변화에도 긍정적 도움을 줄 수 있다.

첫째로 자금 지급에 수반되는 경제개혁 이행조건이 북한의 제도변화를 유도할 수 있다. 북한이 국제금융기구에 가입하려는 의도는 자금 지원을 받기 위해서이다. 그런데 국제금융기구는 강도 높은 구조조정 등의 조건을 차입국이 이행하는 경우에 한하여 차관을 허용하는 경향이 있다. 1993년 베트남에 대한 최초의 자금지원 협약 시 IMF와 세계은행은 자금지원의 조건으로 재정과 금융의 분리, 국영기업 개혁 등 개혁조치의 이행을 요구한 바 있다.

당시 IMF의 요구조건은 베트남 지도부의 의지와 일부 괴리되는 내용도 있었지만, 결국에 외자도입을 위해 폭넓게 수용되었다. 북한 당국도 베트남의 사례와 같이 자금 수혜를 위해서는 국제금융기구의 이행조건을 수동적으로라도 수용할 수밖에 없을 것이다.

둘째는 세계은행, ADB의 기존 사업내용에서 확인할 수 있듯이, 북한의 국제금융기구 가입 이후 초기 단계의 사업은 관료의 역량 강화 및 제도 구축에 초점을 맞추어질 것이기 때문이다. 이러한 사업을 통해 경제개혁에 필수적인 다양한 교육사업이 이루어질 수 있다.

2) 남북경제통합의 제도화 수준 제고

북한의 전반적 시장 관련 제도화 수준을 높이기 위해서는 국제협력이 필수적이다. 그러나 다른 한편에서는 남북 간 경제통합을 위한 제도화 노력도 중요하다. 남북한은 그간 남북기본합의서(1991), 6·15 남북공동선언(2000), 10·4선언(2007) 등으로 경제교류협력의 활성화를 선언했지만, 구체적인 제도로 이행되지는 못했다. 이 중 2004년에는 남북경제협력추진위원회에서 청산계정 운영을 위한 은행 지정, 청산 한도, 결제 통화, 대월 한도 등 세부사항에서도 합의한 바가 있으나 시행되지 못했다.

동서독 간의 교역을 다룬 1949년의 프랑크푸르트 협정, 그것을 개정한 1951년의 베를린협정은 통일 시까지 적용되었다. 물론 우리는 상황이 다르다고는 해도 경제교류협력의 구체적인 제도화와 그 지속성, 일관성이 아쉬울 수밖에 없다.

한편 남북한 간의 교역은 지금까지 '민족 내부거래'로 간주되어 관세가 적용되지 않았다. 그러나 이러한 관행은 WTO 최혜국대우(MFT: Most Favored Nation Treatment) 규정 등 국제규범에 위반될 소지가 있다. 향후 남북경협이 확대되고 북한에서 생산된 물품이 한국을 거쳐 제3국으로 수출될 경우 여타 WTO 회원국이 최혜국 규정 위반을 문제시할 가능성이 있기 때문이다. 또한 남북경협과 관련하여 북한의 특정 산업을 지원할 경우, 보조금 지급 위반의 문제도 제기될 수 있다(임수호 외, 2016).

따라서 남북경협이 국제규범을 따르고 경제통합을 위한 안정적 제도적 기반을 마련하기 위해서 남북한 FTA 또는 CEPA와 같은 포괄적 경제협력 체결이 필요하다. 그러나 앞서 논의하였듯이 경제통합과 관련된 포괄적 경제협정을 북한은 내정간섭이나 나아가 체제위협으로 간주하고 소극적으로 나올 가능성이 있다.

　이러한 상황을 대비하여 홍콩-중국 간 CEPA 체결 시 '선행시험 조치' 등의 사례를 참고할 필요가 있다. 즉, 협정 내용 중 일부 민감한 조항의 적용범위는 북한 전역이 아니라, 일부 지역에 한정하고 이후 순차적으로 적용을 확대하는 방식이다. 예를 들어 중국은 홍콩과 인접한 광둥성을 우선 시범지역으로 적용하였듯이, 북한의 개성, 황해도 지역과 남한의 수도권 북부, 인천 등의 접경지역을 우선 시범지구로 선정하고 이후 점진적으로 확대하는 것이다. 이러한 점진적 접근을 통해 북한 당국에는 경제통합의 실익을 체감시키는 동시, 이에 수반되는 체제 관련 위험은 감소시킬 수 있다.

　또한 북한에 새롭게 구축될 시장제도들이 남한의 법, 제도와 일관될 수 있도록 지원해야 한다. 특히 시장제도의 기초가 되는 금융시장 설립과 관련된 법과 제도가 제정, 개정될 경우에 남한은 적극적으로 기술을 지원하여, 남한 금융시장의 법, 제도와 일관성을 갖출 필요가 있다. 또한 남북의 금융시스템 연계에 대비하여 지급결제 시스템, 금융정보 관련 표준의 통일 방안도 마련해야 한다. 이러한 금융 부문의 협력을 위해서는 남북의 중앙은행 간 협력사업 추진이 필요하다.

3) 북한 산업인력 양성 프로그램 개발

　앞서 제2절에서는 남북경협이 한국경제에 지속적으로 긍정적 효과를 주기 위해서는 한국경제 입장에서 부가가치가 높은 기술집약적 분야에서 경제협력을 확대해야 한다고 강조하였다. 그러나 북한의 현재 인력 수준은 남한이 대규모 투자를 하더라도 이를 수용할 능력이 매우 부족하다. 일례로 북한의 2008년 인구센서스 자료에 따르면, 제조업 노동자는 288만 명인데, 좁은 의미로 ICT 제조업이라 볼 수 있는 '컴퓨터 및 전자제품업 종사자'는 4만 명이고, '전기제조업' 종사자까지 포함해도 10만 명으로 전체의 3.5%에 불과하다(이석기, 2019).

이를 고려할 때 남북경협이 고부가가치 산업영역으로 신속히 전환되기 위해서는 도로, 철도 등 물적 인프라에 투자하기에 앞서 산업인력 양성 등 인적 자원 개발에 더 많은 자원을 투입할 필요가 있다.

이와 관련해서도 광둥성-홍콩의 협력 사례에서 많은 점을 배울 수 있다. 광둥성 정부와 홍콩 특구는 CEPA의 실질적 추진을 위해 2010년 '기본협의'를 체결하였다. 이 협의서 중 교육 분야에서는 양측의 고등교육기관 간 협력과 홍콩 고등교육기관의 광둥성 내 대학설립 등이 제시되었다. 또한 전문자격증 상호인정 제도도 도입했는데, 이 제도는 지역의 산업인력 풀을 공동으로 육성하는 데 기여했다고 평가된다(양평섭 외, 2011).

이와 같이 남북한이 공동으로 향후 인력 수요가 늘어날 산업 분야의 인력 양성 제도를 마련하는 것이 중요하다. 이를 위해서 남한의 공공기관뿐만 아니라 민간부문의 협력도 요구된다. 예를 들어 북한의 산업인력을 양성하기 위해서는 공공·민간금융기관들이 다양한 실무교육 프로그램 등을 개발하여 지원할 수 있을 것이다.

참고문헌

강원택(2018), 《한국정치론》, 박영사.

강원택·조홍식(2009), 《하나의 유럽: 유럽연합의 역사와 정책》, 푸른길.

강유덕·임유진(2015), "EU 역내 노동이동의 변화: 영국과 독일을 중심으로", 〈KIEP 오늘의 세계경제〉, 15(31), 1~22.

강창희·박윤수(2015), "사교육이 학생의 인지, 비인지 역량 발달에 미치는 영향 — 자기주도 학습과의 비교를 중심으로", 〈노동경제논집〉, 38(4), 31~56.

곽성일·김제국(2017), "한·베트남 수교 25주년 성과와 과제", 〈KIEP 오늘의 세계경제〉, 17(10), 1~16.

교육부·한국교육개발원(2020), 《교육통계연보》.

국회예산정책처(2018), "인구 고령화가 지방재정에 미치는 영향에 관한 연구"(김종순 외), 2018년도 연구용역보고서.

_____ (2019), 《북한 인프라 개발의 경제적 효과》.

_____ (2019), 《2019 대한민국 지방재정》.

김대일(2015), "노동시장의 인적 자원 배분기능 효율성", 〈KDI 경제전망〉, 2015 상반기, 57~63.

김병연(2015), "개성공단의 경제적 효과", 김병로·김병연·박명규 외, 《개성공단》, 진인진.

김병연·정승호(2015), 《중국의 대북 무역과 투자: 단둥시 현지 기업조사》, 서울대학교출판문화원.

김상택 외(2016), 《자율규제 확대에 따른 전문규제기관 기능 및 역할에 관한 연구》, 방송통신위원회.

김영준·신석하(2018), "남북경협의 직접적 경제효과 분석: 개성공단의 경우", 〈사회과학연구〉, 44(3), 43~66.

김영철(2019), "등록금 동결정책과 고등교육의 재정위기", 〈재정학연구〉, 11(4), 167~212.

김윤지·이용관·이종관·이창근(2019), "소비자 중심의 문화예술산업 정책", 김용성 편, 《서비스산업 발전방향과 일자리 창출방안 모색에 대한 연구》, 기타보고서, 한국개발연구원.

김재훈(2014), 《고등교육기관 퇴출구조에 관한 연구》, 정책연구시리즈 2014-13, 한국개발연구원.

김준래(2018), "4차 산업혁명의 선도국가 에스토니아", 〈통계의 창〉, 겨울호, 통계청.

김희삼(2010), 《학업 성취도, 진학 및 노동시장 성과에 대한 사교육의 효과 분석》, 정책연구시리즈 2010-05, 한국개발연구원.

나인강(2008), "협력적 노사관계와 기업의 성과에 관한 실증분석", 〈인적자원관리연구〉, 15(1), 53~67

남기곤(2017), "교육 불평등의 현실과 정책대안", 〈사회복지법제학회 학술대회지〉, 337~361.

민준규·정승호(2014), "최근 북한의 경제정책 추진현황 및 평가: '우리식 경제관리방법'을 중심으로", 〈BOK 이슈노트〉, 2014-16, 한국은행, 1~20.

박상훈(2018), 《청와대 정부: 민주정부란 무엇인가를 생각하다》, 후마니타스.

박우람·박윤수(2019), 《장시간 근로의 경제적 원인에 관한 연구》, 정책연구시리즈 2019-15, 한국개발연구원.

박윤수(2017), 《자유학기제 효과성 연구》, 정책연구시리즈 2017-13, 한국개발연구원.

_____(2018), "자유학기제가 사교육 투자에 미친 영향", 〈KDI 정책포럼〉, (269), 한국개발연구원.

_____(2018), "인지역량의 국제비교", 서중해 편, 《혁신성장의 길: 생산성 제고를 위한 구조전환과 제도개혁》, 연구보고서, 한국개발연구원, 487~539.

_____(2019), "미래를 준비하는 평생학습 지원체계 구축", 김용성 편, 《서비스산업 발전방향과 일자리 창출방안 모색에 대한 연구》, 기타보고서, 한국개발연구원, 88~110.

박윤수·김도형·김지운·박우람·최경수(2017), "사회이동성의 제고", 김동석·김주훈·백웅기·안상훈·이수일·박윤수·이영욱·김성태 외, 《혁신과 포용을 통한 경제 역동성의 복원》, 기타보고서, 한국개발연구원, 128~161.

박윤수·강창희·고영우(2019), 《대학규제와 사교육에 관한 연구》, 연구보고서 2018-09, 한국개발연구원.

박중훈 외(2017), 《주요 국가의 국가운영 체제 및 방식에 관한 연구》, 한국행정연구원.

박철성(2014), "주 5일 근무제도 실시의 노동시장 외적 효과", 〈노동경제논집〉, 37(4), 59~88.

서정건(2014), "의회 정치의 양극화: 미국 의회와 한국 국회를 중심으로", 이재묵
    ・서정건・유성진・윤광일・정회옥, 《도전과 변화의 한미정치》, 서울대학
    교출판문화원, 31~66.

심지연(2013), 《한국정당정치사: 위기와 통합의 정치》, 백산서당.

양문수(2018), "북한의 정상국가화와 남북경협", 〈통일경제〉, 113호, 현대경제연
    구원, 4~8.

양평섭 외(2012), 《중국, 대만, 홍콩의 경제통합과 정책적 시사점》, 연구보고서
    12-18, 대외경제정책연구원.

오계택(2018), "직무중심 임금체계의 방향 및 전략", 〈노동리뷰〉, 162호, 7~14.

오계택・양동훈・이영면(2017), 《조직의 변화관리를 위한 정책과제: 대안적 임금
    체계 개편을 중심으로》, 연구보고서, 한국노동연구원.

오지윤(2015), "우리나라 제조업 부문의 사업체간 자원배분 효율성 추이 및 국제
    비교", 〈KDI 경제전망〉, 2015 상반기, 한국개발연구원, 65~72.

오지윤・엄상민(2019), "법인 노동소득 분배율의 추이 및 변화요인 분석", 〈KDI
    경제전망〉, 2019 하반기, 한국개발연구원, 61~71.

윤지웅(2020), "너와 나의 연결고리, 코로나로 주목받는 '블록체인'", 〈기술과 혁
    신〉, 특별3호.

이 범(2019), "고교평준화 논란을 넘어, 새로운 고교체계로", 서울대 경제학부・
    매일경제 공동주최 제2회 금융경제세미나 〈공정과 창의, 교육과 사회경제
    정책의 해법은?〉 발표자료.

이 석(2018), "새로운 남북경협의 가능성: 특징과 쟁점", 〈KDI 북한경제리뷰〉,
    20(8), 한국개발연구원, 3~22.

이석 편(2019), 《북한의 국제경제 편입을 위한 남북경협 및 대북협력방안》, 연구
    보고서, 한국개발연구원.

이석기(2019), 《남북한 산업협력 쟁점분석》, ISSUE PAPER 2019-457, 산업연구
    원.

이양재(2013), "행정구역 통합의 갈등원인에 관한 연구: 창원시 사례를 중심으로",
    고려대 석사학위논문.

이주호 편(2016), 《프로젝트 학습을 통한 교육개혁(I)》, 연구보고서, 한국개발연
    구원.

이주호・박윤수 편(2017), 《프로젝트 학습을 통한 교육개혁(II)》, 연구보고서, 한
    국개발연구원.

이주호・정혁・홍성창(2014), "한국은 인적 자본 일등국가인가?", 김용성・이주호
    편, 《인적 자본 정책의 새로운 방향에 대한 종합연구》, 연구보고서, 한국개

발연구원, 13~71.

이창근(2018), "문화콘텐츠산업의 일자리 특성: 산업 및 사업체 수준 분석", 《문화콘텐츠산업의 미시경제적 특성》, 기타보고서, 한국개발연구원.

이해림, 양문수(2017), "북한의 무역권(와크)에 관한 연구: 재산권 이론에 의한 접근", 〈통일문제연구〉, 30(2), 47~80.

임수호 외(2016), 《남북한 CEPA 체결의 중장기 효과분석 및 추진방안 연구》, 연구보고서 16-07, 대외경제정책연구원.

장형수·박춘원(2018), 《국제금융기구 투자지원 해외사례를 통한 북한 경제개발 정책적 시사점》, 2018년도 통일부 연구용역보고서.

장 훈(2010), 《20년의 실험: 한국 정치개혁의 이론과 역사》, 나남.

정구진(2019), 《김정은 시대의 법현실에 대한 연구》, 통일부 신진연구자 논문집.

정규철(2014), "한국, 일본 및 중국의 수출시장 경쟁구도: 동태적 비교우위 분석을 중심으로", 조동철 편, 《우리 경제의 역동성: 일본과의 비교를 중심으로》, 연구보고서 2014-03, 한국개발연구원, 53~90.

_____(2015), "추격 관점에서 살펴본 한·중·일 수출경쟁력의 변화", 〈KDI 경제전망〉, 2015년 상반기, 한국개발연구원 47~55.

정성훈·김민호(2019), 《서비스산업 외국인 투자기업의 국내 현황과 경제적 효과》, 정책연구시리즈 2019-16, 한국개발연구원.

정수경(2018), "인구 축소시대에 대응하는 일본 국토정책: 지방중소도시를 중심으로 하는 연계중추도시권을 중심으로", 즐거운 도시 연구소.

정진민(2008), 《한국의 정당정치와 대통령제 민주주의》, 인간사랑.

정홍원·이영범(2012), 《저출산·고령화에 따른 사회복지 공적전달체계 개편방안》, 한국보건사회연구원.

정홍원(2014), "복지전달체계 현황, 문제점 및 개선방안", 복지전달체계 개선방안 세미나 자료(국회 민생정치연구회 정책토론회), 3~44.

제주특별자치도(2017), 《제2차 제주국제자유도시 종합계획 수정계획》.

최영출(2005), "지방자치단체의 적정규모 검토를 위한 실증적 연구: 자치계층제와 적정구역규모 논의의 시각에서", 〈지방행정연구〉, 19(2), 239~262.

최장호·김범환(2017), 《남북한 경제통합 분석모형 구축과 성장효과 분석》, 중장기 통상전략연구 17-01, 대외경제정책연구원.

최장호·최유정(2018), 《체제전환국의 WTO 가입경험과 북한 경제》, 연구자료 18-02, 대외경제정책연구원.

최철호, 김성배, 김봉철(2015), 《규제 법제의 근본적 전환 가능성과 방안에 관한 연구》, 한국법제연구원.

통계청(2006), 《인구대사전》.

_____ (2008), 《한국의 사회동향》.

한국게임정책자율기구(2019), 〈게임이용자 보호와 자율규제〉, 3호.

한국무역협회 국제무역연구원, "남북교역에 대한 무역업계의 인식조사", 〈TRADE BRIEF〉, 11, 1~8.

한요셉(2019), 《60세 정년 의무화의 영향: 청년 고용에 미치는 영향을 중심으로》, 정책연구시리즈 2019-3, 한국개발연구원.

한정임, "주 52시간과 여가활동 변화", 〈문화관광 인사이트〉, 139호, 한국문화관광연구원.

행정자치부(2016), 《전자정부 2020 기본계획》.

Ahn, T. (2015), "Reduction of working time: Does it lead to a healthy lifestyle?", *Health Economics*, 25, 969~983.

Algan, Y., Cahuc P., & Shleifer, A. (2013), "Teaching practices and social capital" *American Economic Journal: Applied Economics*, 5(3), 189~210.

American Consumer Institute(2018), Ex Post v. Ex Ante Regulatory Remedies Must Consider Consumer Benefits and Costs.

Autor, D. H., Dorn, D & Hanson, G. H. (2013), "The China syndrome: Local labor market effects of import competition in the United states", *American Economic Review*, 103(6), 2121~2168.

Boliek, B. E. L. (2011), "FCC regulation versus antitrust: How net neutrality is defining the boundaries", *Boston College Law Review*, 52(5), 1627~1686.

Bakker, G. (2012), "How Motion Pictures Industrialized Entertainment", *Journal of Economic History*, 72(4), 1036~1063.

BBSR(Bundesinstitut fur Bau-, Stadt-, und Raumforschung) (2018), *Interkommunale Kooperation in der Städtebauförderung*.

_____ (2018), *Kleinere Städte und Gemeinden*.

_____ (2019), *Zukunft Kleinstadt: Potenziale von Kleinstädten in periphern Lagen*.

Bedard, K., & Dhuey, E. (2012), "School-entry policies and skill accumulation across directly and indirectly affected individuals", *Journal of Human Resources*, 47(3), 643~683.

Bhagwat, A. (1999), "Modes of Regulatory Enforcement and the Problem of Administrative Discretion", *Hastings Law Journal*, 50(5), 1275~1332.

Bolt, J., et al. (2018), *Maddison project database: version 2018*.

Borra, C., & Sevilla, A. (2019), "Competition for university places and parental time investments: Evidence from the United Kingdom", *Economic Inquiry*, 57(3), 1460~1479.

Bound, J., Hershbein, B., & Long, B. T. (2009), "Playing the admissions game: Student reactions to increasing college competition", *Journal of Economic Perspectives*, 23(4), 119~146.

Deming, D. J. (2015), "The growing importance of social skills in the labor market", *The Quarterly Journal of Economics*, 132(4), 1593~1640.

Deming, D., & Dynarski, S. (2008), "The lengthening of childhood", *Journal of Economic Perspectives*, 22(3), 71~92.

Dhuey, E. (2016), "Age at school entry: How old is old enough?", *IZA World of Labor*, 247.

European Commission(2015), *Literature review and identification of best practices on integrated social service delivery*, 2015.

_____ (2020), *Towards Social Investment for Growth and Cohesion-including implementing the European Social Fund 2014~2020*.

Greve, B., & Sirovátka, T., eds. (2014), *Innovation in Social Services: The Public-private Mix in Service Provision, Fiscal Policy and Employment*, Farnham, Surrey: Ashgate Publishing.

Han, J. (2011), "College majors in limited supply: The Korea case," mimeo. Hanushek, E. A., & Woessmann, L. (2011), "The economics of international differences in educational achievement", *Handbook of the Economics of Education*, 3, Elsevier, 89~200.

Hemerijck, A., ed. (2017) *The uses of social investment*, Oxford University Press.

Katyal, S. K., & Schultz, J. M. (2012), "The unending search for the optimal infringement filter", *Columbia Law Review Sidebar*, 112, 83~107.

Kawaguchi, D. (2016), "Fewer school days, more inequality", *Journal of The Japanese and International Economies*, 39, 35~52.

Keen, R. (2011), "Untangling the web: exploring internet regulation schemes in western democracies", *San Diego International Law Journal*, 13, 351 ~362.

Kolstad, C. D., Ulen, T. S., & Johnson, G. V. (1990), "Ex post liability for harm vs. Ex ante safety regulation: Substitutes or complements?", *American Economic Review*, 80(4), 888~901.

Krueger, A. B., & Mas, A. (2004), "Strikes, scabs, and tread separations: Labor strife and the production of defective bridgestone/firestone tires", *Journal of Political Economy*, 112(2), 253~289.

Lazear, E. P. (1979), "Why is there mandatory retirement?", *Journal of Political Economy*, 87(6), 1261~1284.

Lee, J., & Lee, Y. K. (2016), "Can working hour reduction save workers?", *Labour Economics*, 40, 25~36.

Lefevere, J., Tresch, A., & Walgrave, S. (2015), "Introduction: Issue ownership", *West European Politics*, 38(4), 755~760.

Tabbach, A. D., & Nussim, J. (2008), "Controlling avoidance: Ex-ante regulation versus ex-post punishment", *Review of Law and Economics*, 4(1), 45~63.

OECD(2015), *Education at Glance 2015: OECD Indicators*, Paris: OECD Publishing.

_____(2016), *Government at Glance: How Korea Compares*, Paris: OECD Publishing.

_____(2019), *Education at a Glance 2019: OECD Indicators*, Paris: OECD Publishing.

Park, W. R., & Park, Y. (2019), "When less is more: The impact of the regulation on standard workweek on labor productivity in South Korea", *Journal of Policy Analysis and Management*, 38(3), 681~705.

Priest, M. (1997), "The privatization of regulation: Five models of self-regulation", *Ottawa Law Review*, 29(2), 233~267.

Ramey, G., & Ramey, V. (2010), "The rug rat race", *Brookings Papers on Economic Activity*, (1), 129.

Schermer, B., & Wagemans, T. (2010), "Freedom in the days of the internet", *European View*, 9(2), 287~293.

Schwab, C. (2016), *4th Industrial Revolution*, World Economic Forum.

Spasova, S., & Ward, T. (2019), *Social Protection Expenditure and Its*

Financing in Europe: *A Study of National Policies*, European Comission.

Stiglitz, J. E. (2007), "Regulating multinational corporations: Towards principles of cross-Border legal frameworks in a globalized world balancing rights with responsibilities", *American University. International Law Review*, 23(1), 451~558.

Woo, S., & Lee, S., & Kim, K. (2015), "Carrot and stick?: Impact of a low-stakes school accountability program on student achievement", *Economics Letters*, 137, 195~199.

World Economic Forum (2016), *The Future of Jobs*.

• 웹사이트

교육부(2020. 3. 11.), "2019년 초중고 사교육비 조사결과 발표", 교육부 보도자료.

〈매일경제〉(2019. 6. 18), "스탠퍼드大 컴공 정원 739명…서울大는 15년째 55명". http://www.mk.co.kr/news/business/view/2019/06/432349

세계은행(2020), "World Development Indicators". http://api.worldbank.org/v2/en/indicator/SE.PRM.AGES?downloadformat=excel.

〈중앙일보〉(2018. 7. 21.), "지금은 청와대 정부시대". https://news.joins.com/article/22821083.

_____ (2019. 8. 25.), "포드 차도 뛰어드는데…한국 게임산업 '이종교배' 고민". https://news.joins.com/article/23561021.

지방재정365 홈페이지. http://lofin.mois.go.kr/portal/main.do.

통계청(2019. 3. 28.), "장래인구특별추계: 2017~2067년" 보도자료.

한국경제연구원(2019. 8. 22.), "600대 기업 임금체계 현황 및 개편방향", 한국경제연구원 보도자료.

Kotra(2016. 12. 21.), "중국-홍콩 CEPA를 통한 중국 서비스시장 진출방안", http://www.fta.go.kr/webmodule/htsboard/template/read.

Maddison Project Database 홈페이지, https://www.rug.nl/ggdc/historicaldevelopment/maddison/releases/maddison-project-database-2018.

OECD, "Work-Life Balance", 접속일자: 2020. 4. 21. http://www.oecdbetterlifeindex.org/topics/work-life-balance/

UN 인구전망 홈페이지, https://population.un.org/wpp/.

부록

'3만 불 시대의 중장기 정책방향'에 관한 의견조사 결과

1. 의견조사 개요

3만 불 시대의 중장기 정책방향에 관한 의견을 조사하기 위해 일반국민과 기업인을 대상으로 의견조사를 수행함.

- 기간: 2019년 12월 13일~2019년 12월 25일
- 대상: 일반국민 1천 명, 기업인 308명
- 방법: 웹 조사
- 분야
  → 일반국민: 인구구조 변화 대응, 일자리, 교육 등 10개 분야
  → 기업인: 한국경제에 대한 전망, 산업 기술의 전망, 기업의 미래 전망 등 6개 분야
- 설문대상 별 설문결과는 개략적으로 제시하며, 분야별 세부 설문결과는 해당 분야에서 제시
  → 일반국민: 설문 대상의 일반현황 제시
  → 기업인: 한국경제에 대한 전망 관련 설문결과 제시

2. 일반국민 의견조사 일반현황

일반 현황은 사는 지역과 성별, 학력으로 구성됨.

일반국민 설문응답자의 거주지역은 경기도가 25%로 가장 많았으며, 서울과 부산, 경남 순으로 나타남.

〈표 1〉 일반국민 설문응답자 지역분포

지역	빈도	비중
① 서울	193	19.3%
② 부산	68	6.8%
③ 대구	48	4.8%
④ 인천	57	5.7%
⑤ 광주	28	2.8%
⑥ 대전	28	2.8%
⑦ 울산	22	2.2%
⑧ 경기	250	25.0%
⑨ 세종	6	0.6%
⑩ 강원	31	3.1%
⑪ 충북	30	3.0%
⑫ 충남	42	4.2%
⑬ 전북	34	3.4%
⑭ 전남	36	3.6%
⑮ 경북	52	5.2%
⑯ 경남	64	6.4%
⑰ 제주	11	1.1%
합계	1,000	100%

일반국민 설문응답자 성별은 남성 49.6%, 여성 50.4%로 나타남.

<표 2> 일반국민 설문응답자 성별

성별	빈도	비중
남성	496	49.6%
여성	504	50.4%

일반국민 설문응답자의 직업은 일반 사무직이 39.5%로 가장 높았으며 주부와 관리직/전문직이 각각 13.6%, 13.4%로 일반 사무직 다음으로 높은 비중을 보임.

<표 4> 일반국민 설문응답자 직업

직업	빈도	비중
① 농업/임업/수산업/축산업 종사자	12	1.2%
② 자영업	63	6.3%
③ 판매/서비스직	44	4.4%
④ 생산/기술직/단순노무직	81	8.1%
⑤ 일반사무직	395	39.5%
⑥ 관리직/전문직	134	13.4%
⑦ 주부	136	13.6%
⑧ 학생	47	4.7%
⑨ 무직	72	7.2%
⑩ 기타	16	1.6%

일반국민 설문응답자의 직장 위치로 서울과 경기가 각각 27.6%, 18.8%로 나타나 직장의 수도권 집중화가 심한 것을 알 수 있음.

〈표 5〉 일반국민 설문응답자 직장 위치

직장 위치	빈도	비중
① 서울	191	27.6%
② 부산	48	6.9%
③ 대구	32	4.6%
④ 인천	34	4.9%
⑤ 광주	16	2.3%
⑥ 대전	19	2.7%
⑦ 울산	12	1.7%
⑧ 경기	130	18.8%
⑨ 세종	2	0.3%
⑩ 강원	20	2.9%
⑪ 충북	17	2.5%
⑫ 충남	35	5.1%
⑬ 전북	19	2.7%
⑭ 전남	25	3.6%
⑮ 경북	35	5.1%
⑯ 경남	50	7.2%
⑰ 제주	7	1.0%

일반국민 설문응답자의 학력을 살펴보면 4년제 대학교 졸업자가 53.1%로 높은 대학진학률을 알 수 있음.

〈표 6〉 일반국민 설문응답자 학력

학력	빈도	비중
① 중학교 졸업 이하	15	1.5%
② 고등학교 졸업	199	19.9%
③ 2~3년제 대학교 졸업	150	15.0%
④ 4년제 대학교 졸업	531	53.1%
⑤ 대학원 이상	105	10.5%

일반국민 설문응답자의 결혼여부는 기혼이 66.2%로 나타남.

〈표 7〉 일반국민 설문응답자 결혼여부

결혼여부	빈도	비중
① 미혼	310	31.0%
② 기혼	662	66.2%
③ 기타	28	2.8%

일반국민 설문응답자의 현 거주지 거주 계기를 살펴보면 태어난 곳이 39.0%로 가장 높았으며 구직/직장이 31.8%로 나타나 구직에 따른 거주지 이동 비율이 높은 것을 알 수 있음.

〈표 8〉 일반국민 설문응답자 현 거주지 거주 계기

거주 계기	빈도	비중
① 태어난 곳	390	39.0%
② 학교	83	8.3%
③ 구직/직장	318	31.8%
④ 배우자 거주지	100	10.0%
⑤ 자녀 학교	19	1.9%
⑥ 기타	90	9.0%

일반국민 설문응답자 중 현 거주지에서 이주를 희망한 254명의 이주 희망 이유로 문화여건이 34.6%로 가장 높게 나타났으며 구직/직장과 귀향이 24.8%, 14.2%로 각각 나타남.

〈표 9〉 일반국민 설문응답자의 이주 희망 이유

이주 희망 이유	빈도	비중
① 귀향	36	14.2%
② 학교	2	0.8%
③ 구직/직장	63	24.8%
④ 배우자 거주지	2	0.8%
⑤ 자녀 학교	14	5.5%
⑥ 문화여건	88	34.6%
⑦ 공공서비스	20	7.9%

<표 9> 일반국민 설문응답자의 이주 희망 이유(계속)

이주 희망 이유	빈도	비중
⑧ 기타	29	11.4%
합계	254	100%

일반국민 설문응답자 중 이주를 희망한 254명의 이주 희망 지역을 살펴보면 서울이 43.3%로 압도적으로 높았으며 이주 희망 이유가 문화 여건과 구직/직장임을 생각해 보았을 때 문화시설 및 일자리의 수도권 집중에 따른 것으로 볼 수 있음.

<표 10> 일반국민 설문응답자의 이주 희망 지역

이주 희망 지역	빈도(명)	비중
① 서울	110	43.3%
② 부산	9	3.5%
③ 대구	12	4.7%
④ 인천	4	1.6%
⑤ 광주	2	0.8%
⑥ 대전	10	3.9%
⑦ 울산	5	2.0%
⑧ 경기	34	13.4%
⑨ 세종	3	1.2%
⑩ 강원	13	5.1%
⑪ 충북	2	0.8%
⑫ 충남	5	2.0%
⑬ 전북	2	0.8%
⑭ 전남	5	2.0%

<표 10> 일반국민 설문응답자의 이주 희망 지역(계속)

이주 희망 지역	빈도(명)	비중
⑮ 경북	7	2.8%
⑯ 경남	8	3.1%
⑰ 제주	23	9.1%
합계	254	100%

일반국민 설문응답자의 가구 한 달 수입을 살펴보면 200~299만 원이 18%로 가장 높았으며 응답자의 65.7%가 200~599만 원에 속하는 것을 알 수 있음.

<표 11> 일반국민 설문응답자 가구 한 달 수입

가구 한 달 수입	빈도	비중
① 100만 원 미만	28	2.8%
② 100~199만 원	83	8.3%
③ 200~299만 원	180	18.0%
④ 300~399만 원	171	17.1%
⑤ 400~499만 원	150	15.0%
⑥ 500~599만 원	156	15.6%
⑦ 600~699만 원	71	7.1%
⑧ 700만 원 이상	161	16.1%

3. 기업인 의견조사 결과

　기업인 의견조사 중 한국경제에 대한 전망을 묻는 문항은 '향후 20년 간 한국경제 전망', '한국경제의 주된 제약 요인', '향후 산업 기술 발달로 인한 가장 큰 변화'로 구성됨.

　기업인 설문자에게 물은 '향후 20년 간 한국경제 전망'의 결과를 보면 '다소 침체국면일 것이다'와 '약간 좋아질 것이다'가 각각 32.5%, 30.8%로 부정적 시각과 긍정적 시각의 비중이 비슷함을 알 수 있음.

〈표 12〉 기업인이 본 향후 20년간 한국경제 전망(N=308명)

향후 20년간 한국경제 전망	비중
① 상당히 후퇴할 것이다	12.0%
② 다소 침체국면일 것이다	32.5%
③ 현재 수준일 것이다	15.9%
④ 약간 좋아질 것이다	30.8%
⑤ 상당히 좋아질 것이다	8.8%

기업인 설문응답자가 생각하는 '한국경제의 주된 제약 요인'을 살펴
보면 '국내 정치적/지역 간/세대 간 갈등과 불균형'과 '인구 고령화에 따
른 생산가능인구 감소'가 각각 33.4%, 27.3%로 국내문제와 고령화·
저출산의 비중이 가장 큼.

<표 13> 기업인이 본 한국경제의 주된 제약 요인(N=308명)

한국경제의 주된 제약 요인	비중
① 기업의 새로운 기술에 대한 적응 실패	2.9%
② 국내 정치적/지역 간/세대 간 갈등과 불균형	33.4%
③ 세계경제의 무역 갈등	12.0%
④ 산업 및 기술개발 등에 대한 규제	13.3%
⑤ 노동력의 생산성 저하	7.1%
⑥ 인구 고령화에 따른 생산가능인구 감소	27.3%
⑦ 기타	3.9%

기업인 설문응답자가 생각하는 '향후 산업 기술 발달로 인한 가장 큰 변화'를 보면 '인공지능, 블록체인 등 혁신적 기술발전'이 67.2%로 비율이 압도적으로 높아 기업인들은 4차 산업혁명과 AI 발전 등이 향후 산업 기술 발달을 이끄리라 예상한다는 사실을 알 수 있음.

〈표 14〉 기업인이 본 향후 산업 기술 발달로 인한 가장 큰 변화(N=308명)

향후 산업 기술 발달로 인한 가장 큰 변화	비중
① 인공지능, 블록체인 등 혁신적 기술발전	67.2%
② 에너지 및 자원 전쟁	4.5%
③ 중국 중심의 경제/산업 질서 재편	4.5%
④ 세계경제의 저성장 심화	13.3%
⑤ 기후 및 환경 변화	3.6%
⑥ 국내 정치적/지역 간/세대 간 갈등과 불균형	6.2%
⑦ 세계적인 식량/물 부족 그리고 질병	0.3%
⑧ 기타	0.3%

'3만 불 시대의 중장기 정책방향'에
관한 의견조사

일반국민

안녕하십니까?

여기는 정부의 경제정책을 연구 · 개발하는 (국책 연구기관인) 한국개발연구원
(KDI)입니다.

KDI는 '3만 불 시대의 중장기 정책방향'에 관해 일반국민을 대상으로 의견조사
를 실시하고자 합니다. 이번 조사의 결과는 정부가 '3만 불 시대의 중장기 정책방
향'을 수립하는 데 중요한 기초자료로 활용될 예정입니다.

많이 바쁘시겠지만 이번 조사의 중요성을 이해하시고 설문에 응답해 주시면
대단히 감사하겠습니다. 조사의 결과는 통계처리 등 조사목적 외에는 절대 사용
되지 않음을 밝혀드립니다.

감사합니다.

	2019년 10월
	연구책임: 이호준(KDI 공공투자관리센터 재정투자평가실 실장)
	조사책임: KDI 경제정보센터 여론분석팀
	전 화: 044-550-4655, 4639
	팩 스: 044-550-4941

──────── 자료분류형 질문 ────────

sq1. ㅇㅇ님의 지역은?
 ① 서울 ② 부산 ③ 대구 ④ 인천 ⑤ 광주 ⑥ 대전 ⑦ 울산 ⑧ 경기 ⑨ 세종
 ⑩ 강원 ⑪ 충북 ⑫ 충남 ⑬ 전북 ⑭ 전남 ⑮ 경북 ⑯ 경남 ⑰ 제주

sq2. ㅇㅇ님의 성별은?
 ① 남   ② 여

sq3. ㅇㅇ님의 나이는?
 만 (   ) 세

※ 다음은 정부의 인구구조 변화 대응과 관련한 내용입니다.

A1. 저출산 문제를 해결하기 위해 정부가 가장 역점을 두어야 할 분야는 무엇이라고 생각하십니까?

① 어린이집 공급 확대 등 보육 인프라 확충
② 육아휴직 활용도 제고
③ 아동수당 지급 대상 확대
④ 부모가 함께하는 양육환경 조성
⑤ 기타(   )

A2. 고령화 대응을 위해 정부가 가장 역점을 두어야 할 분야는 무엇이라고 생각하십니까?

① 기초연금 인상 등 저소득층 소득지원 강화
② 국민연금 보장성 강화
③ 고령층 일자리 확충
④ 이민 등을 통한 우수 외국 인력 활용
⑤ 기타 (   )

A3. 사회 안전망 확충을 위해 정부가 가장 역점을 두어야 과제는 무엇입니까?

① 취약계층 대상 일자리 확대
② 핵심 생계비 부담 경감
③ 기초생활보장 등 취약계층 지원 확대
④ 실업급여 등 취약계층 고용안전망 확충
⑤ 근로 빈곤층의 자립 지원
⑥ 기타 (   )

A4. 우리사회의 포용성 강화를 위한 정책 중 가장 우선적으로 추진해야 할 것은 무엇이라고 생각하십니까?

① 취약계층 사회안전망 확충
② 청년 계층이동성 강화
③ 서민 자산형성 지원
④ 사회적 경제 활성화
⑤ 공정경제 기반 강화
⑥ 최저임금 및 주52시간제 보완
⑦ 기타 (   )

B. 일자리

※ 다음은 노동시장(일자리)과 관련한 내용입니다.

B1. '미래 세대의 고용을 위해 현 세대의 정규직이 근로조건을 양보해야 한다'는 의견에 대해 어느 정도 동의하십니까?

① 전혀 동의하지 않는다
② 다소 동의하지 않는다
③ 보통이다(중립)
④ 약간 동의한다
⑤ 매우 동의한다

B2. '저성과자에 대한 용이한 해고가 기업의 신규채용에 대한 부담을 덜어줄 수 있다'는 의견에 대해 어느 정도 동의하십니까?

① 전혀 동의하지 않는다
② 다소 동의하지 않는다
③ 보통이다(중립)
④ 약간 동의한다
⑤ 매우 동의한다

B3. '임금은 근속기간 및 근무한 시간보다 직무 및 실제 결과물 등 성과에 비례하여야 한다'는 의견에 대해 어느 정도 동의하십니까?

① 전혀 동의하지 않는다
② 다소 동의하지 않는다
③ 보통이다(중립)
④ 약간 동의한다
⑤ 매우 동의한다

B4. '대기업 및 중소기업 간의 임금 차이가 근로자 개인의 능력 또는 성과 차이에 비해 과도하게 큰 편이다'라는 의견에 대해 어느 정도 동의하십니까?

① 전혀 동의하지 않는다
② 다소 동의하지 않는다
③ 보통이다(중립)
④ 약간 동의한다
⑤ 매우 동의한다

C. 교육

※ 다음은 교육과 관련한 내용입니다.

C1. 초등학생 1명을 1년 동안 교육하기 위해서는 약 1천만 원(학교 시설비, 교사 인건비 등 포함)의 비용이 필요하다고 가정할 때, 중·고등학생 및 대학생 1명을 교육하기 위해서는 각각 1년 동안 어느 정도 비용이 필요하다고 생각하십니까?

1) 중·고등학생	만 원
2) 대학생	만 원

C2. 현재 초등학교, 중학교, 고등학교의 교육비용은 대부분 국가가 부담하고 있습니다. 대학교육 비용은 어떻게 부담해야 한다고 생각하십니까?

① 전적으로 국가가 부담
② 약 75%는 국가가 부담, 나머지 25%는 학생 부담
③ 약 50%는 국가가 부담, 나머지 50%는 학생 부담
④ 약 25%는 국가가 부담, 나머지 75%는 학생 부담
⑤ 전적으로 학생이 부담

C3. 현재 서울 소재 대학 정원은 엄격히 규제되고 있습니다. 다음 보기 중 어느 의견에 동의하십니까?

①	②
많은 학생들이 서울 소재 대학에 진학하기를 희망하는 현실을 고려하여, 서울 소재 대학에 대한 정원 규제를 풀어야 한다	지방 대학의 급격한 구조조정을 초래할 수 있으므로, 서울 소재 대학에 대한 정원 규제를 유지해야 한다

C4. 지난 10여 년 간 대학 등록금 동결 정책(소위 반값등록금 정책)이 시행되어 왔습니다. 다음 보기 중 어느 의견에 동의하십니까?

①	②
장기간의 등록금 동결로 대학교육의 질적 저하가 우려되므로 등록금 인상을 허용해야 한다	학생들의 비용 부담을 고려하여 등록금 동결을 유지해야 한다

C5. '졸업 후, 교육 및 훈련과정을 통해 직무능력과 역량이 향상되면, 취업 가능성과 임금 수준이 높아질 것이다' 라는 의견에 대해 어느 정도 동의하십니까?

① 전혀 동의하지 않는다
② 다소 동의하지 않는다
③ 보통이다(중립)
④ 약간 동의한다
⑤ 매우 동의한다

C6. 본인의 직무능력 또는 역량 향상을 위한 교육 및 훈련에 참여하실 의사가 있으십니까?

① 전혀 없다
② 별로 없다
③ 보통이다
④ 약간 있다
⑤ 매우 있다
⑥ 해당사항 없음

D. 문화생활

※ 다음은 문화생활에 관한 내용입니다.

D1. 다음 중 가장 많은 시간을 보내는 문화 · 여가활동은 무엇입니까?
(영화 및 독서 제외)

① 미술 전시 관람
② 순수 서양음악 및 국악, 무용 등 관람
③ 대중음악 공연
④ 연극   ⑤ 뮤지컬
⑥ 스포츠 경기 관람
⑦ 인문학, 문학 강좌 및 탐방
⑧ 기타 (   )

D1-1. 위의 응답하신 문화 · 여가 활동을 기준으로, 아래 구체적인 사항을 말씀해 주십시오(2018년 기준).

1) 1년 간 관람횟수	회
2) 1인 당 1회, 평균 지출 비용	만 원
3) 주요 관람장소 (택1)	① 거주지 주변 ② 거주지에서 서울로 이동(서울 이외 지역 거주자)

D2. 다음 중 희망하는 문화활동의 수준과 방식은 무엇입니까?

① 지금 수준으로 충분하다
② 현재 좋아하는 활동을 더 깊이 체험해 보고 싶다(작가와의 만남, 관련 강좌, 체험활동 등)
③ 다른 종류의 문화활동을 시도해 보고 싶다
④ 기타 (   )

D3. 현재 우리나라 문화예술 소비와 관련해 두 가지 다른 입장이 있습니다. 소비자 입장에서 볼 때, 다음 중 어느 의견에 동의하십니까?

①	②
체험하고 싶은 의사는 있는데 문화예술 상품 수준이 낮다(특히 해외에 비해). 따라서 관람비용을 높이더라도 더 양질의 문화상품이 등장해야 한다.	문화예술 비용이 너무 비싸다. 따라서 높은 수준의 문화예술 상품보다는 더 많은 사람들이 즐기도록 관람비용을 낮추는 것이 중요하다.

E. 공공부문 재정지원

※ 다음은 공공부문에 대한 재정지원에 관한 내용입니다.

E1. 다음 각 사항에 정부가 재정을 지원하는 것에 대해 어느 정도 찬성 또는 반대하십니까?

	① 매우 반대	② 약간 반대	③ 찬성도 반대도 아님	④ 약간 찬성	⑤ 매우 찬성
1) 교육	①	②	③	④	⑤
2) 국방	①	②	③	④	⑤
3) 의료 · 보건서비스	①	②	③	④	⑤
4) 외교 · 통일	①	②	③	④	⑤
5) 소방 등 안전	①	②	③	④	⑤
6) 경찰 등 치안 · 공공 질서	①	②	③	④	⑤
7) 도로, 교통 등 SOC	①	②	③	④	⑤
8) 에너지 · 환경	①	②	③	④	⑤
9) 새로운 일자리 창출 위한 재정지원	①	②	③	④	⑤
10) 기업의 신상품과 신기술 개발	①	②	③	④	⑤
11) 새로운 지식창출이나 원리 발견	①	②	③	④	⑤
12) 저소득층 대상	①	②	③	④	⑤
13) 무주택자 대상	①	②	③	④	⑤
14) 실업수당	①	②	③	④	⑤

(계속)	① 매우 반대	② 약간 반대	③ 찬성도 반대도 아님	④ 약간 찬성	⑤ 매우 찬성
15) 노인연금	①	②	③	④	⑤
16) 문화예술	①	②	③	④	⑤

E2. 2019년 현재 우리나라의 재정 수준을 감안할 때, 다음 각 사항에 대한 정부의 재정지원을 어느 정도 늘려야 혹은 줄여야 한다고 생각하십니까?(만약 "훨씬 더 늘려야"한다고 응답한다면, 세금인상이 필요할 수 있다는 점을 염두에 두십시오)

	① 훨씬 더 줄여야 한다	② 다소 더 줄여야 한다	④ 약간 더 늘려야 한다	⑤ 훨씬 더 늘려야 한다	③ 현행 유지
1) 교육	①	②	④	⑤	③
2) 국방	①	②	④	⑤	③
3) 의료 · 보건 서비스	①	②	④	⑤	③
4) 외교 · 통일	①	②	④	⑤	③
5) 소방 등 안전	①	②	④	⑤	③
6) 경찰 등 치안 · 공공 질서	①	②	④	⑤	③
7) 도로, 교통 등 SOC	①	②	④	⑤	③
8) 에너지 · 환경	①	②	④	⑤	③
9) 새로운 일자리 창출 위한 재정 지원	①	②	④	⑤	③
10) 기업의 신상품과 신기술 개발	①	②	④	⑤	③

(계속)	① 훨씬 더 줄여야 한다	② 다소 더 줄여야 한다	④ 약간 더 늘려야 한다	⑤ 훨씬 더 늘려야 한다	③ 현행 유지
11) 새로운 지식창출이나 원리 발견	①	②	④	⑤	③
12) 저소득층 대상	①	②	④	⑤	③
13) 무주택자 대상	①	②	④	⑤	③
14) 실업수당	①	②	④	⑤	③
15) 노인연금	①	②	④	⑤	③
16) 문화예술	①	②	④	⑤	③

E3. 현재 우리나라 세금에 대해서 어떻게 생각하십니까?(여기서 세금이란, 임금 공제, 소득세, 부가가치세 등을 포함한 모든 종류의 세금을 말합니다)

	① 매우 적다	② 약간 적다	③ 보통 이다	④ 약간 많다	⑤ 매우 많다
1) 고소득자가 내는 세금	①	②	③	④	⑤
2) 중간소득자가 내는 세금	①	②	③	④	⑤
3) 저소득자가 내는 세금	①	②	③	④	⑤

F. 정부 규제

※ 다음은 정부 규제에 관한 내용입니다.

F1. 다음 각 사항을 대해 정부가 규제하는 것에 대하여 어느 정도 찬성 또는 반대하십니까?

	① 매우 반대	② 약간 반대	③ 찬성도 반대도 아님	④ 약간 찬성	⑤ 매우 찬성
1) 임금	①	②	③	④	⑤
2) 물가	①	②	③	④	⑤
3) 일하는 시간	①	②	③	④	⑤
4) 개별 산업의 기업 활동	①	②	③	④	⑤
5) 전체 산업의 공정 거래	①	②	③	④	⑤
6) 국내 산업 및 기업보호를 위한 해외 농·공산품 수입	①	②	③	④	⑤
7) 기존 일자리 보호를 위한 산업 지원	①	②	③	④	⑤
8) 의료·보건	①	②	③	④	⑤
9) 식품 위생 및 안전	①	②	③	④	⑤
10) 자연환경 보호 및 훼손 방지	①	②	③	④	⑤

F2. 2019년 현재 우리나라의 규제 수준을
감안할 때, 다음 각 사항에 대해 정부
가 규제하는 것이 어느 정도 강화 또
는 완화되어야 한다고 생각하십니까?

	① 매우 완화	② 약간 완화	③ 현행 유지	④ 약간 강화	⑤ 매우 강화
1) 임금	①	②	③	④	⑤
2) 물가	①	②	③	④	⑤
3) 일하는 시간	①	②	③	④	⑤
4) 개별 산업의 기업 활동	①	②	③	④	⑤
5) 전체 산업의 공정 거래	①	②	③	④	⑤
6) 국내 산업 및 기업보호를 위한 해외 농·공산품 수입	①	②	③	④	⑤
7) 기존 일자리 보호를 위한 산업 지원	①	②	③	④	⑤
8) 의료·보건	①	②	③	④	⑤
9) 식품 위생 및 안전	①	②	③	④	⑤
10) 자연환경 보호 및 훼손 방지	①	②	③	④	⑤

G. 지방정책

※ 다음은 지방정책에 대한 내용입니다.

G1. 현재 지방자치제도(지방의회 포함)에
대해 어느 정도 만족하십니까?
다음 보기에서 가장 가까운 곳에
해당하는 점수를 말씀해 주십시오.

불만족한다				↔					만족한다	
0	1	2	3	4	5	6	7	8	9	10

* 0점~4점 ☞ G1-1로
* 6점~10점 ☞ G1-2로

G1-1. 불만족하는 이유가 무엇입니까?
(복수응답 가능)

① 지자체의 업무 능력 부족
② 지자체의 업무에 대한 정보 부족
③ 지자체 업무 수행에 대한 체감 부족
④ 지자체의 공정성에 대한 불신
(예산집행, 규제적용 등)
⑤ 지자체의 대해서는 신뢰하나,
자원이 중앙으로 집중되어 지방의
실질적 권한 부족
⑥ 기타 (   )

☞ G2로

G1-2. 만족하는 이유가 무엇입니까?
　　　(복수응답 가능)

① 지자체 업무에 대한 풍부한 정보
② 지역민을 우선시 하는 행정
③ 실생활에서 체감할 수 있는 업무 수행
④ 제한된 재정 및 권한 하에서 최선을
　　다하고 있음
⑤ 기타 (　　　　　　　　　　　　　　　)

G2. 지역균형발전 정책의 주안점은 어디
　　에 두어야 한다고 생각하십니까?

① 수도권과 비수도권 지역 간 격차 해소
② 도시지역과 비도시지역 간 격차 해소
③ 선택과 집중을 통한 지역별 거점도시
　　육성
④ 경쟁력있는 지역 위주로 집중 육성
⑤ 모든 지역 간 격차 해소
⑥ 기타 (　　　　　　　　　　　　　　)

G3. 지역균형발전 정책은 현재보다 어느
　　정도 강화 또는 약화되어야 한다고
　　생각하십니까? 다음 보기에서 가장
　　가까운 곳에 해당하는 점수를 말씀해
　　주십시오.

강화되어야 한다					↔				약화되어야 한다	
0	1	2	3	4	5	6	7	8	9	10

G4. 현행 지방자치제도를 대폭 개편해야
　　한다고 생각하십니까?

① 그렇다　　☞ G4-1로
② 아니다　　☞ H파트로
③ 모르겠다　☞ H파트로

G4-1. 지방자치제도 개편 방향 중 가장
　　　선호하는 방향은 무엇입니까?

① 기초지자체(시/군/구)의 자치권 대폭
　　강화
② 2~3개 기초지자체(시/군/구) 통합 후
　　자치권 강화
③ 광역지자체(시/도) 자치권 강화(중앙정부
　　및 기초지자체 권한 축소)
④ 중앙정부와 광역지자체 위주 정책
　　수행(기초지자체 자치권 축소)
⑤ 중앙정부 위주의 정책 수행(기초지자체와
　　광역지자체 자치권 축소)
⑥ 기타 (　　　　　　　　　　　　　　)

H. 대외교역

※ 다음은 대외교역에 대한 내용입니다.

H1. 세계화(무역 자유화, 국내기업 해외진출,
　　외국기업 국내진출 등)로 인해 전반적
　　인 국민의 삶이 어떻게 변화되었다고
　　생각하십니까?

① 매우 악화되었다
② 다소 악화되었다
③ 변화없다
④ 약간 개선되었다
⑤ 매우 개선되었다

H2. 소재·부품부터 최종 제품까지, 가능한 한 국내 기술로 제조하며 경쟁력을 키워야하는지, 아니면 생산 단계별 국제적인 분업을 통해 경쟁력을 키워야하는지 어느 의견에 더 가깝습니까?

가능한 모든 제품을 국내기술로 제조		↔		생산단계별 국제적 분업을 통해 제조
①	②	③	④	⑤

H3. 세계화로 인한 가장 큰 혜택은 무엇이라고 생각하십니까?

① 소득 창출 기회 확대
② 상품 다양성 확대
③ 문화 교류에 따른 창의성 개선
④ 기타 (   )

H4. 세계화로 인한 가장 큰 손실은 무엇이라고 생각하십니까?

① 일자리 축소
② 분배 악화
③ 지나친 경쟁 노출
④ 기타 (   )

I. 남북경제협력

※ 다음은 남북경제협력에 대한 내용입니다.

I1. 남북경제협력에 대해 어느 정도 찬성 또는 반대 하십니까?

① 매우 반대한다   ☞ I1-1로
② 약간 반대한다   ☞ I1-1로
③ 보통이다   ☞ I2 로
④ 약간 찬성한다   ☞ I1-2로
⑤ 매우 찬성한다   ☞ I1-2로

I1-1. 반대하는 이유가 무엇입니까?

① 경제적 이익은 적은 반면, 막대한 비용이 소요되기 때문
② 경제협력의 수익이 핵·미사일 개발에 쓰일 우려 때문
③ 북한은 사업환경이 좋지 않기 때문
④ 북한은 우리의 적국으로써 도와줘서는 안 될 상대이기 때문
⑤ 기타 (   )
                        ☞ I2 로

I1-2. 찬성하는 이유가 무엇입니까?

① 현재 한국경제위기의 돌파구이기 때문에
② 향후 한국경제의 성장 동력을 확보하기 위해서
③ 북한의 비핵화를 촉진하기 위해서
④ 북한이 개혁개방의 길로 나아갈 수 있도록
⑤ 북한 주민의 생활수준 향상을 위해서
⑥ 기타 (   )

12. 남북경제협력이 얼마나 시급하다고 느끼십니까?

① 전혀 시급하지 않다   ☞ 12-1로
② 별로 시급하지 않다   ☞ 12-1로
③ 약간 시급하다   ☞ 13으로
④ 매우 시급하다   ☞ 13으로

12-1. 시급하지 않은 이유가 무엇입니까?

① 북핵문제가 아직 해결되지 않고 있기 때문
② 금강산 관광객 피살, 천안함 폭침, 등의 사건에 대한 북한의 공식 사과가 없기 때문
③ 북한이 중국과 같은 개혁개방 조치를 취하지 않고 있기 때문
④ 북한의 인권상황이 우선 개선되어야 하기 때문
⑤ 기타 (   )

13. 향후 남북경제협력이 이루어진다면 어떤 종류의 협력이 우선시 되어야 한다고 생각하십니까?

① 양국 간 수출, 수입 등 교역 확대
② 금강산 관광 재개 등 관광산업 협력
③ 개성공단 방식의 기업부문 협력
④ 도로, 항만, 철도, 전력망 구축 등 대규모 인프라 개발사업
⑤ 기타 (   )

14. 향후 남북경제협력이 활발하게 이루어진다면 어떤 종류의 자금이 우선적으로 투입되어야 한다고 생각하십니까?

① 정부 재정 등 공적자금
② 기업, 은행 등 민간자금
③ 외국기업 등 해외 투자자금 유치
④ UN 등 국제기구 자금
⑤ 기타 (   )

15. 남북경제협력의 최종목표는 무엇이 되어야 한다고 생각하십니까?

① 정치, 경제적으로 완전한 통일
② 각각의 정치체제를 유지한 상태에서의 경제통합
③ 높은 수준의 경제교류가 이루어지는 상태
④ 현 상황에서 금강산 관광, 개성공단 등의 남북경제협력 사업이 재개된 상태
⑤ 기타 (   )

J. 정책 방향 및 평가

※ 다음은 정부의 경제정책 평가 및 방향
과 관련한 내용입니다.

J1. 다음의 경제정책에 대해 어느 정도
찬성 또는 반대하십니까?

	① 매우 반대	② 약간 반대	③ 찬성도 반대도 아님	④ 약간 찬성	⑤ 매우 찬성
1) 정부의 지출 삭감	①	②	③	④	⑤
2) 새로운 일자리 창출사업에 대한 재정지원	①	②	③	④	⑤
3) 일자리 보호를 위해 사양산업 지원	①	②	③	④	⑤
4) 더 많은 일자리 창출을 위한 근로시간 단축	①	②	③	④	⑤
5) 기업규제 완화	①	②	③	④	⑤
6) 산업체의 신상 품과 신기술 개발 지원	①	②	③	④	⑤

J2. 다음의 각 사항에 대해 정부가 어느
정도 책임이 있다고 생각하십니까?

	① 정부의 책임이 아니다	↔		⑤ 정부의 책임이다
1) 물가안정	①	②	③	④	⑤
2) 원하는 모든 사람에게 일자리 제공	①	②	③	④	⑤
3) 실업자에게 적정 한 생활수준 제공	①	②	③	④	⑤
4) 노인에게 적정한 생활수준 제공	①	②	③	④	⑤
5) 저소득층 대학생 에게 재정 지원	①	②	③	④	⑤
6) 빈부 간 소득 격차 완화	①	②	③	④	⑤
7) 환자에게 보건 의료 제공	①	②	③	④	⑤
8) 집을 마련하지 못하는 사람에게 적정한 주거제공	①	②	③	④	⑤
9) 성장이 필요한 산업 지원	①	②	③	④	⑤
10) 산업에 의한 환 경피해를 줄이도록 엄격한 법적 규제	①	②	③	④	⑤

J3. 다음 사항에 대해 현 정부는 어느 정도 성공 혹은 실패하고 있다고 생각하십니까?

	① 매우 실패	② 약간 실패	③ 성공도 실패도 아님	④ 약간 성공	⑤ 매우 성공
1) 환자에게 보건 의료 제공	①	②	③	④	⑤
2) 노인에게 적정 한 생활 수준 제공	①	②	③	④	⑤
3) 국가 안보 위협 에 대한 대처	①	②	③	④	⑤
4) 범죄 통제	①	②	③	④	⑤
5) 실업 억제	①	②	③	④	⑤
6) 환경 보호	①	②	③	④	⑤

통계적 분류를 위한 질문

sq4. 귀하의 직업은 무엇입니까?

① 농업/임업/수산업/축산업 종사자
② 자영업(소규모 장사, 개인택시운전사 등)
③ 판매/서비스직(상점 점원 및 외판원 등)
④ 생산/기술직/단순노무직(기계 · 조립
　종사자, 토목 관련 현장업, 경비, 배달/
　운반 등)
⑤ 일반사무직(일반회사 · 공공기관 등의
　사무직, 교사 등)
⑥ 관리직/전문직(5급 이상 공무원, 기업체
　부장 이상의 지위, 교장, 연구직, 교수,
　의사, 변호사, 예술가 등)
⑦ 주부(가사에만 종사하는 결혼한 사람)
⑧ 학생(전문대생 및 대학원생 포함)
⑨ 무직
⑩ 기타 (　　　　　　　　　　　)

sq4-1. (①~⑥ 응답자만) 직장의 위치는 어디입니까?

① 서울　② 부산　③ 대구　④ 인천
⑤ 광주　⑥ 대전　⑦ 울산　⑧ 경기
⑨ 세종　⑩ 강원　⑪ 충북　⑫ 충남
⑬ 전북　⑭ 전남　⑮ 경북　⑯ 경남
⑰ 제주

sq5. 귀하의 학력은 어떻게 되십니까?

① 중학교 졸업 이하
② 고등학교 졸업
③ 2~3년제 대학교 졸업
④ 4년제 대학교 졸업
⑤ 대학원 이상

sq6. 귀하의 결혼여부는 어떻게 되십니까?

① 미혼　② 기혼 (자녀:　　명)　③ 기타

※ sq7~sq8은 거주지역과 관련한 설문입니다.

sq7. 현 거주지역에 처음 거주하게 된 계기는 무엇입니까?

① 태어난 곳
② 학교
③ 구직/직장
④ 배우자 거주지
⑤ 자녀 학교
⑥ 기타 (　　　　　　　)

sq8. 현 거주지역과 다른 지역으로 이주를 희망하십니까?

① 예 ☞ sq8-1로　② 아니요 ☞ sq9로

sq8-1. 이주를 희망하는 이유는 무엇입니까?

① 귀향
② 학교
③ 구직/직장
④ 배우자 거주지
⑤ 자녀 학교
⑥ 문화여건
⑦ 공공서비스
⑧ 기타 (   )

sq8-2. 이주 희망지역은 어디입니까?

① 서울   ② 부산   ③ 대구   ④ 인천
⑤ 광주   ⑥ 대전   ⑦ 울산   ⑧ 경기
⑨ 세종   ⑩ 강원   ⑪ 충북   ⑫ 충남
⑬ 전북   ⑭ 전남   ⑮ 경북   ⑯ 경남
⑰ 제주

sq8-3. 이주를 하게 된다면 직장과 관련된 변화는 무엇으로 예상하십니까?

① 유사수준의 직장 가운데 선택해야 함
② 현 직장 내에서 이동해야 함
③ 기타 (   )
④ 해당사항 없음

sq9. 귀하의 가구는 한 달 총 수입이 어떻게 되십니까? (상여금, 부수입 등을 모두 포함해서 월 평균을 말씀해 주십시오)

① 100만 원 미만
② 100~199만 원
③ 200~299만 원
④ 300~399만 원
⑤ 400~499만 원
⑥ 500~599만 원
⑦ 600~699만 원
⑧ 700만 원 이상

※ 설문에 응답해 주셔서 진심으로 감사드립니다.

'3만 불 시대의 중장기 정책방향'에
관한 의견조사

기업인

EIEC 경제정보센터
Economic Information
and Education Center

안녕하십니까?

 이 조사는 한국개발연구원(KDI)이 '3만 불 시대의 중장기 정책방향' 연구에 대한 귀사의 의견을 묻기 위해 수행하는 것입니다. 이 조사의 설문 응답에는 옳고 그른 답이 있는 것이 아니므로, 제시된 설문에 대해 충분히 생각하시고 현실을 최대한 반영하여 객관적인 입장에서 귀사의 의견을 말씀해 주시면 됩니다. 만약 이해가 되지 않는 부분이 있으시면 주저하지 마시고 조사원에게 질문하여 주십시오.

 귀사의 고견은 본 연구를 위해 중요한 자료로 활용될 것입니다. 조사에서 밝혀 주신 귀하의 의견은 통계법에 의거하여 비밀이 철저히 보장되며 통계적 분석을 위해서만 사용될 것입니다. 귀사의 고견이 정책 수립에 반영될 수 있도록 진지하고 성실한 답변을 부탁드립니다.

감사합니다.

2019년 10월
연구책임: 이호준(KDI 공공투자관리센터 재정투자평가실 실장)
조사책임: KDI 경제정보센터 여론분석팀
전   화: 044-550-4655, 4639
팩   스: 044-550-4941

───────── 응답 시 유의하실 사항입니다 ─────────

1. 설문은 대상자로 선정되신 전문가께서 직접 작성하여 주시기 바랍니다.
2. 만약 e-mail 답신에 오류나 문제가 발생했을 때에는 아래에 적힌 연락처로 문의하여 주시기 바랍니다.

> 문의번호 : (044) 550-4655

3. e-mail 답신에 오류가 있거나 문제가 발생하여 팩스를 이용하시고자 할 때에는 아래의 팩스번호로 전송해 주시기 바랍니다.

> 팩스번호 : (044) 550-4941

4. 질문지는 순서대로 빠짐없이 기록해 주십시오.
5. 질문지에 응답하실 때에는 특별한 요구가 없으면 보기 중 하나만 체크해 주시기 바랍니다.
6. 평소 경제정책에 대해 가지고 계신 생각을 그대로 설문에 반영시켜 주시길 부탁드립니다.

한국경제에 대한 전망

문1. 향후 20년간 한국경제는 어떠할 것으로 전망하십니까?

① 상당히 후퇴할 것이다
② 다소 침체국면일 것이다
③ 현재 수준일 것이다
④ 약간 좋아질 것이다
⑤ 상당히 좋아질 것이다

문2. 향후 한국경제의 가장 주된 제약요인은 무엇이라고 생각하십니까?

① 기업의 새로운 기술에 대한 적응 실패
② 국내 정치적/지역 간/세대 간 갈등과 불균형
③ 세계 경제의 무역 갈등
④ 산업 및 기술개발 등에 대한 규제
⑤ 노동력의 생산성 저하
⑥ 인구 고령화에 따른 생산가능인구 감소
⑦ 기타 (   )

문3. 향후 산업기술 발달로 인한 가장 큰 변화는 무엇이라고 생각하십니까?

① 인공지능, 블록체인 등 혁신적 기술 발전
② 에너지 및 자원 전쟁
③ 중국 중심의 경제·산업 질서 재편
④ 세계 경제의 저성장 심화
⑤ 기후 및 환경 변화
⑥ 국내 정치적·지역 간·세대 간 갈등과 불균형
⑦ 세계적인 식량·물 부족 그리고 질병
⑧ 기타 (   )

산업기술의 전망

문4. 다음의 산업기술 전망에 대해 어느 정도 동의하십니까?

구분	① 전혀 그렇지 않다	② 별로 그렇지 않다	③ 보통이다	④ 약간 그렇다	⑤ 매우 그렇다
1) 향후 우리나라는 기술혁신(4차 산업혁명) 중심으로 산업구조가 변화될 것이다	①	②	③	④	⑤
2) 제조업과 서비스업 등 산업간 경계가 사라질 것이다	①	②	③	④	⑤
3) 세계적 기술혁신에 우리나라 기업은 잘 적응해 나갈 것이다	①	②	③	④	⑤
4) 한국에서 기술혁신을 이끄는 기업이 증가할 것이다	①	②	③	④	⑤
5) 인공지능, 로봇 등이 인간의 노동을 대체할 것이다	①	②	③	④	⑤
6) 인공지능, 로봇기술이 발전하더라도 인간을 위한 새로운 일자리는 창출될 것이다	①	②	③	④	⑤

문5. 산업기술 변화에 따른 정부의 역할에 대해 어떻게 생각하십니까?

구분	① 전혀 그렇지 않다	② 별로 그렇지 않다	④ 약간 그렇다	⑤ 매우 그렇다	③ 보통 이다
1) 정부가 기획하고 관리하는 정부주도 R&D정책은 지속되어야 한다	①	②	④	⑤	③
2) 정부는 직접 신산업 분야 발굴, 육성을 통해 기업에게 새로운 기회를 제공해야 한다	①	②	④	⑤	③
3) 정부는 규제완화를 통해 기업이 자율적으로 신산업분야를 개척할 수 있도록 해야 한다	①	②	④	⑤	③

기업의 미래 전망

문6. 4차 산업혁명 관련 기술 중 귀사에 영향을 미칠 기술은 무엇입니까? 순위별로 2가지만 응답해 주십시오.

1순위	2순위

① 인공지능　　② 빅데이터
③ 로봇/드론　　④ IoT
⑤ 생명공학기술　⑥ VR/AR
⑦ 블록체인　　⑧ 핀테크
⑨ 기타 (   )

문7. 귀사의 주력사업 성장을 위해 현재 추진 중인 전략은 무엇입니까? 순위별로 2가지만 응답해 주십시오.

1순위	2순위

① 신사업 발굴
② 해외시장 개척
③ R&D 집중투자
④ 전문인력 양성
⑤ 경쟁기업 동향 벤치마킹
⑥ 기술도입, M&A 등 기업 간 병합 및 융합 모색
⑦ 추진 중인 전략 없음
⑧ 기타 (   )

기업생태계 관련

문8. 귀사는 어떠한 부문에서 혁신 활동을 수행하고 있습니까?

① (기술) 신기술 개발 또는 현 기술 개선
　☞ 문8-1로
② (운영) 사업체 운영 방식 개선
　☞ 문8-1로
③ (사업) 신사업 발굴
　☞ 문8-1로
④ (교육 및 훈련) 종사자 교육 또는 노동생산성 향상
　☞ 문8-1로
⑤ 기타 (   )
　☞ 문8-1로
⑥ 혁신 활동을 하고 있지 않다
　☞ 문8-2로

문8-1. 귀사가 혁신활동을 진행함에 있어서 어려운 점은 무엇입니까?

① 혁신을 가로막는 규제 및 제도
② 창의 역량을 갖춘 인재 확보의 어려움
③ 충분치 못한 자금 사정
④ 기술탈취의 위험성
⑤ 잦은 시행착오로 인한 성과의 지연
⑥ 전문가 및 정부 지원의 부족
⑦ 기타 (   )

☞ 문9로

문8-2. 귀사가 혁신활동을 하지 않는 (또는 못하는) 이유는 무엇입니까?

① 현재 일을 처리하기 급급해서
② 직원들의 이직이 빈번해서
③ 무엇을 혁신해야 할지, 진단이 안 되어서
④ 어떻게 혁신해야 할지, 방법을 몰라서
⑤ 혁신활동을 해도 회사의 수익에 별반 차이가 없을 것 같아서
⑥ 자금 여력이 없어서
⑦ 기타 (   )

문9. 귀사의 혁신활동 촉진을 위해 정부가 어떤 역할을 해야 한다고 생각하십니까?

① 불필요한 규제 철폐 또는 완화
② 창의적 인재의 육성
③ 직접 자금 지원 확대
④ 간접 인프라(교육, 컨설팅 등) 지원 확대
⑤ 기업 혁신성 평가 시스템 구축으로 기업 선별과 집중 지원
⑥ 불공정거래행위 처벌 및 공정거래질서 확립
⑦ 기타 (   )

노동시장 선진화의 지향점

문10. 귀사는 근속연수에 따른 임금 격차가 생산성의 차이에 비해 과도하다고 판단하십니까?

① 전혀 그렇지 않다
② 별로 그렇지 않다
③ 보통이다(중립)
④ 약간 그렇다
⑤ 매우 그렇다

문10-1. 귀사는 고용형태에 따른 임금 격차가 생산성의 차이에 비해 과도하다고 판단하십니까?

① 전혀 그렇지 않다
② 별로 그렇지 않다
③ 보통이다(중립)
④ 약간 그렇다
⑤ 매우 그렇다

문11. 저성과자에 대한 고용조정이 용이해
　　　진다면 신입직원 채용이 증가할 수
　　　있다고 판단하십니까?

① 전혀 그렇지 않다
② 별로 그렇지 않다
③ 보통이다(중립)
④ 약간 그렇다
⑤ 매우 그렇다

문12. 정년 연장으로 인해 기업이 청년 고
　　　용을 꺼리게 된다는 주장에 대해 어
　　　떻게 생각하십니까?

① 전혀 그렇지 않다
② 별로 그렇지 않다
③ 보통이다(중립)
④ 약간 그렇다
⑤ 매우 그렇다

문13. 투입한 시간이 아닌 성과에 따른 보
　　　상을 강화할 경우 장시간 근로시간
　　　문제가 완화될 수 있다고 판단하십
　　　니까?

① 전혀 그렇지 않다
② 별로 그렇지 않다
③ 보통이다(중립)
④ 약간 그렇다
⑤ 매우 그렇다

교육분야

문14. 현재 귀사는 재직 중인 근로자의 직
　　　무능력 또는 역량 향상을 위한 교육
　　　및 훈련을 지원하고 계십니까?

① 현재 지원하고 있다
② 현재 지원하고 있지 않지만, 향후
　　지원할 의사가 있다
③ 현재 지원하고 있지 않고, 향후 지원할
　　의사도 없다

기업 정보

1. 회사명		
2. 설립연도		년
3. 매출액	2017년	백만 원
	2018년	백만 원

※ 설문에 응해 주셔서 진심으로
　　감사드립니다

저자소개

이호준

미국 위스콘신 주립대(UW Madison)에서 경제학 박사학위를 받았고, 한국개발연구원(KDI)에서 약 11년간 근무하며 공공경제연구부장, 재정투자평가실장, 공공투자정책실장, 민간투자지원실장 등을 역임하였다. 공공투자제도, 지방재정, 토지제도, 규제수용, 재산권 보호 등에 대하여 연구해 왔으며, 주요 저서로는 *Eminent Domain: A Comparative Perspective*(공편저, 2017), 《규제수용과 재산권 보호에 관한 연구: 개발제한구역을 중심으로》(2016) 외 다수가 있다.

남창우

성균관대 철학과를 졸업하고, 서울대에서 경제학 석사학위를 받은 후, 미국 텍사스 A&M대에서 경제학으로 박사학위를 받았다. 현재 한국개발연구원(KDI)에서 연구위원으로 있으면서, 거시경제모형 및 기업정책(기업투자, 기업금융, 법인세 및 기업구조조정 관련)과 정책금융관련 연구를 주로 수행하고 있다. 주요 연구보고서 및 논문은 《기업구조조정제도의 개선방향: 워크아웃과 법정관리를 중심으로》(2016), 《세제변화가 기업의 투자 및 배당결정에 미치는 영향》(2015) 등이 있다.

정규철

서울대 물리학과를 졸업하고 미국 위스콘신 주립대(UW Madison)에서 경제학 박사학위를 받았다. 주로 거시경제학과 국제금융 부문의 연구를 수행했다. 현재 한국개발연구원(KDI) 경제전망실에 재직하며 한국의 경제 동향과 전망을 분석하는 업무를 맡고 있다. 주요 연구로는 《환율 경로를 고려한 통화정책의 사회후생 비교》(2018), 《글로벌 투자 부진이 우리나라 부가가치 창출에 미치는 영향》(2016) 등이 있다.

이진국

미국 텍사스A&M대에서 경제학 박사학위를 받았으며, 현재 한국개발연구원(KDI) 시장정책연구부 연구위원으로 재직 중이다. 하도급·유통·가맹 등 기업거래 부문과 자영업계를 연구하며 국내 시장생태계가 나아가야 할 동반성장과 상생협력의 길을 모색해 왔다. 주요 저서로 《자영업에 대한 종합적 분석과 정책제언》(2020), 《가맹계약과 가맹사업 시장제도 연구》(2018) 등 다수가 있다.

박우람

미국 컬럼비아대에서 경제학 박사학위를 받았으며, 현재 한국개발연구원(KDI) 연구위원으로 재직 중이다. 노동시장 규제 및 사업체의 인사관리에 대해 관심이 많다. 주요 저서(공저 포함)로는 《노동정책이 사업체의 인사관리 특성에 미치는 영향에 관한 연구: 2007년 비정규직 보호법을 중심으로》(근간), 《장시간 근로의 경제적 원인에 관한 연구》(2019) 등이 있다.

박윤수

미국 프린스턴대에서 경제학 박사학위를 받았으며, 한국개발연구원(KDI) 연구위원을 거쳐 현재 숙명여자대학교 경제학부 교수로 재직하고 있다. 노동시장과 교육 부문에 대해 주로 연구해 왔다. 주요 저서(공저 포함)로는 《인구구조 변화에 대응한 구조개혁 방안》(2020), 《장시간 근로의 경제적 원인에 관한 연구》(2019) 등이 있다.

이창근

미국 미시간대(University of Michigan, Ann Arbor)에서 경제학 박사학위를 받았으며, 현재 KDI국제정책대학원 조교수로 재직 중이다. 미국 대공황기와 한국의 경제발전기의 산업과 기업의 진화, 노동시장과의 상호작용 등을 주로 연구한다. *Oxford Handbook of American Economic History*에 미국 제조업의 역사적 성장에 관한 장을 기고했으며, 주요 정책연구로는 《스마트공장 도입의 효과와 정책적 함의》, 《소비자 중심의 문화예술산업정책》 등이 있다.

윤지웅

미국 카네기멜론대에서 박사학위를 받았으며, 현재 경희대 행정학과 교수로 재직 중이다. 행정안전부 정책자문위원, 한국행정학회 연구위원장을 역임하고, 국가과학기술자문회의 전문위원, 공학한림원 회원으로 과학기술혁신정책, R&D정책분석, 혁신거버넌스 등이 주요 연구분야다. 주요 논문으로《정부지출이 국민 삶의 질에 미치는 영향에 대한 분석》(2020), "Evolution of Science and Technology Policy in Korea"(2014) 등 다수의 국내외 논문이 있다.

이태석

미국 로체스터대(U. of Rochester)에서 박사학위를 받았으며, 현재 한국개발연구원(KDI) 연구위원으로 재직 중으로, 한국 재정, 복지, 조세정책 등에 대해 연구해왔다. 지속가능한 정부의 역할 수행을 위한 재정혁신과 구조개혁에 관심이 많다. 주요 저서로《인구구조 변화에 대응한 구조개혁 방안》(2020),《인구구조 변화에 적응하기 위한 인구정책 방향》(2019) 등 다수가 있다.

정승호

서울대에서 경제학 박사학위를 받았으며, 현재 인천대 동북아국제통상학부 조교수로 재직 중이다. KIEP, 한국은행에서 북한경제, 남북경제통합 등에 대해 연구했다. 주요 저서와 논문으로는《김정은 시대 서부 주요도시의 기업현황 및 가동률 결정요인》(공저, 2019), "Dollarization, Seigniorage, and Prices: The Case of North Korea"(공저, 2017) 등 다수가 있다.

코리안 미러클

육성으로 듣는 경제기적 편찬위원회 (위원장 진념) 지음

현오석 · 김호식 · 엄일영 · 윤대희 · 조원동 · 지동욱 · 최우석

박정희 시대 '경제기적'을 만든 사람들을 만나다!
경제난 어떻게 풀어 '창조경제' 이룰 것인가?
전설적인 경제의 고수들에게 배우라!

홍은주 전 iMBC 대표이사와 조원동 전 청와대 경제수석이 '그 시대'
쟁쟁한 경제거물들인 최각규, 강경식, 조경식, 양윤세, 김용환,
황병태, 김호식, 전응진을 만났다. 그들의 생생한 육성으로 통화개혁,
8·3조치, 수출정책, 과학기술정책 추진과정을 둘러싼 007작전과
비화들을 듣는다.

크라운판 · 양장본 | 568면 | 35,000원

나남 www.nanam.net | 031-955-4601

코리안 미러클 2

도전과 비상

육성으로 듣는 경제기적 편찬위원회 (위원장 이헌재) 지음

김준경 · 진 념 · 강봉균 · 윤대희 · 김호식 · 박병원 · 임영록 · 고일동

1980~90년대 '전환의 시대'를 이끈 경제주역들의 생생한 증언!
국가주도 경제에서 시장경제로 패러다임을 바꾸다!

1960~70년대 순항하던 한국경제호는 살인적 물가폭등과 기업과
은행의 부실, 개방압력 등으로 흔들리기 시작한다. 바야흐로 물가를
안정시키고 기업과 은행의 자율성을 키우며 시장을 개방하는 것이
한국경제의 지상과제로 떠오른 것이다. 이 책은 이러한 시대의 키워드인
안정, 자율, 개방을 구현하는 데 핵심적 역할을 했던 경제정책
입안자 강경식, 사공일, 이규성, 문희갑, 서영택, 김기환의 인터뷰를
담고 있다. 한국경제 연착륙을 위해 고군분투하는 그들의 이야기는
난세영웅전을 방불케 할 정도로 흥미진진하다.

크라운판 · 양장본 | 552면 | 35,000원

나남 www.nanam.net | 031-955-4601

코리안 미러클 3

숨은 기적들

1권 《중화학공업, 지축을 흔들다》
2권 《농촌 근대화 프로젝트, 새마을 운동》
3권 《숲의 역사, 새로 쓰다》

육성으로 듣는 경제기적 편찬위원회 (위원장 강봉균) 지음

김준경 · 이규성 · 이헌재 · 진 념 · 윤대희 · 박병원 · 안병우 · 조원동 · 김주훈 · 조병구

'한강의 기적'에 가렸던 기적을 밝히다!
대한민국의 숲과 마을 그리고 도시 탄생의 역사!

전후 황폐한 농업국가에서 경제대국으로서 도약한 대한민국의
발전 배경은 무엇이었나?《코리안 미러클 3: 숨은 기적들》에서는
제대로 조명되지 않았던 대한민국 발전의 역사를 밝힌다.
'농촌의 자립자활'이라는 기치를 내걸고 농촌지도자와 농민이 변혁의
횃불을 든 새마을 운동, 정부와 국민이 손잡고 민둥산을 푸른 숲으로
만든 산림녹화, 방위산업 육성과 수출 100억 달러 달성을 위해
정부와 기업이 기술과 투지로 일으킨 중화학공업 등 ….
정부, 기업, 국민이 하나 되어 이룬 기적의 현장을 돌아보며 갈등과
분열의 시대를 돌파할 해법을 모색해 본다.

크라운판 · 반양장 | 각 권 244 ~ 436면 내외 | 1권 26,000원 · 2권 20,000원 · 3권 20,000원

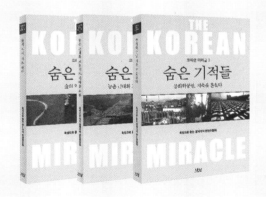

나남 nanam www.nanam.net | 031-955-4601

코리안 미러클 4

외환위기의
파고를 넘어

육성으로 듣는 경제기적 편찬위원회 (위원장 강봉균) 지음

김준경·안병우·김용덕·윤대희·조원동·김주훈

한국 경제의 불시착과 재비상의 드라마!
국가부도의 위기에서 대한민국 경제를 사수하라!

1997년 '우리나라가 부도날지도 모른다'는 청천벽력과 같은
소식이 전해진다. 믿었던 대기업이 무너지고 수많은 가장이 직장을
잃으며 가정이 흔들렸다. 이 책은 이러한 위기의 시기, 1997년
IMF로부터 구제금융을 받은 시점부터 2001년 외환위기가 공식 종료된
시점까지 긴박했던 순간을 고스란히 담았다. 당시 초유의 사태를
극복하기 위해 추진했던 금융 및 기업 부문의 구조조정, 공공부문 개혁,
서민 생활보호와 사회안전망 구축 정책을 경제 드림팀 이규성,
강봉균, 이헌재, 진념 재경부 장관의 생생한 목소리로 들어본다.

크라운판·반양장 | 752면 | 39,000원

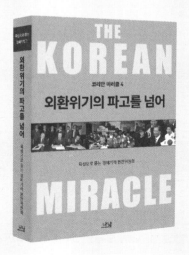

나남 www.nanam.net | 031-955-4601

코리안 미러클 6

금융실명제 한국의 경제질서를 바꾼 개혁

육성으로 듣는 경제기적 편찬위원회 (위원장 한덕수) 지음

최정표 · 남상우 · 백운찬 · 서중해 · 윤대희 · 윤용로 · 윤증현 · 진동수 · 최규연

투명한 경제, 깨끗한 사회를 연 기폭제, 금융실명제

1993년 대통령 긴급명령으로 전격 시행된 금융실명제는 경제뿐만 아니라
정치, 사회 전반에 깨끗하고 공정한 질서를 확립하여 신뢰자본을 형성하고
경제의 지속발전을 추구하며 한국의 국격을 높이기 위한 '빅 픽처'였다.
이 책은 1982년과 1989년, 1993년 세 차례에 걸친 금융실명제의 주역인
홍재형, 강경식, 윤증현, 김용진, 김진표, 진동수, 김종인, 남상우,
백운찬, 윤용로, 강만수, 임지순의 생생한 증언을 통해 당시 정치·경제적
배경에서부터 금융실명제의 전 과정을 살펴보며 우리가 지향해야 할
투명사회의 미래를 발견한다.

크라운판 · 양장본 | 460면 | 40,000원

나남 www.nanam.net | 031-955-4601